LE LEADERSHIP

*Les caractéristiques
du leader spirituel*

John MacArthur

Édition originale en anglais :

The Book on Leadership
Copyright © 2004 par John MacArthur
Publié par Nelson Books, A Division of Thomas Nelson Publishers

Traduit par Shirley Asselin

Traduit et publié avec permission

© 2008   Publications Chrétiennes Inc.
           230, rue Lupien
           Trois-Rivières (Québec) G8T 6W4

Dépôt légal — 3e trimestre 2008

ISBN : 978-2-89082-113-2

Dépôt légal : Bibliothèque nationale du Québec
               Bibliothèque nationale du Canada

Imprimé au Canada

À moins d'indications contraires, toutes les citations bibliques sont tirées de la version revue 1979 Louis Second de La Société Biblique de Genève.

TABLE DES MATIÈRES

INTRODUCTION

Qu'est-ce qui fait d'une personne un leader ?
Le rang social ? Le statut ? La caste ? La renommée ?
L'influence ? Le style ?
Un homme est-il automatiquement un dirigeant lorsque son nom figure dans l'organigramme ? Dans quelle mesure le titre et le pouvoir sont-ils nécessaires à un leader ? Et quel est le modèle idéal pour les leaders ? Est-ce le directeur général d'une entreprise ? Le commandant de l'armée ? Le chef d'État ?

Jésus a répondu à toutes ces questions en quelques mots. Sa conception du leadership est visiblement en désaccord avec les opinions courantes de notre temps : « Jésus les appela, et dit : Vous savez que les chefs des nations les tyrannisent, et que les grands les asservissent. Il n'en sera pas de même au milieu de vous. Mais quiconque veut être grand parmi vous, qu'il soit votre serviteur ; et quiconque veut être le premier parmi vous, qu'il soit votre esclave. C'est ainsi que le Fils de l'homme est venu, non pour être servi, mais pour servir et donner sa vie comme la rançon de beaucoup » (Matthieu 20.25-28).

Donc, selon Christ, le service, le sacrifice et l'altruisme font partie du caractère d'un vrai chef. Une personne fière et vaniteuse n'a pas ce qu'il faut pour être un leader selon les critères de Christ, peu importe l'influence qu'elle peut avoir. Le leader qui considère Christ comme son Chef et modèle suprême de leadership aura un cœur de serviteur. Il sera un exemple de sacrifice.

5

Je réalise que ce ne sont pas là des caractéristiques que la plupart des gens associent au leadership, mais ce sont les qualités essentielles d'un leader selon l'approche *biblique*, et c'est la seule approche qui m'intéresse.

De plus, remarquez que Jésus enseignait expressément aux chrétiens à aborder la question du leadership selon une perspective radicalement différente des chefs de ce monde. C'est de la folie pour un chrétien de croire (comme c'est la tendance de nos jours) que la meilleure façon d'apprendre à bien diriger est de suivre les exemples du monde.

Il y a une raison très importante à cela : pour le chrétien, le leadership a *toujours* une dimension spirituelle. La responsabilité de diriger les gens comporte certaines obligations spirituelles. C'est une vérité qui s'applique autant au chrétien qui est président d'une entreprise séculière qu'à une mère à la maison dont la sphère de leadership ne comprend peut-être personne d'autre que ses enfants. Chaque chrétien, dans quelque domaine que ce soit, est appelé à être un leader *spirituel*.

Je parlerai de la dimension spirituelle du leadership dans ce livre, mais il ne faudrait pas imaginer que je m'adresse uniquement aux pasteurs, aux missionnaires ou aux dirigeants d'Églises. Tout dirigeant chrétien – y compris le gérant dans une usine de gadgets, l'entraîneur de football et l'instituteur dans une école publique – doit se rappeler que le rôle d'un dirigeant est une responsabilité spirituelle, et les gens qu'il dirige sont une charge d'intendance qui lui a été confiée par Dieu, et dont il devra rendre compte (voir Matthieu 25.14-30).

Si vous comprenez vraiment que vous êtes responsable de votre leadership devant Dieu, vous pouvez commencer à voir pourquoi Christ a décrit le dirigeant comme un serviteur. Il ne suggérait aucunement, comme plusieurs l'ont supposé, que l'humilité soit la seule qualité essentielle au leadership. De nombreuses personnes sont humbles, dociles, compatissantes et serviables sans toutefois être des *leaders*. Un vrai leader inspire les personnes qui le suivent. Celui qui n'a pas de disciples peut difficilement être appelé un leader.

Maintenant, même s'il est plus qu'évident qu'il faut avoir un cœur de serviteur pour être un dirigeant, cela ne signifie aucunement que toute personne qui possède un cœur de serviteur est forcément un leader. Il faut plus que cela pour être un leader.

En termes simples, un leader est une personne d'*influence*. Le leader idéal est la personne dont la vie entière et le caractère motivent les gens à la suivre. La meilleure forme de leadership tient son autorité premièrement de la force d'un exemple honnête, et pas seulement du pouvoir que procurent le prestige, la personnalité ou la fonction d'une personne. En contraste, la majeure partie des « leaders » de ce monde ne font que manipuler les gens au moyen de menaces et de récompenses. Il ne s'agit donc pas vraiment de leadership, mais bien d'exploitation. Le vrai leadership cherche à motiver les gens à partir de l'intérieur, en s'adressant à leur cœur, et non par le moyen de pressions et de contraintes extérieures.

Pour toutes ces raisons, le leadership n'est pas une question de style ou de technique, mais bien de caractère.

Vous voulez une preuve que le leadership est plus qu'une question de *style* ? Remarquez que plusieurs styles de leadership, très différents les uns des autres, sont représentés dans l'Écriture. Élie était un solitaire et un prophète ; Moïse a délégué certaines responsabilités à quelques personnes de son entourage en qui il avait confiance. Pierre était brave ; Jean était compatissant. Paul était un leader dynamique, même quand on l'a attaché avec des chaînes et mené d'un endroit à un autre. Sa principale force d'influence sur les gens était ses paroles. C'est certain que son apparence physique n'avait rien d'impressionnant (2 Corinthiens 10.1). Tous étaient des hommes d'action, et ils ont tous utilisé leurs divers dons de manières sensiblement différentes. Ils avaient une multitude de styles distincts, mais chacun de ces hommes était un véritable leader.

Encore une fois, je considère qu'un dirigeant chrétien qui rejette ces exemples bibliques de leadership pour se tourner vers les modèles du monde séculier, à la poursuite de formules axées uniquement sur le style qui fera de lui un meilleur leader, commet une grave erreur. Et pourtant, il existe maintenant des organisations qui se spécialisent dans la formation de leaders d'Église en se servant de techniques de leadership et de styles de gestion glanés çà et là auprès des « experts » de ce monde. J'ai récemment lu un livre chrétien qui analyse les techniques d'administration et de gestion auxquelles ont recours Google. com, Amazon.com, Starbucks, Ben & Jerry's, Dell Ordinateurs, General Foods et de nombreuses autres entreprises de prestige du monde séculier. Les auteurs de ce livre tentent occasionnellement d'insérer un verset biblique ou deux pour défendre certains principes qu'ils y enseignent, mais en grande partie, ils acceptent sans réserve tout ce qui semble rapporter du « succès » comme étant un exemple à suivre pour les leaders d'Églises.

Quelqu'un, un jour, m'a donné un article de la revue *Forbes*. L'éditeur de cette revue mentionne qu'un livre à succès sur la philosophie du leadership et du ministère dans l'Église, écrit par un pasteur évangélique, est le « meilleur livre sur l'esprit d'entreprise, les affaires et l'investissement que j'ai lu depuis longtemps[1] ». L'éditeur de *Forbes* dit : « Quoi que vous pensiez de [ce pasteur] ou de ses croyances religieuses, il a reconnu un besoin du consommateur dans le monde. » Il poursuit en donnant un court résumé du livre, substituant le mot *affaires* à *Église*, pour démontrer que les mêmes principes de gestion qui produisent actuellement des mégaéglises peuvent servir également dans le monde des affaires. Ironiquement, il cite un pasteur qui a emprunté *sa* philosophie à des hommes d'affaires prospères dans le monde séculier. Des deux côtés, l'on présume que ce qui « réussit » dans le monde des affaires peut automatiquement profiter à l'Église, et inversement. Par exemple, l'éditeur du magazine *Forbes* cite le pasteur en disant : « "La foi et la consécration ne peuvent venir à bout d'un manque de talent et de technologie." Drôles de paroles venant d'un prédicateur, mais combien vraies[2]. »

Mais est-ce *bien* vrai ? Est-ce qu'il manque à la foi et à la consécration quelque chose de vital qu'on ne peut combler que par le talent et la technologie ? La théorie de gestion du monde moderne a-t-elle soudainement découvert des principes qui, jusqu'à ce jour, étaient demeurés secrets ? Est-ce que le succès financier et l'expansion économique de McDonald's font de leur méthode de gestion un modèle à suivre pour les dirigeants chrétiens ? L'influence de Wal-Mart constitue-t-elle la preuve que leur approche administrative est *la bonne* ? Le véritable leadership est-il basé uniquement sur la technique ? Est-ce que cette approche, qui consiste à imiter les tendances actuelles du monde séculier en matière de gestion, cadre avec ce que Jésus a enseigné à propos de son royaume, qui n'a manifestement rien en commun avec les pratiques des « chefs des nations » ?

Bien sûr que non. Les dirigeants chrétiens qui se soucient davantage de ce qui a la cote de popularité dans le monde des affaires que de ce que le Seigneur a dit à ce sujet commettent une grave erreur. Je suis certain que les principes de leadership qu'il a enseignés sont essentiels pour connaître le vrai succès, tant dans le monde spirituel que dans le monde séculier. Et ce n'est pas parce qu'un style de leadership « réussit » bien dans le monde de l'entreprise ou politique que les chrétiens doivent l'adopter sans réserve. En d'autres mots, on ne devient pas un chef *spirituel* en étudiant les techniques du directeur général d'une entreprise. On ne peut à la fois se conformer à l'exemple *biblique* de leadership et suivre les tendances de Madison Avenue. Il faut plus qu'un *modus operandi* pour être un leader à la ressemblance de Christ. Encore une fois, un leader *spirituel* a du caractère plus que du style.

C'est le thème de ce livre. Je suis convaincu qu'il existe de meilleurs modèles pour les dirigeants chrétiens que Ben et Jerry. Sûrement, nos mentors spirituels devraient être des leaders spirituels. Ne semble-t-il pas évident que l'apôtre Paul en ait plus à enseigner aux chrétiens sur la façon de diriger que nous ne pourrions jamais en apprendre de Donald Trump ? C'est donc pour cette raison que ce livre est basé principalement sur la vie de l'apôtre Paul, d'après des notes biographiques qui se trouvent dans le Nouveau Testament.

Depuis mes études au secondaire, j'ai dévoré une multitude de biographies de grands leaders chrétiens – d'importants prédicateurs, de brillants pasteurs, d'éminents missionnaires et beaucoup d'autres héros de la foi. Leur vie me fascine et me pousse à l'action. Je suis fortement motivé par des hommes et des femmes qui ont su bien servir Jésus-Christ. Leur histoire a agi comme un catalyseur pour m'aider à avancer dans ma propre marche spirituelle. Collectivement, ils ont eu autant d'effet sur moi que n'importe quelle autre influence vivante qui m'a marqué. Bien sûr, je suis le résultat d'une multitude d'influences, incluant notamment mon père, un pieux pasteur et prédicateur de la Parole de Dieu, la vie de prière et de sainteté de ma mère, ainsi qu'un bon nombre d'autres mentors spirituels qui m'ont enseigné personnellement. Mais je ne peux ignorer le profond impact qu'ont eu sur ma vie les biographies de certaines personnes que je n'ai jamais rencontrées ici-bas.

Notre culture moderne réclame des solutions pragmatiques, des formules simples ou des programmes en trois, quatre ou douze étapes pour répondre à tous les besoins de l'humanité. Bien sûr, ce n'est pas toujours une mauvaise chose de vouloir des réponses pratiques. Même si mon but principal dans ma méthode d'enseignement, tant dans mes prédications que dans mon ministère d'écriture, a toujours été d'exposer les principes bibliques, j'essaie *quand même* de rendre mon enseignement aussi pratique que possible. (Le livre que vous tenez entre vos mains contient une longue liste de vingt-six principes pratiques pour les leaders. Voir l'annexe.)

Néanmoins, j'ai toujours trouvé que les biographies chrétiennes sont pratiques. En règle générale, un livre décrivant l'histoire ou la carrière d'un chrétien noble et généreux n'a pas besoin d'être mis en valeur avec une marche à suivre bien détaillée, ou des impératifs et des avertissements pour le lecteur.

Le simple témoignage d'une vie pieuse est une source suffisante de motivation. C'est pour cela que j'attache une grande valeur aux biographies de leaders pieux.

De toutes les biographies que j'ai lues, et les vies qui ont laissé leur empreinte sur mon caractère, aucun être mortel n'a fait plus grande impression sur moi que l'apôtre Paul. Souvent, il me semble que j'en sais plus à son sujet que n'importe qui après le Christ, parce que j'ai passé la majeure partie de ma vie à étudier le récit biblique de sa vie, ses lettres et son ministère, apprenant le leadership à ses pieds.

Au cours des années 1990, j'en ai passé plusieurs à prêcher sur 2 Corinthiens, qui contient le plus de notes autobiographiques de Paul de toute l'Écriture. Aucune épître et aucune partie du livre des Actes ne révèlent le vrai cœur de Paul avec autant de clarté et de passion que cette épître à laquelle on ne porte malheureusement pas assez attention. Cette épître est plus qu'une simple autobiographie, c'est un coup d'œil très personnel dans les profondeurs de l'âme de l'apôtre. C'est une fenêtre panoramique qui donne sur le caractère d'un leader chrétien qui a marché avec Dieu. Elle révèle ce qu'une personne peut devenir quand elle garde les yeux fixés sur Jésus-Christ. Voilà un exemple pour toute personne qui aspire à devenir un leader spirituel. Voilà le modèle à suivre. Voilà l'exemple humain, et mon mentor.

J'ai donc basé la plus grande partie de ce livre sur des détails autobiographiques et biographiques de la vie de Paul, tirés du chapitre 27 des Actes des Apôtres et de sa deuxième lettre aux Corinthiens. Ces passages tracent le portrait de Paul au summum de son leadership. En parcourant rapidement les pages de ce livre, quelqu'un pourrait dire : « Ce livre concerne Paul ; il n'a rien à voir avec moi. » Mais en réalité, il porte sur ce que nous *devrions* être. Paul lui-même a dit : « Je vous en conjure donc, soyez mes imitateurs » (1 Corinthiens 4.16). « Soyez mes imitateurs, comme je le suis moi-même de Christ » (11.1). Il était l'exemple d'un authentique leader à la ressemblance de Christ.

Dans les premiers chapitres du présent livre, nous verrons de quelle manière le leadership de Paul s'est manifesté dans une situation des plus invraisemblables – au beau milieu d'un naufrage, sur un navire où il était le moindre des hommes. Et pourtant, il a su se montrer à la hauteur des circonstances et mettre en valeur d'extraordinaires qualités de dirigeant.

Dans la seconde partie du livre, nous examinerons des principes de leadership tirés de divers passages clés dans 2 Corinthiens. Mon intérêt pour le sujet du leadership s'est développé et ma compréhension des principes de leadership a été aiguisée quand j'ai prêché des sermons basés sur cette épître. Comme nous le verrons, elle est remplie de conseils utiles pour diriger les gens.

La troisième partie du livre résume notre étude sur le leadership avec deux passages clés, qui sont 1 Corinthiens 9.24-27 et Actes 6.1-7. Ces deux derniers chapitres décrivent les traits importants du caractère et de la discipline personnelle d'un leader.

Nous apprenons de l'apôtre Paul la même chose que Jésus a enseignée : que le caractère – et non le style, ni la technique, ni la méthodologie, mais le *caractère* – est ce qui caractérise vraiment un leadership basé sur les principes bibliques. C'est très bien d'avoir un bon esprit d'entreprise, mais s'il est dépourvu de caractère, l'entrepreneur le plus doué au monde n'est pas un véritable chef. La planification stratégique est importante, mais si personne ne suit vos leaders, vos plans échoueront. Il est crucial de préciser clairement ses buts, mais un véritable leader spirituel doit faire plus que simplement donner une direction claire aux gens. Le vrai leader est *un exemple à suivre*. Et le meilleur exemple à suivre, chose que Paul savait bien, est celui de quelqu'un qui suit Christ.

C'est donc l'Écriture, et non pas le monde de l'entreprise ou de la politique, qui est la source d'autorité vers laquelle nous devons nous tourner pour apprendre la vérité sur le sujet du leadership spirituel. Mon but principal, en écrivant ce livre, est de faire valoir l'importance de cette approche.

Bien sûr, pour le chrétien, les principes bibliques doivent ensuite être appliqués dans le domaine des affaires, de la vie familiale, de la politique et dans la société en général. Les principes bibliques du leadership ne sont pas valables uniquement pour l'Église. À vrai dire, les chrétiens doivent donner l'exemple au monde séculier, au monde de l'entreprise et de la politique, plutôt que d'adopter sans réserve des concepts du monde qui semblent « réussir ».

J'ai écrit ce livre en pensant à une variété de leaders. J'ai écrit dans le passé des livres qui traitent spécifiquement les sujets des leaders dans l'Église et de la philosophie quant au ministère chrétien. Ce n'est pas mon but ici. Mon objectif, dans ce livre, est plutôt de rectifier les principes bibliques du leadership d'une manière qui, je l'espère, sera utile à tout genre de leaders – que ce soit les directeurs d'entreprises, les leaders dans le domaine public, les dirigeants d'églises, les parents, les enseignants, les formateurs de disciples, les responsables de groupes de jeunesse et autres.

Les êtres humains devraient-ils tous être des leaders ? Évidemment, tous ne sont pas appelés à être des leaders au même niveau, sinon le leadership par définition n'existerait pas (voir 1 Corinthiens 12.18-29). Mais tous les chrétiens sont appelés à être des leaders en quelque sorte, dans un certain domaine, puisque nous avons tous reçu le mandat d'enseigner et d'influencer les autres. Quand Jésus-Christ nous a confié la grande mission, il a donné ce commandement : « [Faites] de toutes les nations des disciples… enseignez-leur à observer tout ce que je vous ai prescrit » (Matthieu 28.19,20). L'auteur de l'épître aux Hébreux a réprimandé ses lecteurs pour leur manque de maturité spirituelle : « Vous […] devriez être des maîtres » (5.12). Il est donc clair que tous les chrétiens sont appelés à exercer de l'influence sur les gens et à leur enseigner la vérité à propos de Jésus-Christ. En conséquence, qu'importe votre statut, votre rôle, vos talents, votre profession, vous êtes appelé à être un leader dans un domaine en particulier.

Ce livre s'adresse donc à vous, que vous vous considériez actuellement ou non comme un « leader ». Ma prière est que vous aspiriez à posséder les mêmes qualités de leader que l'apôtre Paul – assurance, honnêteté, fidélité –, et à devenir un leader qui motive ceux qui ont soif de ressembler à Christ.

Première partie

PAUL DANS LES CHAÎNES :
LE LEADERSHIP
EN ACTION

Chapitre un

DIGNE DE CONFIANCE

Le monde ainsi que l'Église font actuellement face à une crise du leadership. Au moment où j'écris ces mots, les gros titres de la presse séculière parlent de la déplorable négligence morale dont sont coupables certains dirigeants du monde des affaires. De grandes entreprises sont forcées de déclarer faillite en raison de la cupidité de leurs dirigeants. Ceux-ci se rendent coupables de délit d'initiés. Ils mentent, trichent, volent et escroquent les gens. L'étendue et l'ampleur de la corruption dans le monde des affaires sont ahurissantes.

Ce n'est guère mieux dans le monde de la politique. Les scandales dont le président Clinton a été l'objet ont changé la conjoncture politique des États-Unis. La morale de cet épisode (d'après certains politiciens) semblait être qu'une personne peut mentir, tricher et être dépourvue d'intégrité morale sans nécessairement devoir abandonner sa carrière politique. L'intégrité personnelle ne semble plus être un critère de sélection d'un candidat politique. Dans la culture post-Clinton, une sérieuse indiscrétion morale ne semble pas être un obstacle à une candidature politique.

Dans l'Église visible, malheureusement, la situation n'est pas plus reluisante. Nous n'avons qu'à penser aux scandales entourant certains télévangélistes des années 1980. Rien n'a vraiment changé en ce qui concerne les scandales. Au contraire, la soi-disant télévision « chrétienne » se trouve actuellement dans une situation pire que jamais. La plupart des célébrités de la télévision chrétienne ne cessent de demander de l'argent.

L'Église et le monde semblent avoir tous deux échangé la notion du leadership contre la célébrité.

Les vedettes de la chanson ne cessent de mettre l'Église dans l'embarras en commettant des fautes honteuses et contre toute morale. Et nous entendons parler très souvent de pasteurs qui compromettent leur ministère et se disqualifient en échouant dans un important domaine du leadership : le caractère.

L'Église et le monde semblent avoir tous deux échangé la notion du leadership contre la célébrité. Les héros d'aujourd'hui sont des personnes qui sont célèbres pour la simple raison qu'elles sont célèbres. Ce ne sont pas nécessairement (et pas même *ordinairement*) des hommes et des femmes de caractère. Les vrais leaders sont très rares.

Cependant, on pourrait dire que le vide créé par le manque de leaders présente une belle et grande occasion. Le monde a désespérément besoin de leaders – de grands leaders héroïques, nobles et dignes de confiance. Nous avons besoin de chefs à tous les niveaux de l'ordre social – des chefs politiques sur le plan international et des chefs spirituels au sein de l'Église et de la famille.

Et la plupart des gens reconnaissent ce besoin. Récemment, j'ai assisté à une réunion extraordinaire destinée aux présidents de l'Université de Southern California. En même temps, une conférence sur le leadership avait lieu dans une autre salle. Nous avons tous mangé ensemble à l'heure du midi. Dans le hall, il y avait une table exposant des douzaines de livres récents sur le sujet du leadership. En écoutant les conversations et en feuilletant ce qu'il y avait sur la table, j'ai réalisé que la gravité de la crise du leadership est un sujet bien connu. Comment *résoudre* le problème, par contre, semble être un vrai casse-tête pour la plupart des gens, même pour certains hommes très influents dans le milieu de l'enseignement.

Serait-ce que les gens ne *voient* pas que la crise du leadership résulte d'un manque d'intégrité ? Je ne le crois pas. En fait, sur la table de livres il y avait plusieurs volumes dont les titres soulignaient le besoin de caractère, de décence, d'honneur et d'éthique. Les gens semblent être au moins vaguement conscients du fait que le caractère est à la base de la crise du leadership.

Le problème, c'est que nous vivons à une époque où on ne sait plus trop ce que veut dire le mot *caractère*. On déplore le manque d'intégrité de façon générale, mais très peu de gens aujourd'hui savent ce que veut réellement dire le mot « intégrité ». Les principes moraux ont été systématiquement anéantis. Notre société est la première, depuis le décadent empire romain, à avoir accepté l'homosexualité. Nous faisons partie de la première génération à avoir rendu légal l'avortement. L'adultère et le divorce sont devenus épidémiques. L'industrie de la pornographie est énorme et un véritable fléau dans la société. Il n'y a plus de principes universels d'éthique et de morale. Ce n'est donc pas étonnant que l'intégrité personnelle soit une chose si rare de nos jours.

Mais je suis une personne optimiste. Je suis certain que nous vivons à une époque qui offre des occasions sans précédent pour l'Église – si nous voulons bien les saisir. Le vide du leadership attend juste d'être comblé. Les gens sont prêts à suivre le bon exemple de femmes et d'hommes pieux qui s'avanceront pour les *diriger*. Les temps hostiles et les circonstances adverses ne présentent aucun obstacle pour un vrai leader. À vrai dire, un chef influent sait comment tirer profit d'une situation de grande adversité.

Cette vérité est illustrée en microcosme dans l'expérience que l'apôtre Paul a vécue dans Actes 27.

Si vous cherchez un exemple de leadership humain, à mon avis, vous n'en trouverez jamais de meilleur que celui de l'apôtre Paul. Paul est mon héros, un véritable meneur de personnes, qui a toujours su se montrer à la hauteur de n'importe quelle situation. Ses aptitudes de chef n'ont rien à voir avec les titres. Il n'est gouverneur d'aucun territoire ; il ne commande aucune troupe ; il n'est aucunement un noble. Dieu lui a conféré le titre d'apôtre, mais c'est le *seul* titre qu'il possède, et il n'a aucune valeur en dehors de l'Église. Néanmoins, dans Actes 27, nous le voyons prendre la situation en main dans un environnement séculier hostile, où d'autres hommes – des hommes puissants – se sont montrés incapables de diriger.

> **Si vous cherchez un exemple de leadership humain, à mon avis, vous n'en trouverez jamais de meilleur que celui de l'apôtre Paul.**

Paul n'est pas (surtout dans cette situation) un homme de position élevée. Il est toutefois un homme très influent, un leader naturel.

Ce qui s'est passé dans Actes 27 est très intéressant. Paul entame un long voyage qui le mènera de Césarée à Rome, où il sera jugé devant le tribunal de César. Comme il est prisonnier, on l'y conduit enchaîné.

PAUL À CÉSARÉE

Césarée est un important avant-poste militaire romain situé sur la côte d'Israël, directement à l'ouest de Jérusalem et légèrement au nord de la ville moderne de Tel-Aviv. C'est le principal port de débarquement qui sert de tremplin pour les soldats romains durant l'occupation d'Israël. C'est aussi la capitale de la province de Judée et le lieu de résidence du procurateur romain. C'est ici que vivait Pilate au temps de Christ. Cette ville est tout à fait romaine de culture.

L'apôtre Paul est amené à Césarée en tant que prisonnier. Sa vie de missionnaire et d'implanteur d'églises semble bien finie. Au retour de son troisième voyage missionnaire, il est retourné à Jérusalem (Actes 21.15), après avoir fait le tour de toutes les Églises des non-Juifs de l'Asie afin d'amasser de l'argent pour l'Église de Jérusalem, qui avait de grands besoins.

Le prophète Agabus avait prévenu Paul que les Juifs de Jérusalem le feraient prisonnier et le remettraient ensuite entre les mains des non-Juifs (Actes 21.11). Paul savait que la prophétie était véridique, mais il était soumis au ministère auquel Dieu l'avait appelé, et il a répondu : « Je suis prêt, non seulement à être lié, mais encore à mourir à Jérusalem pour le nom du Seigneur Jésus » (v. 13).

Paul est allé au temple à Jérusalem, où il a été vu et reconnu par quelques adorateurs juifs venus d'Asie, qui l'ont faussement accusé d'avoir profané le temple (Actes 21.27). Ces hommes savaient qu'il voyageait avec un non-Juif du nom de Trophime, et ils ont injustement présumé qu'il avait fait entrer Trophime dans le temple (Actes 21.29) – qui est interdit aux non-Juifs. Ils ont donc soulevé une émeute à la suite d'un simple malentendu engendré par le mépris qu'ils éprouvaient pour Paul.

Par conséquent, Paul a été arrêté et conduit au tribunal de Césarée. De toute évidence, les Romains ne savaient que faire de lui. Ils l'auraient apparemment arrêté simplement pour faire taire les chefs juifs qui réclamaient vengeance contre lui. Paul a donc été gardé prisonnier à Césarée pendant plus de deux ans (Actes 24.27). Il a comparu devant Félix, puis devant Festus et finalement devant le roi Hérode Agrippa II. Deux gouverneurs romains et le dernier souverain de la dynastie hérodienne ont personnellement entendu son cas. Tous les trois ont jugé qu'il ne méritait pas de mourir ni d'être enchaîné, mais ils l'ont quand même gardé en prison pour éviter de susciter des conflits politiques avec les chefs juifs de Jérusalem.

C'est lors de sa comparution devant Festus que Paul a demandé à parler directement à César. C'était son droit en tant

que citoyen romain. Agrippa aurait même dit à Festus en privé :
« Cet homme aurait pu être relâché, s'il n'en avait pas appelé à
César » (Actes 26.32). Il était probablement sincère quand il a dit
cela. Mais il est bien plus probable que Festus et Hérode auraient
continué de manœuvrer Paul comme un pion. Par contre, puisque
Paul en a appelé à César, il doit être envoyé à Rome.

C'est dans ce contexte historique que débute le chapitre 27
des Actes. Paul est à Césarée. Il doit être envoyé à Rome pour
comparaître devant César. Son long emprisonnement à Césarée
est terminé. Un chapitre nouveau commence, et le procurateur
romain prend des arrangements pour le long voyage qui le
mènera à Rome.

PAUL MIS EN GARDE À VUE

À partir de ce point, la narration du livre des Actes est différente.
Luc commence à écrire à la première personne, laissant supposer
qu'on lui a accordé la permission d'accompagner Paul jusqu'à
Rome. Ce qu'il écrit est donc un témoignage personnel – le récit
inspiré d'un témoin oculaire. Aussi commence-t-il à ajouter de la
couleur aux détails. En fait, au dire de certains érudits, ce chapitre
du livre des Actes contient plus d'informations sur la vie des marins
que n'importe quelle autre source provenant du premier siècle.
Étonnamment, le récit biblique de ce voyage que Paul a fait de
Césarée à Rome est plus long et détaillé que celui de la création dans
la Genèse. Cet événement en est donc un de grande importance.

Au commencement du voyage, Paul est clairement l'homme
de moindre importance. Il ne possède aucune autorité, aucune
responsabilité, aucun droit. En tant que prisonnier, il est au niveau
le plus bas, aussi bien physiquement que socialement.

Il y a longtemps déjà que j'enseigne dans les prisons. En
fait, dernièrement j'ai visité un pénitencier où sont incarcérés
des criminels notoires. L'un d'eux était président d'une des plus
importantes compagnies d'assurances aux États-Unis. Un autre
était un célèbre entrepreneur de construction qui avait gagné des

millions avant de tout perdre dans une affaire de fraude. Il y avait
un grand nombre de personnes connues dans ce pénitencier – des
personnes qui autrefois avaient du pouvoir, des hommes qui savent
ce que c'est qu'avoir de l'autorité. Parmi eux, il y avait l'assortiment
habituel de revendeurs de drogue, de membres du groupe néonazi
Aryan Brotherhood et toute une variété d'autres criminels.

Savez-vous ce que j'ai remarqué ? Aucun d'eux ne possédait
un agenda. Ils n'avaient ni téléphone cellulaire, ni secrétaire, ni
complet trois-pièces, ni cravate de soie. Ils étaient tous dépouillés
de tout signe extérieur relié au pouvoir. On leur disait à quelle
heure ils devaient se lever, manger, faire de l'exercice et travailler à
la buanderie. Ils n'avaient aucune autorité.

À vrai dire, j'avais apporté une bible que je voulais offrir à un
prisonnier en particulier, mais on m'a informé qu'il lui était interdit
de l'avoir. Il pourrait en prendre possession seulement si elle lui
était remise par l'aumônier du pénitencier, qui devrait d'abord en
arracher les pages rigides afin qu'aucun prisonnier ne puisse s'en
servir pour fabriquer des armes.

Les prisonniers n'ont aucune autorité. Paul se trouve dans cette
situation. Sans aucun doute, le navire sur lequel il doit voyager
a été choisi par les autorités romaines. Il est sous la garde d'un
homme du nom de Julius qui, selon Luc, est un centenier de la
cohorte Auguste (Actes 27.1) – une cohorte impériale. En tant que
centenier, Julius a cent hommes sous ses ordres, qui travaillent
spécifiquement pour César. Or, comme il est centenier, il est parmi
les plus hauts gradés de toute l'armée romaine, et ses hommes
appartiennent à l'élite.

En passant, voici une chose intéressante à retenir : chaque
fois que vous rencontrerez un centenier romain dans l'Écriture,
sachez qu'il s'agit d'un homme d'une parfaite intégrité, c'est-à-dire
respectable, intelligent et vertueux. Les Romains n'étaient peut-être
pas très doués pour élire des gouverneurs mais, apparemment,
ils étaient bons pour choisir des centeniers qui savaient éliminer
les faibles et les incompétents. Des centeniers nous sont présentés
dans Matthieu 8, Luc 7, Marc 15, Actes 10, 22 et 24, et ce sont tous

des hommes d'honneur, respectables et honnêtes. Julius ne fait pas exception à cette règle.

Luc écrit : « Nous montâmes sur un navire d'Adramytte, qui devait côtoyer l'Asie » (Actes 27.2). L'idée, c'est que Julius voyage avec Paul à bord de ce navire et qu'ils débarquent dans un port en cours de route pour prendre un autre navire qui les mènera à Rome.

La fin du verset dit : « et nous partîmes, ayant avec nous Aristarque, Macédonien de Thessalonique. » Aristarque est un ami et compagnon de voyage de Luc et Paul. Il était l'un des nombreux membres de l'Église de Thessalonique et il a accompagné Paul jusqu'à Jérusalem après son troisième voyage missionnaire (voir Actes 20.4). Aristarque était également avec Paul à Éphèse quand la ville entière s'est révoltée contre la prédication de l'Évangile (Actes 19.29). Il est donc depuis longtemps un ami et un compagnon de voyage de Paul – sans doute un croyant et un prédicateur. Apparemment, il est resté près de Paul durant les années que ce dernier a été prisonnier à Césarée. Maintenant, il va faire le voyage jusqu'à Rome avec Paul et Luc.

C'est dans ce cadre que se déroule cette histoire. Paul est prisonnier. Il y a un capitaine, et fort probablement un second, à bord du navire. Il y a certainement d'autres marins sous leur commandement. Un centenier romain est chargé de la garde de Paul, le prisonnier, et les versets 31 et 32 disent qu'il était accompagné de quelques soldats. Il y a donc un grand nombre de personnes qui exercent l'autorité sur ce navire.

Paul n'est pas de ceux-là. Il est au niveau le plus bas – peut-être même au sens littéral. Il est probablement gardé dans la cale du navire.

PAUL EN LIBERTÉ

Mais Julius semble être un homme au noble cœur, puisque nous lisons qu'après une seule journée de voyage, au premier arrêt, à Sidon, qui se situe à une centaine de kilomètres au nord de la côte méditerranéenne de Césarée, « Julius, qui traitait Paul avec bienveillance, lui permit d'aller chez ses amis et de recevoir leurs soins » (Actes 27.3).

L'expression traduite par « recevoir leurs soins » est un terme médical, qui indique que l'apôtre Paul a probablement un problème de santé. Ce qui n'est pas étonnant depuis le temps qu'il est gardé prisonnier. Bien sûr, Luc est médecin (Colossiens 4.14) et l'une de ses tâches consiste certainement à prendre soin de Paul. Mais l'état de ce dernier constitue un motif valable pour débarquer. Il ne pourrait pas obtenir à bord du navire le régime, le repos et les soins dont il a besoin. Julius lui permet donc de descendre pour se faire soigner chez ses amis. Ceux-ci prennent soin des besoins physiques de Paul tandis que lui s'occupe sans doute de leurs besoins spirituels.

Cette situation est certainement inhabituelle. Julius a peut-être envoyé un soldat ou plus avec Paul et ses amis. Mais le fait qu'on accorde une telle liberté à un prisonnier politique comme Paul est très exceptionnel. Après tout, Paul avait comparu devant les gouverneurs Félix et Festus, de même que le roi Agrippa. Il avait été considéré comme une menace suffisamment sérieuse à la *Pax Romana* – la paix imposée par l'Empire romain – pour qu'on le garde emprisonné depuis plus de deux ans. Il a été accusé d'avoir provoqué des émeutes à Jérusalem. Ici, la plainte déposée contre lui par Félix est qu'il « est une peste, *[qu'il]* excite des divisions parmi tous les Juifs du monde, *[qu'il]* est chef de la secte des Nazaréens » (Actes 24.5). Sa cause sera maintenant portée devant César.

On n'accorde pas une telle liberté à ce genre de prisonnier sans motif valable. Si jamais un soldat romain perdait un prisonnier par sa propre négligence, il devrait le payer de sa vie. Luc nous en parlera un peu plus tard dans son récit (27.42,43). Malgré cela, Julius permet à Paul d'aller chez ses amis à Sidon pour recevoir leurs soins.

Julius est un centenier de première classe, un soldat bien entraîné – un combattant solide et expérimenté qui a les aptitudes d'un commandant et l'attitude mentale d'un sergent. Pourquoi accorderait-il une permission à un prisonnier qui n'est sous sa garde que depuis une seule journée ?

Il n'y a qu'une raison possible à cela : Julius lui fait confiance.

Voici le premier principe du leadership : *Un leader est digne de confiance.*

D'une manière ou d'une autre, soit pendant qu'il était encore prisonnier à Césarée, soit au cours de la première journée du voyage – ou sans doute dans les deux circonstances – Paul a réussi à persuader le centenier qu'il ne ferait jamais rien pour lui nuire personnellement. Julius est certain que Paul ne profiterait pas de la liberté qu'il lui accorde pour s'enfuir. Il lui permet donc d'aller voir ses amis.

Paul semble avoir des amis partout. Bien sûr, il a également des ennemis partout. Mais il a des amis à Sidon qui ont sans doute profité de l'influence du ministère de Paul depuis bon nombre d'années. Il a probablement demandé au centenier la permission d'aller rendre visite à ces amis. Et le centenier a accepté de le laisser partir. Il n'avait certainement aucune crainte en accordant cette liberté inhabituelle à Paul, qu'il a même remis entre les mains de personnes qui pourraient, si telle était leur intention, l'aider à s'évader.

Comment Paul a-t-il pu mériter la confiance de Julius en si peu de temps ? Paul est évidemment un homme bienveillant et pieux. C'est un homme d'une profonde intégrité. Il est fort possible que le gouverneur, connaissant l'innocence de Paul, ait dit à Julius qu'il pouvait faire confiance à Paul et qu'il devait le traiter avec courtoisie.

Il est clair que cette confiance s'est bel et bien développée, puisque le centenier agit exactement selon ce que le gouverneur précédent, Félix, a dit : « Et il donna l'ordre au centenier de garder Paul, en lui laissant une certaine liberté, et en n'empêchant aucun des siens de lui rendre des services » (Actes 24.23). Tout cela indique clairement que Paul a la réputation d'être un homme de confiance. Même les gardes qui étaient chargés de le surveiller en prison savent que c'est un homme intègre, et ils en ont parlé à Julius.

De plus, Julius peut certainement voir que les compagnons de Paul, Luc et Aristarque, lui sont très dévoués. Ils ne l'ont pas abandonné quand il a été emprisonné. Au contraire, ils sont prêts à l'accompagner jusqu'à Rome, au risque et au péril de leur propre vie. Regardons les choses en face,

> ### Principe de leadership n° 1
> ## UN LEADER EST DIGNE DE CONFIANCE

il n'est pas question ici de s'embarquer pour une croisière à Honolulu sur un luxueux paquebot. Il s'agit d'un petit navire romain, inconfortable et assez inhospitalier, où les passagers sont logés très à l'étroit et manquent de commodités. Aussi, certains historiens croient que Luc et Artistarque ont pu accompagner Paul pour la seule raison qu'ils sont là en tant qu'esclaves.

Qu'importe par quel moyen ils sont montés à bord, ce qui est certain, c'est que ce n'est pas aux frais du gouvernement romain. Quelles que soient les circonstances qui ont ouvert la porte pour que Luc et Aristarque puissent faire le voyage avec Paul, ils ont certainement dû faire un très grand sacrifice personnel. Mais ils ont accepté de le faire à cause de leur amour pour l'apôtre. Il est clair qu'ils lui sont dévoués.

De toute évidence, les amis de Paul à Sidon ont également confiance en lui. Ils lui ouvrent la porte en dépit du fait qu'il est un prisonnier. Au lieu de percevoir son emprisonnement comme une tache sur son intégrité, ils l'accueillent et le soignent. Personne n'inspire une telle dévotion à moins d'être digne de confiance.

De plus, Paul a sûrement traité Julius avec le plus grand respect. Il s'est probablement entretenu avec Julius en lui manifestant de l'intérêt, qui s'est rapidement transformé en sympathie à son égard, sentiment que Julius partageait certainement. Voilà pourquoi, après une seule journée de voyage, Julius fait suffisamment confiance à Paul pour lui accorder cette liberté.

Un véritable leader est celui qui fait de grands efforts pour assurer la réussite de ceux qui l'entourent.

Comment un leader fait-il pour mériter la confiance des autres ? Si les gens sont convaincus que vous ferez tout en votre pouvoir pour leur faire du bien, et que vous ne leur ferez aucun mal, ils vous feront confiance. Le centenier est manifestement convaincu que Paul agit dans son intérêt, alors, il lui a accordé une certaine liberté. De toute évidence, il est persuadé que Paul ne tentera pas de s'enfuir. Si Julius avait le moindre doute que Paul ne revienne pas volontairement au bateau, il ne lui permettrait pas de partir. Mais il fait confiance à Paul. C'est le point de départ de toute forme de leadership.

Paul a de l'estime pour cet homme. Il sait quelle est la responsabilité de Julius, il est sensible à ses soucis, et il ne fera rien qui pourrait le discréditer ou le déshonorer, et encore moins mettre sa vie en péril. La force de caractère de Paul a donc influencé Julius. C'est donc Paul, le prisonnier, qui « mène » Julius, son gardien.

Un leader n'est pas une personne qui s'intéresse uniquement à sa réussite personnelle et à ses propres intérêts. Un *vrai* leader est quelqu'un qui montre à tous ceux qui l'entourent que leurs intérêts lui tiennent à cœur. Un véritable leader est celui qui fait de grands efforts pour assurer la réussite de ceux qui l'entourent. Ce qu'il aime avant tout, c'est d'aider les gens qui sont sous sa direction à s'épanouir. Voilà *pourquoi* un vrai leader se doit d'avoir un cœur de serviteur.

Un leader n'est pas une personne qui n'a à cœur que son succès et ses intérêts. Celui qui a des motifs égoïstes ne dirige personne en fin de compte, car tous finissent par l'abandonner. Il n'est pas digne de confiance. Une personne en position de leadership ne peut réussir que dans la mesure où les gens peuvent lui faire confiance avec leur avenir, leur argent ou même leur vie. Rien ne peut remplacer la confiance. Rien. Un chef en qui vous n'avez pas confiance n'est pas un vrai leader. Peut-être qu'il arrive à forcer les autres à faire ce qu'il veut, mais il n'est pas un modèle de véritable leadership.

Voici à quoi se reconnaît un vrai leader : Il est entouré de personnes douées, habiles, énergiques, efficaces et dévouées à leur chef. Cet attachement est le reflet de la *confiance*. Et la confiance découle de la manière dont le leader utilise son énergie et ses propres habiletés avec une attitude désintéressée et sacrificielle. Si vous montrez aux gens que *leurs* intérêts vous tiennent vraiment à cœur, ils vous suivront.

Julius est tellement certain que Paul ne fera jamais rien pour lui nuire qu'il le laisse partir avec ses amis.

Et bien sûr, Paul reviendra. Il se montrera digne de la confiance de Julius. Ainsi, Paul mérite *bien plus* de confiance encore, qui lui servira à renforcer son propre leadership un peu plus tard dans le voyage.

Chapitre deux

PRENDRE L'INITIATIVE

Quand le voyage de Paul reprend, après un court arrêt à Sidon, le navire rencontre quelque chose qui viendra bouleverser tout le voyage : des vents contraires. Luc écrit : « Partis de là, nous longeâmes l'île de Chypre, parce que les vents étaient contraires. Après avoir traversé la mer qui baigne la Cilicie et la Pamphylie, nous arrivâmes à Myra en Lycie » (Actes 27.4,5).

LES TEMPS SONT DURS

Pour comprendre comment le leadership de Paul l'élève davantage au-dessus de tous les hommes sur ce navire, à un point tel que tous ont entièrement confiance en sa direction, nous devons examiner cette histoire en détail.

L'île de Chypre est située directement au sud de l'Asie Mineure, au nord et à l'ouest d'Israël (voir la carte). Myra est une ville portuaire qui se situe un peu plus à l'ouest sur la pointe sud de l'Asie Mineure, la Turquie des temps modernes. Ainsi, après avoir quitté Sidon, sur la rive nord du pays qui est aujourd'hui le Liban, le capitaine dirige le navire vers l'ouest, à destination de Rome, et navigue en direction nord-ouest jusqu'à ce qu'il arrive au port d'Adramytte. L'île de Chypre est la plus proche et la plus grosse. Comme les vents viennent de l'ouest, le navire passe à l'est de Chypre pour éviter autant que possible les vents forts.

LE NAUFRAGE
ACTES 27

Bien entendu, un bateau à voile ne peut naviguer contre des vents violents. Il n'y a qu'un moyen d'avancer dans ce genre de vent, et c'est en *louvoyant*. Le louvoiement est une manœuvre qui consiste à avancer en zigzags, d'abord en faisant virer le navire d'environ 90 %, en utilisant les voiles pour prendre de la vitesse, puis en progressant dans le vent en affalant les voiles de sorte que la vitesse acquise permette au navire de remonter contre le vent. Puis, on hisse les voiles au moment opportun et le navire effectue à nouveau un virement de bord à 90 %. La manœuvre est extrêmement difficile et exigeante, mais elle permet de remonter contre un vent modéré.

Il existe plusieurs types de navires à l'époque. Certains sont de gros navires marchands qui parcourent les voies maritimes en haute mer. D'autres sont des barges qui vont de port en port en longeant la rive. Le bateau dont il est question ici appartient selon toute probabilité à la deuxième catégorie, puisque Luc décrit son voyage de port en port. De Césarée, il se rend à Sidon, et ensuite de Sidon à Myra, vers la pointe sud de l'Asie Mineure.

Cette route est quelque peu en dehors de celle qui conduit tout droit à Rome. Le voyage aurait pu se faire en ligne droite s'ils avaient pris la direction ouest de Sidon jusqu'à Rhodes (qui se trouve presque à mi-chemin de Rome). Toutefois, à cause des vents, au lieu de se rendre à Rhodes, ils font une déviation qui les mènera au nord de Chypre, une route qui est plus sûre mais moins directe.

Selon les indices chronologiques qui se trouvent dans le livre des Actes, nous pouvons croire que ce voyage a lieu à la mi-août, ce qui concorde avec ce que nous savons au sujet des vents de cette région. En août, les vents soufflent en direction de l'ouest.

La saison de navigation tire à sa fin. Aux environs du 11 novembre jusqu'à la fin de mars, les vents hivernaux sur la Méditerranée peuvent être très dangereux. Pour cette raison, très peu de navires traversent la mer à cette période de l'année. Et même au début de l'automne, du 14 septembre au 11 novembre, il peut être risqué de s'aventurer en mer. Donc, comme il reste très peu de temps pour faire le voyage, il faut faire vite. Selon certains historiens, il faudrait environ neuf jours pour faire le voyage de Sidon à Myra dans des vents contraires. Au moment où Paul et son entourage arriveront à Myra, la mauvaise saison approchera déjà.

Il y a un port à Myra. La ville elle-même se trouve à trois kilomètres plus loin, mais le port déborde d'activité, essentiellement pour des navires en provenance de l'Égypte.

L'Égypte est une importante source d'approvisionnement de blé pour l'Empire romain. Des navires transportent du grain de l'Égypte aux greniers de Myra, le déchargent puis retournent en Égypte. D'autres navires en partance pour Rome ramassent le blé et le transportent jusqu'à la capitale impériale. Il y a justement là un bateau en partance pour l'Italie. Luc dit : « Et là, le centenier, ayant trouvé un navire d'Alexandrie qui allait en Italie, nous y fit monter » (Actes 27.6).

Nous découvrons que ce deuxième navire est plus gros et en meilleure condition de naviguer que le premier. Il peut contenir 276 passagers en plus de sa charge. Il a été enregistré à Alexandrie, qui est en Égypte. Il s'agit donc assurément d'un navire destiné au transport de blé. Comme il est déjà très tard dans l'année pour traverser la Méditerranée, ils ne s'attardent apparemment pas trop à Myra. Ils entreprennent immédiatement leur voyage vers Rome.

« Pendant plusieurs jours nous naviguâmes lentement, et ce ne fut pas sans difficulté que nous atteignîmes la hauteur de Cnide, où le vent ne nous permit pas d'aborder. Nous passâmes au-dessous de l'île de Crète, du côté de Salmone » (v. 7).

Les vents semblent s'intensifier. Il devient difficile de faire une bordée et d'avancer. En lisant la description de Luc, nous discernons la route qu'ils ont prise. Ils suivent le passage intérieur entre Rhodes et l'Asie Mineure, ce qui les amène plus à l'ouest et un peu plus au nord. Cnide est une ville sur une petite île située près de la pointe d'une longue péninsule. Elle marque l'extrémité sud-ouest de l'Asie Mineure, tout juste au nord de Rhodes. L'île est rattachée au continent par une chaussée artificielle, qui lui permet d'avoir deux ports, l'un au nord et l'autre au sud de la chaussée.

En temps normal, le navire qui transporte Paul aurait dû amarrer à l'un ou l'autre de ces ports. Mais en approchant de Cnide, leur route les amène en haute mer. À cet endroit, ils ne bénéficient plus des vents doux qui soufflent aux abords de la côte. Ils s'enfoncent directement dans le vent dominant et les flots déchaînés. Le vent de la mer s'avère tellement puissant que le navire ne peut même pas entrer au port de Cnide.

Ils n'ont d'autre choix que de se diriger vers le sud, vers l'île de Crète. L'idée est de naviguer le long de la côte sud de Crête, où ils devraient être à l'abri des vents violents, et arriver à bon port.

Ils arrivent à Salmone, un promontoire, ou cap, sur le bout nord-est de l'île de Crète. Luc laisse entendre que le temps se gâte déjà : « Nous […] côtoyâmes [*Salmone*] avec peine, et nous arrivâmes à un lieu nommé Beaux-Ports, près duquel était la ville de Lasée » (v. 8). La brièveté des mots de Luc dissimule le degré de difficulté auquel ils font sûrement face. L'île de Crète mesure approximativement 275 kilomètres de long et seulement 55 kilomètres de large à son point le plus large. Il y a au moins 225 kilomètres entre Salmone et Beaux-Ports. Le terme « avec peine » est certainement faible.

Par contre, le nom de Beaux-Ports est une exagération. C'est un petit port, constitué d'une baie ouverte, et protégé par seulement deux petites îles. Luc dit que : « le port n'était pas bon pour hiverner » (v. 12). Comme la ville de Lasée est petite, il est probable qu'elle manque de provisions et de capacité d'hébergement. Mais plus important encore, il est fort probable que le capitaine du navire est impatient de se rendre à Rome pour vendre sa marchandise. Hiverner à Beaux-Ports représenterait un retard de quatre mois, et pendant ce temps le propriétaire du navire serait obligé de payer le salaire de l'équipage et d'acheter des provisions. D'un point de vue économique, il serait très fâcheux de passer l'hiver à Beaux-Ports.

Néanmoins, il semble bien que le navire soit inévitablement retardé dans ce port – vraisemblablement en raison du temps, ou peut-être parce qu'il est difficile de se procurer des provisions. Luc dit : « Un temps assez long s'était écoulé, et la navigation devenait dangereuse, car l'époque même du jeûne était déjà passée » (v. 9). « Le jeûne » fait référence au jour des expiations, le *Yom Kippour*. Cette fête est célébrée le dixième jour du septième mois au calendrier juif, c'est-à-dire aux alentours des premiers jours d'octobre. Il est très dangereux de s'aventurer sur la mer à cette période de l'année. Ce serait mettre sa vie en jeu.

Néanmoins, c'est un risque que les marins acceptent de prendre. Ils veulent quitter Beaux-Ports, car ils croient qu'il serait mieux de passer l'hiver dans le port de Phénix, sur la côte ouest de l'île de Crète. Il y a là un quai de forme semi-circulaire avec des ouvertures au nord-ouest et au sud-ouest, et il est mieux protégé contre les vents violents de l'hiver. Ils décident donc de longer la côte de la Crète jusqu'au port.

Paul voit bien ce qui s'en vient. Il sait que c'est un plan risqué et téméraire. Il a fait naufrage trois fois déjà (voir 2 Corinthiens 11.25, qui a été écrit quelques années avant cet épisode), et de toute évidence, il ne désire aucunement revivre l'expérience une autre fois. Luc dit : « Paul avertit les autres, en disant : Ô hommes, je vois que la navigation ne se fera pas sans péril et sans beaucoup de dommage, non seulement pour la cargaison et pour le navire, mais encore pour nos personnes » (v. 10).

« Paul avertit les hommes » ? Qu'est-ce que cela signifie au juste ? Qui est Paul pour avertir ces marins ? Il est un prisonnier. Que se passe-t-il ici ?

Voici un deuxième principe de base du véritable leadership : *Un leader prend l'initiative.*

Ce navire est plein d'hommes revêtus d'autorité. Il y a le capitaine, son pilote et d'autres responsables. Il y a le centenier et d'autres soldats romains appartenant au régiment impérial. Tous ces hommes ont sans doute leur propre opinion pour ce qui est de quitter ou non Beaux-Ports. Ils sont tous assurément insatisfaits du retard, et impatients d'arriver à destination. Ils ont sans doute déjà envisagé toutes les possibilités. Ils savaient que ce voyage comportait des risques, et ils savent que, plus ils attendent plus le danger s'accentue.

Ils ont tous le droit formel de parler et d'émettre leur opinion sur ce qu'il conviendrait de faire dans cette situation. Chacun d'eux risque beaucoup ici. Les soldats qui ont la garde de Paul sont certainement impatients d'arriver à Rome. Le propriétaire du navire et son équipage désirent sûrement arriver le plus tôt possible en Italie et décharger leurs marchandises qui représentent de l'argent pour eux. Presque toutes les personnes à bord de ce navire ont de bonnes raisons de vouloir continuer ce voyage.

Mais c'est Paul qui prend l'initiative et émet son opinion. Il reconnaît le danger et le dit clairement. Il n'a pas de rang. Il n'a aucun droit particulier. Il n'a pas de titre. Il n'a aucune autorité.

Mais il sait qu'il y a un problème, alors il prend l'initiative et essaie de démêler la situation. C'est un vrai leader. Un leader se lève dans une situation de crise et prend l'initiative.

LES COURAGEUX S'Y METTENT

L'instinct et le jugement de Paul sont justes, et les événements futurs le prouveront. Selon ce que Luc écrit, les autres sont encore à analyser la situation tandis que Paul a déjà tout compris. Il ouvre donc la bouche.

Voilà un trait essentiel d'un vrai leader. Un leader ne dit jamais : « Nous avons peut-être un problème ici. Quelqu'un devrait faire quelque chose pour y remédier. » Le leader dit : « Voici quel est le problème, et voici comment le résoudre. »

Un autre exemple biblique de leader qui a su prendre l'initiative est celui de Néhémie. Presque cinq cents ans avant Paul, alors que la nation israélite sortait tout juste d'une longue captivité dans un pays étranger, Néhémie a réuni à lui seul les habitants de Jérusalem et a rebâti les murs de la ville en cinquante-deux jours. C'était une des plus remarquables manifestations d'initiative stratégique et de vaillant leadership jamais enregistrés dans

> **Principe de leadership n° 2**
> **UN LEADER PREND L'INITIATIVE**

l'histoire. Quoiqu'il nous faille retourner dans l'Ancien Testament, l'exemple de Néhémie mérite notre attention, puisqu'il présente un cas d'étude riche et vivide qui souligne bien cette caractéristique essentielle au leadership.

Néhémie n'était pas une personne très importante pour les habitants de Jérusalem. Il était serviteur dans le palais du roi de Perse. La captivité avait pris fin quatre-vingts ans auparavant, mais Néhémie était resté en Perse. Il n'était jamais même allé dans son pays d'origine. Il a d'abord entendu parler de la triste condition de Jérusalem par son frère, qui revenait d'un voyage dans cette ville et lui a raconté ce qu'il y avait vu : « Ceux qui sont restés de la captivité sont là dans la province, au comble du malheur et de l'opprobre; les murailles de Jérusalem sont en ruines, et ses portes sont consumées par le feu » (Néhémie 1.3).

Cela a éveillé quelque chose en Néhémie et fait ressortir ses qualités de dirigeant. Il a décidé sur-le-champ de prendre l'initiative de reconstruire les murailles.

Néhémie aurait très bien pu ignorer le problème. Après tout, il vivait à plus de 1200 kilomètres de Jérusalem. Il aurait pu simplement se prélasser dans le confort du palais royal, attristé par la condition de son pays en espérant que quelqu'un élabore un plan pour remédier à la situation.

Mais ce n'est pas ce que font les leaders. Ils prennent l'initiative. Ils se lèvent pour bâtir.

UN ENTREPRENEUR INTELLIGENT

La manière dont Néhémie a répondu à son appel est un excellent sujet d'étude sur les vrais leaders et leur aptitude à prendre l'initiative. Nous devrons faire une déviation aussi prononcée que celle que le navire transportant l'apôtre Paul a faite pour se rendre à Rome, mais il y a beaucoup à apprendre de ce détour. Laissons momentanément Paul et ses compagnons à Beaux-Ports et revoyons de quelle manière Néhémie a mené les efforts de reconstruction des murailles de Jérusalem :

PREMIÈREMENT, IL A RECONNU LE PROBLÈME

Dès que Néhémie a su que Jérusalem était encore en ruines, il savait précisément ce que cela signifiait, et il a présenté la situation en prière devant le trône de Dieu. Il a écrit : « Lorsque j'entendis ces choses, je m'assis, je pleurai, et je fus plusieurs jours dans la désolation. Je jeûnai et je priai devant le Dieu des cieux » (Néhémie 1.4).

Le problème n'était pas que Dieu était infidèle, mais plutôt que son peuple avait été infidèle. Il avait rompu l'alliance. Néhémie a commencé sa prière en reconnaissant la fidélité de Dieu : « Je dis : Ô Éternel, Dieu des cieux, Dieu grand et redoutable, toi qui gardes ton alliance et qui fais miséricorde à ceux qui t'aiment et qui observent tes commandements » (v. 5).

Puis, il a reconnu le véritable problème : « Que ton oreille soit attentive et que tes yeux soient ouverts : écoute la prière que ton serviteur t'adresse en ce moment, jour et nuit, pour tes serviteurs les enfants d'Israël, en confessant les péchés des enfants d'Israël, nos péchés contre toi ; *car moi et la maison de mon père, nous avons péché. Nous t'avons offensé, et nous n'avons point observé les commandements, les lois et les ordonnances que tu prescrivis à Moïse, ton serviteur* » (v. 6,7, italiques pour souligner). Il a ensuite répété la promesse de pardon et de restauration que Dieu avait faite, et il a imploré Dieu de se servir de lui pour apporter la restauration à Jérusalem.

PUIS IL A TROUVÉ UNE SOLUTION

Il est évident, d'après la prière de Néhémie et ce qu'il a fait par la suite, qu'il avait déjà un plan. À la fin de sa prière, il a dit : « Donne aujourd'hui du succès à ton serviteur, et fais-lui trouver grâce devant cet homme ! » (Néhémie 1.11.)

« Cet homme », c'était Artaxerxès, le roi de Perse. Néhémie avait décidé de demander au roi – au péril de sa vie – l'autorisation de retourner à Jérusalem pour organiser la reconstruction de ses murailles.

L'ampleur du plan de Néhémie est devenue évidente quand il a demandé l'aide du roi. Tout ce que le roi lui a demandé est : « Combien ton voyage durera-t-il, et quand seras-tu de retour ? » Néhémie savait combien de temps il faudrait pour accomplir la tâche, puisqu'il a écrit : « je lui fixai un temps » (2.6).

Néhémie avait aussi d'autres requêtes spécifiques : « Puis je dis au roi : Si le roi le trouve bon, qu'on me donne des lettres pour les gouverneurs de l'autre côté du fleuve, afin qu'ils me laissent passer et entrer en Juda, et une lettre pour Asaph, garde de la forêt du roi, afin qu'il me fournisse du bois de charpente pour les portes de la citadelle près de la maison, pour la muraille de la ville, et pour la maison que j'occuperai » (v. 7,8). Il avait pris soin de faire des calculs. Il savait quelle quantité de bois était nécessaire pour les madriers, les échafaudages et son logement. Anticipant les difficultés qu'il devrait probablement surmonter, il avait demandé des lettres de transport. Il avait déjà élaboré une stratégie.

Ce qui est remarquable ici, c'est que Néhémie n'était pas un tailleur de pierre. Il n'était pas un entrepreneur en bâtiment. Il était un domestique, un valet du roi. Il n'avait aucune aptitude pour superviser un projet aussi important que la reconstruction des murailles d'une ville.

Cependant, il savait reconnaître et résoudre les problèmes. Il planifiait avec soin ses actions. Il pensait à tout, anticipait les difficultés et concevait les solutions à l'avance. Il n'improvisait pas. Il n'inventait pas les choses au vol à mesure qu'il avançait. Il avait bien calculé le coût. Il avait un plan bien défini, et il le suivait. Tout dans son attitude résultait de sa volonté de prendre l'initiative.

Le génie du plan de Néhémie devenait évident à mesure qu'avançaient les travaux sur les murailles. Le chapitre trois de Néhémie est la chronique des noms de toutes les personnes qui ont travaillé sur la muraille. Et le talent d'organisateur de Néhémie est visible dans ce chapitre. Il a divisé la muraille de la ville en deux sections et a nommé des personnes pour superviser les opérations sur chacune de ces deux parties. Le travail était partagé, et chaque personne avait une tâche bien définie à accomplir. C'est ainsi que Néhémie a pu terminer l'ouvrage en si peu de temps.

Néhémie illustre également le fait qu'une véritable initiative n'est pas de courte durée. Elle subsiste le temps qu'il faut, jusqu'à ce que tous les détails soient réglés et que le but soit atteint. Voilà qui est bien loin de l'idée commune des gens qui pensent détenir la réponse à un dilemme, mais qui sont incapables d'assumer leur initiative jusqu'au bout. Le seul dispositif d'allumage qui produit de vrais leaders est celui qui non seulement met la machine en marche, mais qui dirige également jusqu'au bout du voyage, tout en organisant et en mobilisant des gens au long du parcours.

C'est aussi ce que nous voyons dans Néhémie. Remarquez qu'il connaissait ses ouvriers. Il les a nommés par leur nom et a noté sur quelle section précise de la muraille chacun travaillait (Néhémie 3). Il s'est engagé à fond dans le projet et s'y est investi avec constance à chacune de ses étapes, et ce, jusqu'à la fin.

IL A DÉLÉGUÉ DES RESPONSABILITÉS

Néhémie n'a toutefois pas pris la responsabilité de superviser seul tout le travail. Il a nommé des hommes dignes de confiance pour surveiller certaines parties des opérations, divisant leurs responsabilités selon leurs capacités.

C'était la seule manière d'arriver à rebâtir la muraille de Jérusalem en si peu de temps. C'était un travail d'équipe – ou plutôt, les efforts combinés de plusieurs équipes. De cette façon, Néhémie a pu employer un très grand nombre d'ouvriers et en obtenir le meilleur rendement possible.

De plus, il a astucieusement chargé les gens de travailler à proximité de leur maison. Les sacrificateurs ont rebâti la partie de la muraille située près du temple (3.1). « À côté d'eux travailla vis-à-vis de sa maison Jedaja » (v. 10). « *[Et]* à côté de lui travailla pour son district Haschabia, chef de la moitié du district de Keïla » (v. 17). « Après eux Benjamin et Haschub travaillèrent vis-à-vis de leur maison. Après eux Azaria, fils de Maaséja, fils d'Anania, travailla à côté de sa maison » (v. 23). « Meschullam, fils de Bérékia, travailla vis-à-vis de sa chambre » (v. 30). Et la liste se poursuit. C'était une raison de plus pour que chaque équipe travaille au mieux de ses capacités. Personne ne voudrait que la partie de la muraille située à côté de sa demeure ait l'air peu solide ou négligée.

C'était un plan intelligent qui faisait ressortir les meilleurs talents de chacun. Ainsi, Néhémie était assuré que chaque homme serait fier de son rendement et mènerait à terme la tâche qui lui avait été assignée.

IL SAVAIT MOTIVER LES GENS

Quand Néhémie est arrivé à Jérusalem, la captivité avait pris fin plus d'un siècle auparavant. Les Juifs étaient retournés au pays par vagues, commençant par Zorobabel en 538 av. J.-C. La première tâche entamée par les premiers Juifs à retourner au pays était la reconstruction du temple. Le livre d'Esdras, dans l'Ancien Testament, décrit la rude épreuve qu'ils ont vécue. Les fondements du temple ont été posés en 536, puis il est demeuré inachevé pendant vingt ans. Ensuite, sur les instances d'Aggée et de Zacharie, on a finalement terminé sa reconstruction en 516. Néhémie est arrivé à Jérusalem soixante et onze ans plus tard, en 445 av. J.-C.

Personne, durant toutes ces longues années, n'avait pris l'initiative de finir la reconstruction de la ville. La première chose qu'un voyageur voyait en arrivant à Jérusalem était la muraille en ruine. D'énormes amas de pierres entourant la ville étaient un témoignage silencieux du jugement divin qui avait renversé Juda et amené le peuple en captivité. Ces ruines étaient un sujet de honte en plus d'être dangereux. Cependant, cent ans plus tard, personne n'avait encore même proposé un projet de reconstruction.

N'est-il pas étonnant que Néhémie, un nouveau venu dans la ville, ait réussi à réunir les gens du peuple, les mettre au défi de reconstruire les murailles, et reçu aussitôt une réponse positive : « Levons-nous, et bâtissons » (Néhémie 2.18) ?

De toute évidence, Néhémie savait s'y prendre pour motiver les gens. Il ne l'a pas fait simplement pour attirer l'attention, ou dans le but de manipuler les gens ou de se faire voir. Il a plutôt fait part de sa vision de façon à ce que les gens puissent la saisir. Il leur a expliqué comment ils pourraient atteindre ce but. Et dans les mots de Néhémie : « Je leur racontai comment la bonne main de mon Dieu avait été sur moi, et quelles paroles le roi m'avait adressées » (2.18). Il leur a expliqué que c'était l'œuvre de Dieu. Il leur a fait comprendre l'importance de la dimension spirituelle de ce projet. Il était sincère et digne de confiance. Son enthousiasme et son optimisme étaient contagieux. Le peuple a saisi sa vision.

IL TRAVAILLAIT AUX CÔTÉS DES GENS

Néhémie n'était pas un leader *passif*. Un leader de Dieu ne l'est jamais. Il n'exige pas que les autres fassent ce que lui-même ne ferait pas. Néhémie a retroussé ses manches et travaillé aussi dur que n'importe qui : « nous poursuivions l'ouvrage » (4.21). Il n'avait pas peur de se salir les mains.

En fait, il explique qu'il travaillait sans relâche durant de longues heures jusqu'à ce que la tâche soit achevée : « Et nous ne quittions point nos vêtements, ni moi, ni mes frères, ni mes serviteurs, ni les hommes de garde qui me suivaient » (4.23). Il dit également : « Bien plus, j'ai travaillé à la réparation de cette muraille, et nous n'avons acheté aucun champ » (5.16).

Il travaillait avec acharnement. Il était dévoué à son travail. Et le peuple a suivi son exemple, malgré la raillerie, la conspiration, les incitations au découragement, la tromperie et les diverses attaques brutales. Les chapitres quatre à six de son récit racontent en détail comment les ennemis de Néhémie ont tenté désespérément de mettre fin à son projet.

Et en dépit de tout cela, l'initiative de ce seul homme a permis que la muraille entourant Jérusalem soit entièrement rebâtie en seulement cinquante-deux jours (6.15).

Néhémie était l'exemple même d'un véritable leader. Il était un initiateur. Il était très motivé. Il était un bon organisateur. Il savait motiver les gens. Il était capable de surmonter les obstacles. Il était un homme pratique, intelligent et déterminé. Il était un homme d'action, qui savait également être aimable. Toutes ces qualités sont essentielles pour être un bon dirigeant. Ensemble, elles ont fait de Néhémie le genre d'homme qui, comme l'apôtre Paul, n'avait pas peur de prendre l'initiative. Et c'est là le secret de la réussite de ces deux hommes.

AU CŒUR DE LA TEMPÊTE

Pendant ce temps, à Beaux-Ports, les soldats et les marins discutent des suggestions de Paul et décident de rejeter son conseil. Luc écrit : « Le centenier écouta le pilote et le patron du navire plutôt que les paroles de Paul. Et comme le port n'était pas bon pour hiverner, la plupart furent d'avis de le quitter pour tâcher d'atteindre Phénix, port de Crète qui regarde le sud-ouest et le nord-ouest, afin d'y passer l'hiver » (Actes 27.11,12).

Dans ce qui semble être un écart inhabituel et totalement désespéré par rapport à la norme, le capitaine du navire sollicite apparemment l'avis de « la majorité ». La plupart des hommes sont d'avis qu'il serait préférable d'essayer d'atteindre un meilleur port. Je choisirais *n'importe quand* de suivre un leader sérieux, prudent, consciencieux, analytique *et* intelligent plutôt que la majorité. Mais dans ce cas-ci, ils votent. Le capitaine s'en remet à un sondage d'opinion.

Remarquez que la décision est prise pour des raisons purement pragmatiques. Personne ne veut rester à Beaux-Ports. Ces hommes sont motivés par l'opportunisme et leurs désirs égoïstes plutôt que par le bon sens.

Voici un troisième principe essentiel du leadership : *Un leader a du jugement.*

Selon la vision du monde, un leader est une personne qui prend des risques – un lanceur de dés. Il est vrai qu'un dirigeant *est* souvent appelé à prendre un certain nombre de risques calculés, mais un bon leader ne prend jamais de décisions totalement irréfléchies et

---

Principe de leadership nº 3
UN LEADER A DU JUGEMENT

---

risquées. Les bons leaders n'exposent pas les gens qu'ils dirigent au danger. Ils ne les soumettent pas à des risques inutiles. Paul est de bon conseil. En refusant de l'écouter, l'équipage et les soldats mettent en jeu la vie de tout le monde. Ils jettent carrément leur destin au vent, croyant que le hasard arrangerait tout. Ce n'est pas une manière intelligente de diriger.

Je dis souvent aux jeunes pasteurs que le moyen le plus rapide pour perdre la confiance des gens n'est pas de prêcher un mauvais sermon. Les gens vous pardonneront une telle chose. Le moyen le plus rapide pour un dirigeant de perdre sa crédibilité est de prendre des décisions insensées qui mèneront les gens dans une impasse ou au bout du quai. Trop de jeunes hommes dans le ministère prennent des décisions hâtives et irréfléchies. Ils dirigent sans trop regarder où ils vont. Ils ne calculent pas le coût et ne sont pas assez prudents. On pourrait imaginer qu'un jeune leader serait plutôt du genre timide, mais d'après mon expérience, les jeunes hommes échouent bien plus souvent parce qu'ils sont trop impétueux. Ils sont insensibles. Ils ne demandent pas de conseils.

Un bon leader est analytique. Il sait quand il y a un risque calculé, mais il évalue le risque et pare à toute éventualité. S'il y a un désastre imminent pour lequel il n'y a aucune issue, il n'avance pas.

La décision de continuer de naviguer présente de grands dangers. Il y a un risque de perdre le navire, sa charge et la vie des hommes à bord. C'est précisément sur ce danger que Paul cherche à attirer l'attention au verset 10.

Rappelez-vous : « Le centenier écouta le pilote et le patron du navire plutôt que les paroles de Paul » (v. 11). Ils veulent tous aller de l'avant. Et après tout, pourquoi devraient-ils écouter Paul ? Qu'est-ce qu'*il* sait de la navigation sur la Méditerranée à bord d'un navire comme celui-ci ? Ils font donc fi de la seule voix intelligente.

Ils travaillent à une solution. La distance à parcourir pour atteindre Phénix est relativement courte – une soixantaine de kilomètres à partir de la pointe sud de la Crète. Le port de Phénix est bien supérieur à celui de Beaux-Ports. Son quai, de forme semi-circulaire, a des ouvertures au nord-ouest et au sud-ouest, et est mieux protégé contre les vents violents de l'hiver. Ils pourraient au moins se rendre là, et décider ensuite d'y passer l'hiver ou de poursuivre leur chemin.

À première vue, les vents semblent favorables. « Un léger vent du sud vint à souffler, et, se croyant maîtres de leur dessein, ils levèrent l'ancre et côtoyèrent de près l'île de Crète » (v. 13). Un léger vent du sud provenant du nord de l'Afrique est généralement tiède. La journée paraît assez agréable au moment où ils partent en mer, longeant la rive sud de l'île de Crète.

Cela ne durera pas longtemps. Luc dit : « Mais bientôt un vent impétueux, qu'on appelle Euraquilon, se déchaîna sur l'île » (v. 14). C'est un violent vent du nord. Il vient des montagnes au nord du Liban et souffle le vent froid hivernal en bourrasques sur la mer Méditerranée. C'est exactement ce que Paul avait prédit. Il est maintenant évident pour tous qu'il est de sage conseil.

Il n'est plus possible de virer le cap au nord vers Phénix, et la tempête est tellement forte qu'on n'envisage même plus cette option. Luc écrit :

La participation de chacun est essentielle dans une situation aussi critique.

« Le navire fut entraîné, sans pouvoir lutter contre le vent, et nous nous laissâmes aller à la dérive. Nous passâmes au-dessous d'une petite île nommée Clauda, et nous eûmes de la peine à nous rendre maîtres de la chaloupe » (v. 15-16).

Ils sont maintenant à environ 40 kilomètres de l'île de Crète, à la merci du vent. Clauda est une petite île à l'extrémité sud-ouest de l'île de Crète. La « chaloupe » est un petit canot en bois qu'on utilise pour effectuer des réparations à la coque et aux ancres, de même que pour transporter les passagers du navire au port, et inversement. (C'est le seul moyen sûr de se rendre à terre quand le navire a jeté l'ancre dans le port. Il peut également servir de canot de sauvetage, quoiqu'il ne puisse contenir que quelques passagers. Apparemment, la chaloupe est ballottée par les vents puissants et ils risquent de la perdre.

Les hommes décident donc de hisser la chaloupe et de l'attacher solidement sur le pont du navire. Il semble bien que Luc collabore avec eux dans cette tâche, puisqu'il utilise le pronom *nous*. Le canot est sans doute très lourd, et les forts vents ne facilitent certainement pas les choses. La participation de chacun est essentielle dans une situation aussi critique. Le navire risque même de se briser. Luc écrit : « après l'avoir hissée, on se servit des moyens de secours pour ceindre le navire » (v. 17). À l'époque, les coques de navires étaient fabriquées de planches à rainures et languettes, et scellées de goudron. Les grosses vagues frappaient de durs coups sur les planches qui menaçaient de se séparer à certains points cruciaux. Il fallait donc passer des câbles – de gros cordages, à vrai dire – sous le navire et les attacher ensemble sur le pont afin de tenir la coque.

Il y a aussi un sérieux risque que le navire soit détourné de sa route et finisse par échouer. Donc, « dans la crainte de tomber sur la Syrte, on abaissa les voiles. C'est ainsi qu'on se laissa emporter par le vent » (v. 17). La Syrte est un cimetière de bateaux dans le Golfe de Syrte, sur la côte africaine, à l'ouest de Cyrène. Dans l'eau peu profonde de cet endroit se cachent des récifs et des bancs de sable. Ils se laissent donc « emporter par le vent », ce qui veut dire qu'ils ont baissé les voiles.

Luc écrit : « Comme nous étions violemment battus par la tempête, le lendemain on jeta la cargaison à la mer, et le troisième jour nous y lançâmes de nos propres mains les agrès du navire » (v. 18-19). Tout ce que Paul avait prédit s'accomplit maintenant. Ils doivent alléger le navire, c'est-à-dire jeter la cargaison par-dessus bord. Les agrès, ce sont l'équipement et les outils. Ce ne sont donc pas des objets inutiles, et ils n'auraient pas pris une telle décision à moins que leur vie ne soit en danger. Le chargement et les agrès étaient leur gagne-pain. Mais ils larguent tout ce qu'ils ont sous la main pour que le navire puisse naviguer plus haut à la surface de l'eau et éviter ainsi qu'il soit submergé par les vagues.

Ils n'ont plus d'instruments de navigation et aucun moyen de savoir où ils sont. « Le soleil et les étoiles ne parurent pas pendant plusieurs jours, et la tempête était si forte que nous perdîmes enfin toute espérance de nous sauver » (v. 20). Ils se résignent à l'idée qu'ils vont mourir.

D'un point de vue humain, il semble que tout ce qui pouvait aller mal est arrivé. Le voyage se transforme en désastre. Mais Dieu est vraiment à l'œuvre dans l'ombre. Le leader de son choix est sur place, prêt à prendre les rênes, et Dieu a planifié de mener à bien cette situation plutôt chaotique.

Chapitre trois

PRENDRE COURAGE

Luc ne plaisante pas quand il dit : « la tempête était si forte » (Actes 27.20). À cette période de l'année, sur la Méditerranée, les vents du nord-est sont imprévisibles, terrifiants et très dangereux. Nous avons ici de périlleux vents d'ouragan, de force 12, qui viennent de se lever brusquement et font en sorte qu'il est impossible de retourner à Beaux-Ports ou d'avancer vers Phénix, au nord. Paul et ses compagnons sont à la merci des vents.

Heureusement que, comme Paul le sait : « Plus que la voix des grandes, des puissantes eaux, des flots impétueux de la mer, l'Éternel est puissant dans les lieux célestes » (Psaume 93.4). « [Il dompte] l'orgueil de la mer ; quand ses flots se soulèvent, [il] les apaise » (Psaume 89.10). « Il dit, et il fit souffler la tempête, qui souleva les flots de la mer » (Psaume 107.25). Dieu est toujours le maître souverain, même si, d'après le point de vue des marins, la situation paraît désespérée.

Ce voyage qui, a priori, devait être une croisière d'une soixantaine de kilomètres aux abords du littoral s'est transformé en plusieurs jours de terreur. Luc dit que le soleil et les étoiles sont restés cachés « pendant plusieurs jours » (v. 20). Les hommes n'ont aucun moyen de savoir à quel point ils sont éloignés de leur route ni où ils se trouvent.

Les passagers et l'équipage sont de plus en plus terrifiés. Nous sentons que la panique s'empare d'eux. Au lendemain, ils jettent « la cargaison à la mer » (v. 18) afin d'alléger le navire. Ils gardent une partie de la cargaison qui servira de lest et pour leurs besoins essentiels, mais tout ce qui peut être jeté est envoyé par-dessus bord. Nous le savons parce que Luc dit : « le troisième jour *nous* y lançâmes *de nos propres mains* les agrès du navire » (v. 19, italiques pour souligner). Même Luc, et sans doute Paul aussi, s'affairent à jeter des objets par-dessus bord. L'image dépeinte par Luc est, que tout ce qui n'est pas cloué en place est jeté dans la mer, dans un effort désespéré d'alléger davantage le navire. Les bagages, les effets personnels, les instruments et l'équipement qui servaient aux marins – tout ce qui contribue à alourdir le navire – sont jetés par-dessus bord. Dans leur esprit, la situation est désespérée, néanmoins ils luttent pour leur survie.

C'est alors que l'apôtre Paul ouvre une fois de plus la bouche…

« JE VOUS AVAIS PRÉVENUS… »

Luc écrit : « On n'avait pas mangé depuis longtemps. Alors Paul, se tenant au milieu d'eux, leur dit : Ô hommes, il fallait m'écouter et ne pas partir de Crète, afin d'éviter ce péril et ce dommage (v. 21). Paul est humain. Il ne peut s'empêcher de dire : « Je vous avais prévenus. » D'ailleurs, le temps est venu de leur rappeler l'avertissement qu'il avait donné plus tôt. Le fait qu'il ait vu juste plus tôt lui donne plus de crédibilité.

Remarquez que ces hommes n'ont rien mangé depuis plusieurs jours. Cela peut dépendre de trois facteurs. Premièrement, sur une mer aussi agitée, même les marins les plus expérimentés peuvent avoir le mal de mer. Il est probable que la plupart d'entre eux *n'ont pas envie* de manger. Deuxièmement, avec l'eau salée qui s'engouffre dans le navire et la cargaison qui a été jetée à la mer, la majeure partie de la nourriture n'est probablement plus bonne à manger. Troisièmement, et d'un point de vue plus pratique, ils sont tous tellement occupés à essayer de préserver le navire – passant les câbles d'amarrage, larguant la cargaison par-dessus bord, effectuant des réparations d'urgence, et faisant tout ce qu'ils peuvent pour rester à flot – qu'ils n'ont vraiment pas le temps de manger. À l'heure qu'il est, ils sont tous épuisés.

Ce n'est évidemment pas le moment idéal pour faire un sermon qui commence par : « Je vous avais prévenus ».

Mais il y a plus ici qu'une simple réprimande. Paul n'ouvre pas la bouche simplement pour les gronder, mais pour les encourager. Son but n'est pas de se moquer d'eux, mais plutôt de les motiver. Sans attendre, il exprime clairement ses intentions : « Maintenant je vous exhorte à prendre courage ; car aucun de vous ne périra, et il n'y aura de perte que celle du navire » (v. 22). Quelle confiance ! D'où vient la confiance de Paul ? Il s'explique : « Un ange du Dieu à qui j'appartiens et que je sers m'est apparu cette nuit, et m'a dit : Paul, ne crains point ; il faut que tu comparaisses devant César, et voici, Dieu t'a donné tous ceux qui naviguent avec toi » (v. 23 et 24).

Il y a une légère pointe d'ironie dans ce que l'ange a dit à Paul. Paul ne doit pas avoir peur, parce que Dieu veut qu'il comparaisse devant le tribunal de César. Le César au pouvoir à cette époque est Néron, un fou dont la haine féroce et irrationnelle pour les chrétiens est bien connue. Charles Spurgeon a dit : « Cela ne semble guère plus rassurant que si l'ange lui avait dit : Tu ne mourras pas noyé, car tu dois être dévoré par un lion[1]. »

Selon une perspective humaine, il est presque certain que Paul connaîtra une mort atroce aux mains de l'empereur. D'ailleurs, c'est précisément ce qui finira par arriver. Par comparaison, une noyade en mer serait probablement une façon plus simple de se rendre au ciel, et une fin heureuse aux épreuves de Paul.

Mais Paul perçoit cela comme une occasion de prêcher l'Évangile à Rome, devant la cour même de Néron. Il a souhaité le faire et a prié pour cela. Et même si cela doit lui coûter la vie, c'est un prix qu'il est prêt à payer pour la gloire de Christ. Paul est plus qu'impatient de connaître « Christ, et la puissance de sa résurrection, et la communion de ses souffrances, en devenant conforme à lui dans sa mort » (Philippiens 3.10). Christ est sa vie et la mort lui est un gain (Philippiens 1.21). Il dit : « Je suis pressé des deux côtés, j'ai le désir de m'en aller et d'être avec Christ, ce qui de beaucoup est le meilleur » (Philippiens 1.23). Il ne désire qu'une chose : Glorifier Christ dans sa mort et apporter l'Évangile à Rome, au cœur même de l'opposition, et annoncer la vérité à Néron, lui-même. Il peut maintenant s'appuyer sur la promesse que cette occasion lui sera offerte.

Voici une quatrième caractéristique d'un bon leader : *Un leader parle avec autorité.*

Dieu a promis de protéger la vie de Paul. L'apôtre croit en cette promesse. Il sait que Dieu est encore maître des vents, et si Dieu veut que Paul témoigne devant César, aucun naufrage ne pourrait empêcher cela. De plus, si Dieu a promis qu'aucune âme à bord de ce bateau ne périrait, Paul peut croire que Dieu tiendra parole.

Paul peut donc parler avec assurance et conviction. Sa remarquable assurance n'est pas le fruit d'une confiance en *soi* ; elle résulte du fait qu'il a la certitude que Dieu fera ce qu'il a promis. « *[Il]* ne peut se renier lui-même » (2 Timothée 2.13).

Notez que, lorsque nous disons qu'un leader parle avec autorité, nous ne voulons pas dire qu'il doit parler avec une attitude autoritaire. Les manières pompeuses et l'arrogance n'ont rien à voir avec l'autorité. L'étonnant aplomb de Paul est totalement exempt d'égoïsme et d'insolence. Il ne dégage aucun sentiment de supériorité ou de suffisance et de vanité. Plutôt, l'étonnante autorité avec laquelle Paul parle est une autorité inébranlable qui vient de la certitude que la Parole de Dieu est vraie et que ses promesses sont dignes de confiance.

Bien sûr, on ne peut nier qu'il y avait un air de commandement dans la manière dont Paul a saisi l'occasion. Il *a effectivement* parlé de façon absolue. Il *a bel et bien* parlé avec conviction et assurance. Un véritable leader peut parler avec autorité, car il sait de quoi il parle. Il parle avec assurance, car il sait ce qui est vrai. Il reconnaît facilement la vérité. Dans le cas de Paul, il s'appuie sur l'autorité même de Dieu. Il a reçu une révélation directe de Dieu !

Il en est de même pour nous. Dieu nous parle clairement dans sa Parole. L'Écriture est la voix vivante et puissante de Dieu – et pour le croyant, mise en lumière par le Saint-Esprit qui habite en lui. Paul a dit que l'Écriture est « la pensée du Seigneur » (1 Corinthiens 2.16). Elle révèle ce à quoi il pense – et sa pensée est en parfaite harmonie avec la volonté de Dieu, tout comme l'est celle du Saint-Esprit (Romains 8.26).

Il ne faut pas s'attendre à avoir une révélation angélique, puisque ce genre de vision était réservé aux temps apostoliques. Les apôtres n'avaient pas le Nouveau Testament. Nous si, et c'est là que Dieu nous parle encore aujourd'hui. Un leader chrétien possède beaucoup plus que tout autre leader du monde, parce qu'il possède la vérité de Dieu et son Esprit pour l'enseigner.

Cela signifie qu'un leader doit *connaître* les Écritures. Il doit *croire* fermement que la Parole de Dieu est la vérité. Et il doit être capable de *communiquer* la Parole de Dieu avec assurance et conviction.

Paul comprend aussi qu'il y a un élément vocal et verbal au leadership dont il faut tenir compte. Il y a de cela quelques années, j'ai donné une conférence lors de la cérémonie de remise des diplômes à l'école de police de notre région. Plus

> **Principe de leadership n° 4**
> **UN LEADER PARLE AVEC AUTORITÉ**

tard, je parlais avec le commandant du fait qu'il est difficile de réussir à l'école de police, et il m'a parlé d'un élève qu'ils avaient dû renvoyer parce qu'il avait une voix trop douce et aiguë. Je lui ai exprimé ma surprise à ce propos et il m'a expliqué qu'on ne peut pas arriver derrière quelqu'un et dire : « Haut les mains.

Vous êtes en état d'arrestation ! », avec une voix semblable à celle de Mickey Mouse.

La voix de l'autorité doit être empreinte de force et de pouvoir. À moins de vraiment savoir de quoi vous parlez, il est impossible de parler clairement ou avec autorité. Et si vous n'arrivez pas à projeter verbalement de l'assurance, de la confiance et du courage basés sur la connaissance, il vous sera très difficile de diriger les gens.

Un leader ne dit pas « Eh bien, nous pourrions aller dans cette direction, ou nous pourrions aller dans l'autre. *Votons*. » Dans le monde des affaires, ou dans le monde du sport, le vrai leader est celui qui rassemble tout le groupe et dit : « Voici ce que nous allons faire. Voici de quelle façon nous allons procéder. C'est ainsi que nous réussirons. » Il sort ensuite un plan clair et intelligent, et dit : « Maintenant, tous à vos postes. » Il sait de quoi il parle. Il reconnaît les problèmes. Il voit les solutions. Il communique clairement de façon à encourager tout le monde à faire ce qu'il faut.

Dans le cas de l'apôtre Paul, il a la parole de Dieu. C'est ce qui distingue le leader biblique et spirituel des autres genres de leaders. Nous pouvons parler avec une entière confiance, tant que notre autorité nous vient de l'immuable vérité de la Parole de Dieu.

Malgré ce que peuvent en penser certaines personnes qui écoutent mes enregistrements, je ne parle pas avec autorité sur *tout*. On m'a plus d'une fois invité à exprimer mon opinion à l'émission *Larry King Live* et à d'autres talk-shows. Il m'arrive de refuser. Quand on me demande mon avis à propos des finances de notre gouvernement ou des politiques en matière de relations étrangères, je n'offre habituellement aucune opinion. Je ne possède pas d'information suffisamment digne de foi sur ces sujets pour m'en faire une opinion susceptible de faire autorité. Si on me pose des questions d'ordre moral ou éthique, par contre, c'est une tout autre histoire. Pourquoi ? Parce que je sais ce que dit l'Écriture à propos de ces choses. J'ai de l'autorité dans ce domaine. Et dès qu'on m'en donne l'occasion, je fais connaître la source de mon autorité. Je n'aime pas exprimer de *simples* opinions.

Les gens cherchent une autorité à laquelle ils peuvent faire confiance. Et ceux qui aiment la vérité suivront une personne qui leur transmet la vérité de Dieu avec autorité. Il ne sert à rien de tourner autour du pot, d'éviter les questions difficiles, ou d'aborder des sujets clairs de façon équivoque. Si vous connaissez la vérité, dites-la avec autorité ! C'est ce que fait un vrai leader.

Jésus ne dirait pas : « J'aimerais vous faire part de quelque chose. J'ai une idée qui mérite peut-être votre attention. » Sa façon de parler avec autorité étonnait les gens. Bien sûr, il avait une autorité inhérente parce qu'il était Dieu incarné. Mais sa manière de parler était très différente de celle des scribes et des pharisiens. Matthieu a écrit : « *[La]* foule fut frappée de sa doctrine ; car il enseignait comme ayant autorité, et non pas comme leurs scribes » (Matthieu 7.28,29). Les scribes avaient l'habitude de citer comme source d'autorité les idées des rabbins. Ils traitaient la vérité comme s'il s'agissait d'une théorie, faisant souvent allusion à diverses interprétations possibles de la Loi, et parlant rarement de manière absolue sur un sujet quelconque. Ils ont fini par substituer l'opinion et la tradition humaines à la vérité absolue de l'Écriture (Matthieu 15.6).

Jésus est arrivé sur scène et, contrairement à eux, il n'a cité l'opinion de personne. Il a dit des choses comme : « Vous avez entendu qu'il a été dit... Mais moi, je vous dis... » (Matthieu 5.21,22 ; 27,28 ; 31,32 ; 33,34 ; 43,44). Il parlait avec une autorité divine. Il possédait la vérité de Dieu. Et il a dit clairement : « J'ai beaucoup de choses à dire de vous et à juger en vous ; mais celui qui m'a envoyé est vrai, et ce que j'ai entendu de lui, je le dis au monde » (Jean 8.26).

Le leader spirituel avisé a la même autorité. Quant à nous, nous ne disons pas : « *Je* vous dis... », mais : « Ainsi parle *l'Éternel*... » Toutefois, l'autorité est exactement la même. Et si nous avons la bonne façon de faire, nous encourageons et élevons les autres.

C'est ce que Paul fait. Il n'est pas cinglant. Il n'est ni arrogant ni vantard. Mais il croit les promesses de Dieu, et ses paroles traduisent cette confiance.

« JE VOUS EXHORTE À PRENDRE COURAGE »

En réalité, bien loin de chercher sa propre gloire, Paul a pour but d'élever les autres. Dans son discours, il vise à encourager et à apporter un peu de joie à ces hommes découragés et abattus, qui n'ont pas d'espoir de

> **Principe de leadership nº 5**
> **UN LEADER FORTIFIE LES AUTRES**

survivre. Il leur a promis, avec l'autorité de Dieu, qu'aucune vie ne se perdra sur ce navire.

Voici une cinquième caractéristique d'un vrai leader : *Un leader fortifie les autres.*

Un vrai leader désire rendre meilleurs tous ceux qui l'entourent. Il les rend plus forts, plus efficaces et plus motivés.

C'est ce que Paul fait ici. Il résume ses mots d'encouragement en disant : « C'est pourquoi, ô hommes, rassurez-vous, car j'ai cette confiance en Dieu qu'il en sera comme il m'a été dit » (Actes 27.25). Sa confiance redonne des forces aux autres. Il les réconforte. Il les encourage à croire en l'avenir. Il leur donne une raison d'espérer alors que plus personne n'a d'espoir.

Et puis, il leur fait part d'autre chose qui, de prime abord, ne semble pas très encourageant : « Mais nous devons échouer sur une île » (v. 26). Remarquez qu'il n'a pas peur de leur révéler *toute* la vérité. Ce qu'il vient d'annoncer n'est pas vraiment une bonne nouvelle, en particulier pour le propriétaire d'un bateau. Néanmoins, ce scénario est de loin préférable à ce qu'ils en sont venus à anticiper dans les circonstances.

La parfaite honnêteté de Paul lui a permis de poser le fondement qui servira à mieux établir sa crédibilité quand ces événements se réaliseront. Les hommes qui ont entendu ses prédictions savent qu'il y a autant de possibilités qu'elles se concrétisent que le contraire. Si elles se réalisent, ils sauront qu'elles proviennent de Dieu. Quelles sont les probabilités, dans de telles conditions, qu'ils échouent sur une île, qu'ils perdent le navire et sa cargaison sans perdre un seul passager ? L'improbabilité mathématique d'une telle chose est absolument incroyable. Quand ces choses arriveront, ils sauront qu'il s'agit d'une manifestation intentionnelle de la puissance de Dieu. Pourtant, Paul est certain que cela *se réalisera*, car il a reçu une parole claire et irréfutable de Dieu. Son autorité est basée sur cette parole qui prouvera bientôt sa crédibilité.

En dépit des apparences, Dieu est présent sur ce navire de malheur. Tout comme le voyage de Paul vers le tribunal de Néron est une bénédiction déguisée en procès, cette aventure est une extraordinaire expérience spirituelle pour les soldats et les marins païens. Ils sont sur le point de voir la main de la divine Providence les sauver d'un désastre certain, et ils se verront offrir une occasion et une raison de connaître et de croire au seul vrai Maître et Seigneur du ciel et de la terre. Ils verront sa main à l'œuvre d'une manière spectaculaire, frappante et inoubliable.

« JE CROIS EN DIEU »

Paul sait avec certitude ce que Dieu est en train de faire et quelle sera l'issue de ce voyage. Il le sait parce que la parole de Dieu est infaillible et ses promesses sont sûres : « … pour ce qui concerne toutes les promesses de Dieu, c'est en lui qu'est le oui ; c'est pourquoi encore l'Amen par lui est prononcé par nous à la gloire de Dieu » (2 Corinthiens 1.20). Paul peut donc dire avec une sincérité, une confiance et une autorité absolues : « *[J'ai]* cette confiance en Dieu qu'il en sera comme il m'a été dit » (Actes 27.25).

Nous découvrons en cela un sixième principe de leadership : *Un leader est optimiste et enthousiaste.*

L'enthousiasme optimiste inspire ceux qui nous suivent. Les gens suivent naturellement un leader qui sait leur donner de l'espérance, et ils s'éloignent naturellement de celui qui est perpétuellement pessimiste.

Un jour, l'entraîneur de l'équipe de football avec laquelle je jouais au collège, a fait un discours que je n'oublierai jamais. Nous étions visiteurs dans le stade d'une autre école, et nous ne jouions pas au maximum de nos capacités. Le score à la mi-temps était 0 à 0. Dans le vestiaire, l'entraîneur nous a fait un discours à la Knute Rockne. Il était tellement enthousiaste qu'il a défoncé le tableau noir avec son poing. Il nous rappelait tout le potentiel que nous avions, ponctuant ses remarques en claquant les portes des casiers et en brisant des boîtes et des paniers à linge. Il faisait un tel vacarme que je me suis demandé ce que pouvaient en penser les spectateurs assis dans les gradins. Il parlait d'un ton féroce, émotionnel et éloquent de la supériorité de notre talent et de l'excellence de notre équipe. Il ne nous a pas réprimandés, au contraire. Ses paroles étaient remplies d'optimisme et d'enthousiasme – et d'une passion enflammée.

> **Principe de leadership nᵒ 6**
> **UN LEADER EST OPTIMISTE ET ENTHOUSIASTE**

Et son zèle était contagieux. Au sortir du vestiaire, nous étions animés d'un nouvel enthousiasme. Je ne l'oublierai jamais. Je pense que nous avons compté 48 points dans la deuxième moitié. Les spectateurs ont dû penser qu'une tout autre équipe était sortie sur le terrain la seconde fois. D'une certaine façon, c'était vrai. Nous étions animés de l'enthousiasme de l'entraîneur, qui en retour, nous a donné une nouvelle ferveur. Cet événement m'a beaucoup enseigné sur les effets que produisent l'enthousiasme et l'optimisme.

J'avoue que je suis du genre à ne jamais se laisser abattre. Pendant un concert de Noël à notre église, il y a de cela quelques années, j'étais assis en face d'un homme dont le visage m'était familier, mais dont je n'avais toutefois jamais fait la connaissance. Après le concert, je l'ai salué et lui ai demandé : « Depuis combien de temps venez-vous à l'église ici ? »

Il a répondu : « Depuis plus d'un an. »

Puis je lui ai demandé : « Depuis combien de temps êtes-vous chrétien ? »

Sa réponse m'a surpris : « Je ne suis pas chrétien, je suis Juif. »

Je lui ai demandé pourquoi il continuait de venir après tout ce temps, et encore une fois, sa réponse m'a renversé. Il m'a dit : « Parce que je suis dans la vente, et j'ai besoin d'être motivé. Vous êtes tellement enthousiaste. »

Évidemment, je ne suis pas appelé à cela. Je ne suis pas un meneur de claque. Il est vrai, cependant, que j'ai tendance à être enthousiaste. Je crois ce verset, qui dit : « Dieu [...] nous fait toujours triompher en Christ » (2 Corinthiens 2.14).

Vous ne pouvez pas être un bon dirigeant tout en étant pessimiste. Ceux qui sont cyniques et qui voient tout en noir dépriment les personnes auxquelles ils parlent. Ils sont comme des sangsues. Ils rendent les gens pâles, faibles et passifs.

De même, vous ne pouvez être un bon dirigeant si vous endormez les gens. Un jour, j'ai participé à une conférence biblique avec un prédicateur qui semblait penser que l'enthousiasme n'a rien de spirituel. Le problème est qu'il devait donner un message sur la joie. Je le revois s'approchant de l'estrade avec une montagne de notes, qu'il a pris le temps de placer très soigneusement sur le lutrin. Après une longue pause, il a regardé le public par-dessus ses lunettes, a baissé à nouveau les yeux sur ses notes et s'est mis à lire d'un ton nasal, monotone et vide d'émotion : « Mes chers amis, aujourd'hui, j'aimerais vous parler des joies de la vie spirituelle. » *Zzzzzzzzz.*

Je ne crois pas vraiment que c'est ce que l'apôtre Paul avait en tête quand il a dit : « Réjouissez-vous toujours dans le Seigneur ; je le répète, réjouissez-vous » (Philippiens 4.4).

D'un autre côté, l'enthousiasme optimiste produit de l'énergie, de l'excitation et de l'espoir. Nous, qui connaissons les vérités de Dieu et bénéficions de ses promesses, devrions plus que n'importe qui être optimistes et enthousiastes.

Le domaine dans lequel je remplis la fonction de leader, bien sûr, c'est l'Église. Récemment, je lisais un livre sur le leadership au sein de l'Église dans lequel l'auteur commence en disant, de façon assez dramatique, que l'Église devra se réinventer, s'ajuster à la culture postmoderne, reconsidérer sa mission, et renouveler sa méthodologie, sans quoi elle n'existera plus dans 50 ans.

Voilà qui est bien ridicule. Christ a dit qu'il bâtirait son Église et que les portes du séjour des morts ne prévaudraient pas contre elle (Matthieu 16.18). Devons-nous prendre au sérieux l'avertissement de cet homme qui dit que l'Église aura disparu dans 50 ans si nous ne réformons pas nos techniques ?

Je ne suis pas du tout pessimiste en ce qui concerne la véritable Église. Je suis optimiste à son sujet, parce que je sais que la vérité de Dieu triomphera. Je crois que l'Église sera exactement ce que Dieu veut qu'elle devienne – glorieuse. Après tout, Christ « a aimé l'Église, et s'est livré lui-même pour elle, afin de la sanctifier en la purifiant et en la lavant par l'eau de la parole, pour faire paraître devant lui cette Église glorieuse, sans tache, ni ride, ni rien de semblable, mais sainte et irréprochable » (Éphésiens 5.25-27). Cela arrivera. Rien ne pourra contrecarrer les plans de Christ pour son Église.

Si nous considérons la manifestation visible de l'Église dans le monde actuel, nous pouvons être tentés de nous décourager pour de nombreuses raisons. Mais si nous regardons au-delà de ces choses, sachant ce que Dieu a décidé pour son Église, et que nous nous approprions ses promesses, nous pouvons dire, comme Paul a dit à ces pauvres marins abattus : « *[Ô]* hommes, rassurez-vous, car j'ai cette confiance en Dieu qu'il en sera comme il m'a été dit » (Actes 27.25).

Ce genre d'attitude fait partie du leadership. Rappelez-vous, Paul est en route vers Rome en tant que prisonnier. De tous les hommes à bord de ce navire, il est celui qui a le *moins* de raisons d'être optimiste. Mais en bon leader qu'il est, il voit au-delà des circonstances temporaires et garde espoir en s'attachant à la promesse de victoire. Et il puise son courage et sa confiance en cela. Un tel optimisme est contagieux.

DIEU FAIT LEVER SON SOLEIL SUR LES MÉCHANTS *ET* SUR LES BONS

Il y a autre chose qui remplit Paul d'espoir et d'enthousiasme : Il voit ces circonstances comme une occasion de présenter son Dieu à des non-croyants. Il n'a aucunement honte de parler du Dieu auquel il appartient et qu'il sert (Actes 27.23). Dieu est la source d'autorité, de sagesse, d'espoir, d'optimisme et d'enthousiasme de Paul. Pourquoi aurait-il peur de l'avouer ?

Paul est impatient de présenter Dieu à ces hommes. Dans les circonstances, ils pourraient croire qu'ils doivent se préparer à le rencontrer. Paul veut qu'ils connaissent Dieu premièrement comme Sauveur, plutôt que comme Juge. Alors, il parle avec assurance.

Il sait, sans l'ombre d'un doute, que ce que l'ange lui a prophétisé s'accomplira. Et quand la prophétie se réalisera, c'est Dieu qui en recevra la gloire et le crédit. Comme nous l'avons mentionné plus tôt, l'accomplissement précis des prédictions de Paul servira à affirmer sa crédibilité. Mais il a fait beaucoup plus que cela. Il concentrera l'attention au bon endroit : il fait en sorte que ces hommes voient d'une manière imagée que Dieu est le maître souverain de leur vie. Ils doivent le glorifier en tant que Dieu, et lui être reconnaissants.

Chacun de ces hommes doit sa vie à la miséricorde et la grâce de Dieu. Ils ont fait un choix stupide et irréfléchi en quittant Beaux-Ports. Mais Dieu leur sauvera la vie. Et il le fera à cause de Paul. L'ange a dit à Paul : « Dieu t'a donné tous ceux qui naviguent avec toi » (v. 24).

Les non-croyants de ce monde ne savent pas à quel point ils sont bénis d'avoir des croyants dans leur entourage. Qui sait combien de personnes ont été épargnées de jugement et de désastres grâce à des personnes pieuses qu'elles connaissent ? Un ami, qui se trouvait « par hasard » sur le même vol que moi il y a quelques années, m'a dit qu'il se sentait particulièrement en sécurité sur cet avion avec moi, car il savait que le Seigneur avait encore du travail à me faire faire.

Cela ne veut pas dire qu'il est impossible que je meure dans un accident, mais il y a vraiment un sens dans lequel ce principe s'applique. Même les impies profitent parfois de la grâce que Dieu accorde à ses enfants. C'est précisément le cas de ces hommes qui sont à bord du même navire que Paul. Paul a la garantie absolue qu'il survivra puisque Dieu veut qu'il aille à Rome. Tous les hommes sur le navire en bénéficieront.

Le même principe revient continuellement dans les pages de l'Écriture. Le peuple de Dieu au sein d'une communauté impie protège en fait cette communauté du désastre. Dieu a dit à Abraham qu'il ne détruirait pas les villes de Sodome et Gomorrhe s'il s'y trouvait seulement dix personnes justes (Genèse 18.32). Plus tard, Laban a supplié Jacob de ne pas retourner dans son pays : « Laban lui dit : Puissé-je trouver grâce à tes yeux ! Je vois bien que l'Éternel m'a béni à cause de toi » (Genèse 30.27). Le même principe se voit également dans l'expérience de Joseph. Au sujet de Potiphar, il est écrit : « Dès qu'il l'eut établi dans sa maison et sur tout ce qu'il possédait, l'Éternel bénit la maison de l'Égyptien, à cause de Joseph ; et la bénédiction de l'Éternel fut sur tout ce qui lui appartenait, soit à la maison, soit aux champs » (Genèse 39.5). Et même quand Joseph était en prison : « Le chef de la prison ne prenait aucune connaissance de ce que Joseph avait en main, parce que l'Éternel était avec lui. Et l'Éternel donnait de la réussite à ce qu'il faisait » (v. 23). Donc, même le chef de la prison était béni grâce à Joseph.

Et les hommes qui sont sur le navire avec Paul sont bénis grâce à lui. Bien qu'ils soient perdus en mer, sans savoir où ils se trouvent et où ils finiront, ils ont maintenant de l'espérance. Ils ont un dirigeant en qui ils peuvent avoir confiance. Ils ont quelqu'un qui n'a pas peur d'avancer et de prendre l'initiative. Ils ont quelqu'un qui a fait preuve de bon jugement, qui est capable de parler avec autorité, qui sait comment fortifier les autres, et qui sait les encourager et les motiver. Tous les chrétiens devraient être de pareils leaders.

À mesure que l'histoire avance, nous verrons que le centenier, les marins et toutes les personnes sur ce navire s'en remettent de plus en plus à la direction de Paul. Il est évident pour tous que la main de Dieu et sa bénédiction sont sur Paul.

Il est naturel pour le peuple de Dieu de vouloir suivre un homme de cette trempe. Le pessimisme, l'indifférence, la peur et la confusion se dissipent en présence d'un tel leader.

Chapitre quatre

PRENDRE LE COMMANDEMENT

Paul a donc une bonne nouvelle, et il a aussi une mauvaise nouvelle. La bonne nouvelle est que personne ne va mourir. La mauvaise nouvelle est que le navire échouera sur une île. Ainsi que toutes les personnes à bord l'ont pressenti (Actes 27.20), ils vont droit au naufrage.

Ils sont au milieu d'une situation critique qui nécessite un leader solide, lucide et courageux. Et le seul homme qualifié et le mieux préparé à assumer ce rôle est celui qui occupe le quartier des prisonniers dans la cale du navire. L'ironie de la situation n'échappe sûrement pas au capitaine, à Julius, le centenier romain, et aux autres hommes en position d'autorité sur ce navire. Paul n'occupe aucun poste officiel, mais il exerce certainement plus d'autorité que n'importe lequel d'entre eux. Il prend ses ordres de Dieu, et il parle pour Dieu. À présent, cela est devenu clair pour tout le monde.

C'est en temps de crise qu'un vrai leader fait ses preuves. Le vrai leader est celui qui réagit bien dans des conditions difficiles. Il est celui qui peut résoudre les problèmes, supporter les fardeaux, trouver les solutions et remporter les victoires tandis que tous les autres sont tout simplement agités, déroutés et perplexes.

C'est ce que Paul fait. À l'heure qu'il est, il a effectivement pris le commandement. Il n'a usurpé l'autorité de personne ; tous lui ont plus ou moins cédé la place, puisqu'il semble être le seul à avoir une idée de ce qu'il faut faire. Et voilà pourquoi tous les passagers de ce navire s'en remettent maintenant à la direction de Paul qui, au début du voyage n'était qu'un simple prisonnier (celui qui figurait au plus bas rang de l'organigramme du navire). Le capitaine ne dirige pas. Le pilote n'est même plus à la barre du navire. Le centenier n'a pas non plus assumé la direction dans l'agitation générale ; il est évidemment aussi ennuyé et effrayé que les autres. Le seul qui n'ait pas perdu son sang-froid, c'est Paul, et il est solide comme le roc.

Voilà qui prouve que le titre ou le rang social d'une personne ne fait pas d'elle un leader. Encore une fois, le leadership est une question d'influence, de savoir-faire et non pas de position. Et quand on lit le récit que Luc fait du naufrage, il est assez incroyable de voir tous ces hommes puissants, habitués à donner des ordres et à avoir un grade supérieur aux autres, soudainement se soumettre à Paul, le prisonnier, qui a acquis le droit de diriger.

ON APPROCHE DE L'ÎLE DE MALTE AU MILIEU DE LA NUIT

Pendant plusieurs jours, des vents d'ouragan font dériver le navire. Depuis des jours entiers, les membres de l'équipage et les passagers sont en proie à la panique. Ils font tellement d'efforts pour maintenir le navire qu'aucun d'eux n'a mangé durant deux semaines. Ils sont pétrifiés de peur. Ils n'ont aucune idée de l'endroit où ils sont. Ils ne savent même pas dans quelle direction ils vont. Le seul espoir qu'il leur reste vient de l'apôtre Paul qui leur a assuré qu'ils survivront tous à cette épreuve.

Le récit de Luc se poursuit :

La quatorzième nuit, tandis que nous étions ballottés sur l'Adriatique, les matelots, vers le milieu de la nuit, soupçonnèrent qu'on approchait de quelque terre. Ayant jeté la sonde, ils trouvèrent vingt brasses ; un peu plus loin, ils la jetèrent de nouveau, et trouvèrent quinze brasses. Dans la crainte de heurter contre des écueils, ils jetèrent quatre ancres de la poupe, et attendirent le jour avec impatience (Actes 27.27-29).

La mer Adriatique, bien sûr, est le bras étroit de la Méditerranée qui se trouve entre l'Italie et la péninsule balkanique. Toutefois, du temps de Paul, on considère la mer Ionienne (la vaste étendue d'eau située entre l'extrémité sud de l'Italie et la Sicile à l'occident et de la côte ouest de la Grèce à l'orient) comme faisant également partie de la mer Adriatique. Le navire de Paul est ballotté de tous côtés dans cette grande région de la Méditerranée durant deux longues semaines. Voilà qui semble interminable quand on est pris dans une situation aussi désespérée.

Et puis, la quatorzième nuit, aux environs de minuit ils touchent terre. Sans doute qu'il est impossible d'apercevoir la terre à l'horizon au milieu de la nuit chargée de nuages, alors, Luc ne dit pas qu'ils ont aperçu la terre, mais bien qu'ils « soupçonnent » qu'ils approchent de la terre. Cela signifie probablement qu'ils entendent le bruit des vagues qui se brisent sur un rivage à proximité.

Ils décident donc de sonder la profondeur de l'eau. C'est un processus qui consiste à faire descendre jusqu'au fond de l'eau une ligne au bout de laquelle est fixé un plomb. Ensuite, il suffit de mesurer la ligne pour connaître la profondeur de la mer. La première fois qu'ils ont sondé, le fond était à 20 brasses. Une brasse correspondant au déploiement maximum des deux bras étendus (approximativement 1,60 m). Vingt brasses représentent donc une profondeur d'environ 32 mètres ; ce qui est suffisant pour être en sécurité, mais pas assez pour indiquer qu'ils n'étaient plus en pleine mer.

Ils attendent un peu et effectuent un deuxième sondage. Cette fois, ils découvrent que le fond est à 15 brasses (24 mètres). Ils avancent rapidement vers le rivage. Il y a vraiment là de quoi perdre son sang-froid ; ce n'est pas du tout le temps de faire la fête. Se retrouver dans une telle situation au milieu de la nuit est très dangereux. Ils sont littéralement sur le point de s'échouer et ils sont incapables de voir ce qui s'étend devant eux. Dans une eau si peu profonde, il y a souvent des pierres cachées, des affleurements qui peuvent couler un bateau avant qu'on ait même le temps de s'en rendre compte. C'est ce que les marins redoutent le plus. Ils avancent à l'aveuglette, au milieu de la nuit, sachant uniquement que chaque vague les rapproche du danger. Ils jettent donc quatre ancres à l'eau et prient pour que le jour se lève.

Ils ne le savent pas encore, mais ils approchent de Malte (Actes 28.1). Malte est une petite île immédiatement au sud de la Sicile. Les éléments géographiques de la région concordent exactement avec les profondeurs océaniques rapportées par Luc. Des experts, qui ont étudié la Rome maritime, corroborent également les autres détails que Luc inclut dans son récit. Par exemple, la distance entre Clauda (où le navire a vu la terre pour la dernière fois [27.16]) et l'île de Malte est de 882,6 kilomètres. Supposons maintenant que le bateau avance à une vitesse d'environ 66,6 kilomètres par jour. (Les experts disent que c'est approximativement à cette vitesse qu'un navire marchand de l'époque battant pavillon romain aurait avancé dans un vent de tempête.) À ce rythme, il faudrait treize jours, une heure et vingt et une minutes pour faire le trajet entre Clauda et Malte. Ajoutez une journée pour faire le trajet de Beaux-Ports à Clauda et cela donne exactement deux semaines. Il faut bel et bien quatorze jours pour aller de Beaux-Ports à Malte, si vous vous trouvez à voyager dans un navire qui est poussé par un ouragan.

Si l'on se fie aux informations données par Luc concernant la profondeur de l'eau, ils sont à moins de cinq kilomètres de l'île. Ils sont probablement à l'embouchure d'une grande baie au nord-ouest de l'île. De nos jours, ce lieu est connu sous le nom de la Baie de Saint-Paul, mais on ne peut dire avec certitude que c'est là que Paul s'est échoué. À l'extrémité est de l'île de Malte se trouve la Baie de Saint-Thomas, qui, selon certains, correspond mieux à la description[1].

Au moment où ils sondent les profondeurs, ils doivent être à environ deux kilomètres de la côte, au sud-est de l'île. Cela expliquerait qu'ils entendent le fracas des vagues déferlantes.

Remarquez que Luc dit qu'ils ont jeté quatre ancres de la *poupe*, ce qui veut dire, bien sûr, de l'arrière du navire. De cette manière, la proue du navire fait face à la terre. Leur plan, évidemment, c'est que, quand le jour se lèvera et qu'ils apercevront la terre, s'il ne semble pas y avoir de danger, ils lèveront les ancres et se laisseront aller à la dérive jusqu'à la terre. Les vents sont apparemment encore trop violents pour risquer de continuer à naviguer à la recherche d'un bon port.

UNE TENTATIVE D'ÉVASION CONTRECARRÉE

En fait, les conditions météorologiques sont encore si menaçantes que quelques-uns des matelots cherchent à s'échapper du navire en secret. Prétextant s'affairer à jeter d'autres ancres de la proue, certains d'entre eux ont détaché le petit canot et se préparent à s'en servir pour s'évader du navire endommagé.

Il n'est pas inhabituel pour des *passagers* de s'énerver dans des conditions adverses telles que celles-ci, mais si les *membres de l'équipage* d'un navire prennent panique, alors là, la situation est très grave ! C'est exactement ce qui se produit ici.

Luc décrit la situation ainsi : « Mais, comme les matelots cherchaient à s'échapper du navire, et mettaient la chaloupe à la mer sous prétexte de jeter les ancres de la proue, Paul dit au centenier et aux soldats : Si ces hommes ne restent pas dans le navire, vous ne pouvez être sauvés » (Actes 27.30,31).

Cette partie du récit de Luc est pleine d'ironies subtiles. Premièrement, remarquez que les hommes qui devraient être les derniers à vouloir abandonner le navire sont justement ceux qui essaient de s'enfuir. De toute évidence, ces hommes ne sont pas du genre marin dévoué qui reste à son poste même s'il doit couler avec le navire. Chacun s'intéresse uniquement à sauver sa propre vie, même si pour cela toutes les autres personnes à bord doivent mourir.

D'autre part, Paul, le prisonnier est celui qui essaie de les empêcher de s'enfuir.

En effet, Paul est responsable de tout le monde maintenant. Il donne même des ordres au centenier romain. Et les soldats et le centenier lui obéissent sans protester. Luc écrit que quand Paul a dit qu'il ne fallait pas laisser s'enfuir les membres de l'équipage, « les soldats coupèrent les cordes de la chaloupe, et la laissèrent tomber » (v. 32). Ce moment est certainement difficile pour Luc, qui plus tôt a dit qu'ils avaient eu « de la peine à [se] rendre maîtres de la chaloupe » (v. 16). La chaloupe est extrêmement importante. Normalement, c'est le seul moyen qu'on possède pour se rendre d'un navire à la terre. C'est littéralement leur seul bateau de sauvetage. Mais à l'heure actuelle, ils ont encore plus confiance en la direction de Paul qu'en n'importe quelle chaloupe. Immédiatement, ils s'empressent de faire ce qu'il leur dit de faire. Au lieu de compter sur une chaloupe qui pourrait les amener à la terre, ils font confiance à un prisonnier enchaîné, qui est incapable de les faire traverser les eaux.

La souveraineté de Dieu n'annule pas notre responsabilité.

Et dès que la corde est coupée, on ne peut plus revenir en arrière. À partir de maintenant, Paul est leur seul espoir. Cela illustre parfaitement un niveau de commandement supérieur, quand des personnes remettent leur vie aux soins d'une autre personne. C'est le genre de situation où la vie d'une personne est en jeu, comme c'est le cas dans les combats militaires, le travail policier et d'autres activités dangereuses.

Voici une autre ironie troublante : comparez les versets 22 et 31. Le verset 31 dit qu'à moins que les matelots ne restent dans le navire, le centenier et les soldats ne pourront être sauvés. Mais selon le verset 22, un peu plus tôt, Paul a dit à tout le monde : « Aucun de vous ne périra, et il n'y aura de perte que celle du navire. » Il a dit que Dieu avait envoyé un ange pour lui transmettre cette promesse ; elle est donc certaine et incontournable. Il n'y a aucune raison de douter de la parole, de la puissance ou de la souveraineté de Dieu. Dieu fera ce qu'il a promis.

Et pourtant, Paul ne s'imagine pas un instant que la responsabilité de l'être humain est annulée par la souveraineté de Dieu. Il n'insinue surtout pas que si Dieu a décrété la fin d'une chose l'homme peut faire comme bon lui semble. Il ne se dit pas : *Si Dieu veut sauver les passagers de ce navire, il les sauvera sans mon aide.*

Paul comprend que Dieu n'a pas seulement annoncé la *fin* ; il décide aussi par quels *moyens* elle arrivera. Et normalement, Dieu utilise des moyens ordinaires pour accomplir sa volonté. Dans la circonstance, il a décidé que, pour sauver les passagers du navire, l'équipage devra rester à bord. Il sera essentiel d'avoir des hommes expérimentés sur le navire à la levée du jour, sans quoi il sera impossible pour les passagers d'atteindre la rive. La souveraineté de Dieu n'annule pas la responsabilité des matelots. À vrai dire, le décret de Dieu est la chose même qui détermine leur responsabilité.

Le verset 22 (« Aucun de vous ne périra, et il n'y aura de perte que celle du navire ») et le verset 31 (« Si ces hommes ne restent pas dans le navire, vous ne pouvez être sauvés ») démontrent un équilibre parfait entre la souveraineté divine et la responsabilité humaine. Il n'y a absolument aucune contradiction entre ces vérités jumelles. Les deux sont véridiques. Personne sur ce navire ne périra. Dieu en a décidé ainsi. Cependant, si l'équipage ne reste pas sur le navire pour le diriger vers l'île de Malte, les passagers ne pourront être sauvés. Dieu a également décidé *cela*. Il commande les moyens aussi bien que la fin, et voilà pourquoi la réalité de la responsabilité humaine n'est pas annulée, mais bien *établie et affirmée* par la souveraineté de Dieu.

En conséquence, même si Paul est absolument certain que le but de Dieu est de sauver chaque personne à bord de ce navire, cela ne l'empêche pas d'émettre un avertissement et de donner des directives à Julius, qui doit veiller à ce que l'équipage n'abandonne pas le bateau s'il veut que son plan de sauvetage réussisse.

En cela, il y a un septième principe que tous les dirigeants suivent : *Un leader ne fait jamais de compromis avec l'absolu.*

Quand Dieu parle, il ne peut y avoir de compromis. C'est une chose d'accepter des compromis sur des questions de préférence, mais c'est une tout autre histoire de faire des compromis avec les principes.

C'est une bonne chose de faire des compromis dans la plupart des relations. Dans le mariage, par exemple, les couples ont souvent besoin de faire des compromis pour régler des conflits d'opinions ou de préférences. Dans le monde séculier, les membres du gouvernement ont souvent besoin de faire des compromis pour mettre un terme à des impasses d'ordre exécutif ou législatif. Dans le monde des affaires, le compromis est

---

Principe de leadership n° 7
Un leader ne fait jamais de compromis avec l'absolu

---

souvent essentiel pour conclure un marché. Une personne qui refuse de faire des compromis en toutes circonstances est entêtée, déraisonnable et égoïste. Ce genre d'inflexibilité catégorique est un péché et a entraîné la fin d'un grand nombre de relations et d'organisations.

Mais pour tout ce qui concerne les *principes* – les fondements moraux et éthiques, les vérités bibliques, les axiomes de la Parole de Dieu, les commandements de Dieu, l'authenticité même de Dieu –, les compromis ne sont *jamais* acceptables. Le vrai leader comprend cela et il sait quand il ne doit pas céder.

Dans les circonstances actuelles, Paul n'a pas l'intention de laisser l'ingéniosité humaine faire obstacle aux plans de Dieu. Un homme moins honnête aurait peut-être dit : « Ça va, laissez-les partir. Ce n'est pas vraiment important. » Paul sait que Dieu n'a qu'une parole. Dieu sauvera chaque personne sur le navire. Mais Paul n'a pas l'intention de rester là à ne rien faire pendant que ces hommes lâches tentent de faire échec au plan et à la promesse de Dieu. Dieu veut se montrer. Il veut manifester sa puissance et sa majesté. Tous seront sauvés de la mort, et Dieu seul recevra la gloire et le crédit pour ce qu'il est sur le point d'accomplir. Mais entre-temps, Paul doit voir à ce que toute tentative pour contrecarrer le plan de Dieu soit elle-même contrecarrée. Dans la circonstance, c'est l'assurance de Paul et sa promptitude à prendre le commandement dont Dieu se sert pour mettre un terme à l'exode de l'équipage, et finalement sauver toutes ces vies.

Trop de gens sont timides et craignent la confrontation dans ce genre de circonstance. Ce n'est pas le cas du vrai leader. Le vrai dirigeant sait faire la différence entre l'absolu et ce qui est négociable, et il défend les principes qui ont de l'importance.

Pour un leader *spirituel*, l'absolu est établi par la Parole de Dieu. Un leader qui applique tous les autres principes de leadership peut sans nul doute atteindre une certaine mesure d'efficacité pragmatique, mais *ce* principe mettra à l'épreuve sa capacité de diriger. Personne ne peut être un leader spirituel efficace avant d'avoir compris la vérité essentielle de l'Écriture et d'avoir refusé de compromettre son autorité absolue. Je suis convaincu que ce principe s'applique, non seulement aux pasteurs et aux dirigeants d'Églises, mais aussi à tous les chrétiens, dans tous les domaines de la vie, qui ont à cœur d'être de bons leaders.

LE POINT DU JOUR

Que ces matelots rebelles en soient conscients ou pas, Paul leur rend un grand service. Tenter d'abandonner un navire au milieu de la nuit, en plein ouragan, et d'atteindre le rivage à bord d'une petite chaloupe est un acte extrêmement téméraire. Ils n'ont aucun moyen de savoir ce qu'il y a sur la côte, ni même s'il y a des amas de pierres entre eux et le littoral. Ils sont simplement pris de panique, et ils estiment avoir de meilleures chances de survie dans une petite chaloupe qu'en heurtant des pierres dans cet imposant navire marchand.

Comme tout bon leader, Paul est alerte. Il sait également comment fonctionne une chaîne de commandement. Au lieu d'essayer de diriger l'équipage à lui seul, il fait en sorte que Julius ordonne aux soldats d'agir. Leur tâche, qui consiste à couper les cordes et à laisser tomber la chaloupe, empêche les matelots de déserter le navire. Et cela signifie également que, quand le moment sera venu, tout le monde devra rejoindre la rive à la nage.

Le jour se lève enfin. Luc écrit :

> Avant que le jour paraisse, Paul exhorta tout le monde à prendre de la nourriture, disant : « C'est aujourd'hui le quatorzième jour que vous êtes dans l'attente et que vous persistez à vous abstenir de manger. Je vous invite donc à prendre de la nourriture, car cela est nécessaire pour votre salut, et aucun de vos cheveux ne se perdra. » Ayant ainsi parlé, il prit du pain, et, après avoir rendu grâces à Dieu devant tous, il le rompit, et se mit à manger (Actes 27.33-35).

Ces paroles décrivent un huitième principe du leadership : *Un leader met l'accent sur les objectifs plutôt que sur les obstacles.*

Luc a mentionné, au verset 21, que les passagers et l'équipage n'ont « pas *[mangé]* depuis longtemps ». Ici, nous apprenons que durant les deux semaines qu'a duré la tempête, ils ont lutté contre les éléments sans avaler de nourriture. Comme ils devront maintenant travailler fort, il serait préférable qu'ils mangent pour reprendre des forces. Paul, ce leader qui pense toujours à tout, les exhorte à prendre de la nourriture.

Il regarde au-delà de la tempête et de l'urgence du moment, et réalise qu'ils doivent se préparer pour la rude épreuve qui s'en vient.

Alors que les autres sont tous concentrés sur les obstacles, Paul a les yeux fixés sur l'objectif. « Cela est nécessaire pour votre salut, dit-il, et aucun de vos cheveux ne se perdra » (v. 34). « Vous serez sauvés ; vous ne serez même pas blessés. Mais il

> **Principe de leadership n° 8**
> **UN LEADER MET L'ACCENT SUR LES OBJECTIFS PLUTÔT QUE SUR LES OBSTACLES**

vous faut prendre un bon petit déjeuner ! » (Nous voyons encore là l'équilibre parfait entre la souveraineté divine et la responsabilité humaine.)

Paul fait en sorte qu'ils oublient leurs peurs, le risque de mourir dans la tempête, le défi, pratiquement irréalisable, d'atteindre la côte à la nage, et qu'ils se concentrent plutôt sur la nourriture qu'ils doivent prendre pour y arriver.

Je me souviens de l'époque où je jouais au football, j'avais l'habitude d'arriver dans la mêlée à un point critique du match, alors que c'était notre dernière chance de marquer, et de dire : « Après avoir réussi ce but, nous essayerons d'en faire un deuxième. Alors, aussitôt après le but, alignez-vous pour barrer leur défensive. » L'idée était de faire en sorte que les joueurs oublient leur peur du moment.

C'est ce que fait Paul ici, il prononce des mots d'encouragement qui ne tiennent pas compte des obstacles gigantesques.

Luc dit ensuite que Paul prend du pain, et, après avoir rendu grâces à Dieu devant tous, il se met lui-même à manger. Voici une vérité que toute mère pieuse connaît : Les deux choses nécessaires pour servir le Seigneur sont la prière et un bon petit déjeuner. Paul ne néglige pas les besoins physiques des membres de l'équipage et ne fait pas de sermon sur les besoins spirituels de leur âme. Il accorde autant d'importance à l'aspect physique de la vie qu'à la spiritualité. Ensuite, il donne l'exemple aux autres en se mettant lui-même à manger.

Voilà, en réalité, un neuvième principe important du leadership : *Un leader enseigne par l'exemple.*

Remarquez l'effet que cela produit : « Et tous, reprenant courage, mangèrent aussi » (v. 36). Le courage de Paul est devenu contagieux. Chacun prend sa part de nourriture, et cela produit le résultat souhaité. Tous les hommes se sentent mieux, plus forts, et sont pleins d'espoir. Et alors, tous les membres de l'équipage se mettent à l'œuvre.

Luc ajoute maintenant un important détail, qu'il n'a pas encore mentionné : « Nous étions, dans le navire, deux cent soixante-seize personnes en tout » (v. 37). Peut-être ont-ils compté les personnes présentes pendant le repas pour savoir exactement combien ils sont sur le navire. Ce sera essentiel plus tard, quand ils seront tous réunis sur la terre, pour savoir si tout le monde a survécu.

Ils s'attellent ensuite à une dernière tâche. Le navire doit être aussi léger que possible quand il s'échouera. Nous lisons donc : « Quand ils eurent mangé suffisamment, ils allégèrent le navire en jetant le blé à la mer » (v. 38). On se défait du restant de la marchandise qui jusqu'à présent a servi de lest. Par conséquent, pour le propriétaire et l'équipage du navire, tout espoir de sauver autre chose que leur vie est anéanti. La prophétie est en train de se réaliser à la lettre.

Le jour pointe enfin à l'horizon : « Lorsque le jour fut venu, ils ne reconnurent point la terre ; mais, ayant aperçu un golfe avec une plage, ils résolurent d'y pousser le navire, s'ils le pouvaient. Ils délièrent les ancres pour les laisser aller dans la mer, et ils relâchèrent en même temps les attaches des gouvernails ; puis ils mirent au vent la voile d'artimon, et se dirigèrent vers le rivage » (v. 39-40).

Principe de leadership n° 9
UN LEADER ENSEIGNE PAR L'EXEMPLE

Ici, nous voyons pourquoi il était essentiel que tous les membres de l'équipage restent sur le navire. Seuls les matelots expérimentés sont capables d'effectuer ce genre de travail. La tempête les avait forcés à attacher le gouvernail, sans quoi il aurait été fort difficile de le tenir dans les vents violents, et le navire aurait tourné en rond dans l'eau. Il avait donc été fermement attaché avec des cordes solides afin de maintenir une direction aussi droite que possible. Il doit maintenant être détaché afin que le pilote puisse diriger le bateau vers la plage.

La main souveraine de Dieu les a conduits vers un lieu favorable – l'un des rares endroits, dans toute l'étendue de la grande Méditerranée, où il était possible d'échouer un navire aussi imposant. Ce n'est ni un escarpement rocheux ni une côte abrupte, mais bien « un golfe avec une plage ».

Les hommes délient « les ancres pour les laisser aller dans la mer », ce qui veut probablement dire qu'ils ont simplement coupé les cordes qui les retenaient. Cela ne servait à rien d'essayer de hisser à bord quatre lourdes ancres. Il est maintenant clair pour tous que le navire sera une perte totale, ainsi que Paul l'a prédit. Ils lèvent une voile (le mot grec dans ce texte suggère qu'il s'agirait plutôt de la voile de misaine) et se dirigent vers la plage.

Ils n'ont aucune idée de ce qui s'en vient. Ils se dirigent pour ainsi dire vers un mur : « Mais ils rencontrèrent une langue de terre, où ils firent échouer le navire ; et la proue, s'étant engagée, resta immobile, tandis que la poupe se brisait par la violence des vagues » (v. 41).

D'autres versions disent qu'ils touchent un banc de sable entre deux courants. Saint-Thomas, du côté est de l'île de Malte correspond parfaitement à cette description. Les courants de mer convergent à cet endroit, à Munxar, une péninsule submergée qui avance d'environ 2,5 kilomètres dans la mer. Les brisants provenant des deux courants se rencontrent et s'entrecroisent juste au-dessus du récif. Cela est d'autant plus vrai durant une tempête, lorsque les vagues entrent en collision, elles donnent vraiment l'impression que deux mers se heurtent. Juste en dessous de ce lieu, le récif submergé est suffisamment élevé pour échouer un navire.

D'après la position du navire à son arrivée dans la baie, la route vers le rivage semble libre, alors ils prennent cette direction. Mais le bateau échoue sur le récif peu profond. La proue s'y est engagée, et les vagues continuent de frapper avec violence contre l'arrière du navire à un point tel qu'il finit par se briser.

Le bateau est ainsi échoué tout près du rivage. Les vents et les vagues continuent de frapper avec violence, de sorte que des morceaux du navire qui se désagrège flottent maintenant tout autour. Il est évident qu'ils devront tous nager jusqu'à la côte.

ENFIN SAINS ET SAUFS

Les soldats réalisent qu'à partir de maintenant ce sera chacun pour soi. Ils n'ont aucune envie d'avancer dans les eaux agitées en étant enchaînés aux prisonniers. De plus, il serait totalement impossible, dans une situation de vie ou de mort comme celle-ci, de garder un œil sur tous les prisonniers qui nagent librement. Mais comme nous avons vu au premier chapitre, si un soldat romain perd un prisonnier, il doit payer de sa vie. Ils envisagent donc d'éliminer Paul et les autres prisonniers pour les empêcher de s'enfuir.

Luc écrit : « Les soldats furent d'avis de tuer les prisonniers, de peur que quelqu'un d'eux ne s'échappe à la nage. Mais le centenier, qui voulait sauver Paul, les empêcha d'exécuter ce dessein. Il ordonna à ceux qui savaient nager de se jeter les premiers dans l'eau pour gagner la terre, et aux autres de se mettre sur des planches ou sur des débris du navire. Et ainsi tous parvinrent à terre sains et saufs » (v. 42-44).

Étant donné que la sagesse de Paul lui a fait gagner l'affection de Julius, en plus de le rendre indispensable, le centenier contrecarre le plan de ses soldats qui veulent tuer les prisonniers. Dans d'autres circonstances, il aurait probablement autorisé le massacre. Après tout, selon la perspective du monde, ce serait la chose prudente à faire dans les circonstances.

« Mais le centenier, qui *voulait* sauver Paul… » Est-ce surprenant ? S'il y a un homme que Julius ne veut absolument pas perdre, c'est celui qui a su prendre la situation en main avec brio. Il ordonne donc à ceux qui savent nager de se diriger les premiers vers la terre, et aux autres de se mettre sur des planches ou sur des débris du navire – tout ce qu'ils peuvent mettre la main dessus pour rester à flot – pour se rendre jusqu'au rivage.

Essayez de vous imaginer 276 personnes plongeant dans des vagues assez fortes pour détruire un navire marchand et parvenant tous à terre sains et saufs. Les chances qu'une telle chose se produise sont minimes. Mais c'est exactement ce qui s'est produit. Deux cent soixante-seize personnes ont sauté à l'eau et deux cent soixante-seize personnes se sont retrouvées sur le rivage, dans un maelström.

La première chose qui traverse certainement l'esprit de chacun est que le Dieu que Paul adore mérite leur reconnaissance. On peut croire en ses promesses. Sa parole est vraie. L'ange de Dieu a dit à Paul ce qui allait arriver, et tout s'est passé exactement comme il l'avait annoncé.

La victoire de Paul est la victoire d'un grand leader. Éprouvé dans le creuset du malheur, il a pris position et montré de quelle manière un vrai leader se comporte. Il a su prendre des décisions. Il était déterminé. Il avait un esprit lucide et équilibré. Il a su prendre la direction lors d'une situation totalement désastreuse. Et Dieu a couronné ses efforts d'un succès incroyable. Paul n'a fait aucun compromis avec l'absolu, pas plus qu'il n'a laissé les obstacles lui faire perdre de vue son but. Et il a mené par l'exemple.

Dans des circonstances où des hommes de moindre valeur auraient simplement observé la situation de loin ou même abandonné, Paul a assuré la direction et est devenu un exemple pour tous ceux qui sont appelés à être des leaders. C'est là un épisode marquant de la vie de ce courageux chrétien qui, selon les plans de Dieu, peut nous enseigner beaucoup de choses sur les conditions difficiles et les récompenses qui sont rattachées au vrai leadership.

Dans la partie suivante, nous étudierons un passage des écrits de Paul en ce qui a trait à la façon de diriger selon les principes de Dieu. Nous verrons ce qu'il y a dans le cœur d'un véritable leader, en examinant une différente sorte d'adversité que subira l'apôtre – les déceptions et les épreuves personnelles que vit un leader quand les siens s'écartent de l'exemple qu'il leur a donné.

Deuxième partie

PAUL À CORINTHES : LE LEADERSHIP SOUS LE FEU DE L'ENNEMI

Chapitre cinq

UN LEADER DÉVOUÉ
ENVERS LES SIENS

Nous passons maintenant du récit de Luc à une des épîtres les plus émouvantes et les plus puissantes que l'apôtre Paul a écrite. Dans ce chapitre et ceux qui suivent, nous allons examiner quelques passages clés de 2 Corinthiens. De toutes les lettres canoniques de Paul, c'est celle-ci qui est la plus passionnée, qui contient le plus de détails personnels sur sa vie. C'est également celle qui expose le mieux ses qualités de leader.

Dans la chronologie de sa vie, ses rapports avec Corinthe ont précédé d'une dizaine d'années le naufrage à Malte. Paul est allé à Corinthe pour la première fois lors de son deuxième voyage missionnaire, aux alentours de l'an 50 ap. J.-C. L'épisode du naufrage, que nous venons d'étudier, s'est produit *après* son troisième et dernier voyage missionnaire, en l'an 60 ou 61. Cela dit, comme prélude à notre étude de 2 Corinthiens, nous retournons en arrière de neuf chapitres dans le livre des Actes, et d'une décennie dans le temps.

Paul a écrit 2 Corinthiens dans le but précis de défendre son apostolat et de répondre à des menaces sérieuses qui ont été proférées contre son leadership dans l'Église de Corinthe. Il ouvre donc son cœur d'une manière très personnelle au sujet de son leadership. À bien des égards, cette seule épître pourrait facilement être utilisée comme manuel de formation pour les leaders. Une étude systématique de la deuxième épître aux Corinthiens nous permettrait de découvrir suffisamment de matière pour remplir un volumineux manuel d'enseignement sur le leadership. Seulement, *ce* livre serait par conséquent trop lourd et difficile à manier[1]. Mon but est donc de me concentrer simplement sur quelques points importants de 2 Corinthiens, de glaner les principes essentiels que cette épître enseigne pour les dirigeants, et d'essayer de comprendre le cœur d'un véritable leader en considérant la façon dont l'apôtre Paul a ouvert son propre cœur à ceux qui ont bénéficié de ses soins pastoraux et apostoliques.

Afin de nous mettre dans le contexte de ce que nous sommes sur le point d'étudier, nous devons apprendre certaines choses au sujet de Corinthe, de l'Église que Paul a fondée dans cette ville, et des circonstances qui l'ont poussé à écrire cette lettre particulière.

PAUL PRÉSENTE L'ÉVANGILE À CORINTHE

Actes 18 décrit de quelle manière Paul arrive à Corinthe une première fois, après sa visite à Athènes, où il a défendu l'enseignement qu'il avait apporté aux philosophes de l'Aréopage, le tribunal composé de l'élite intellectuelle d'Athènes, nommé d'après la colline sur laquelle il siège, à côté du Parthénon (Actes 17.22-34).

Corinthe est située sur la côte du Golfe Saronique, à environ soixante-dix kilomètres à l'ouest d'Athènes, sur un isthme étroit qui relie le continent à la péninsule du Péloponnèse, au sud de la Grèce. L'isthme mesure à peine plus de six kilomètres à son point le plus étroit, et c'est à cet endroit que Corinthe est stratégiquement située. Aujourd'hui, en notre XXIe siècle, un canal profond aux abords de Corinthe permet aux bateaux de circuler. Au premier siècle, par contre, les navires sont littéralement amenés à terre, embarqués sur des traîneaux et des rouleaux, et transportés d'un bout à l'autre de l'isthme. Tous les navires, excepté les plus gros, qui naviguent sur la route commerciale entre les mers Adriatique et Asiatique ont l'habitude de suivre cette route parce que le voyage de 400 kilomètres autour du sud de la Grèce est très dangereux et prend beaucoup de temps.

Depuis les temps les plus anciens, Corinthe est un important centre commercial qui possède le meilleur port de tout le Golfe de Corinthe. Mais en 146 av. J.-C., l'armée romaine de Mummius a détruit la ville entière et l'a laissée déserte, puis il a vendu tous les survivants comme esclaves. Corinthe est restée totalement déserte pendant un siècle. Cent ans plus tard, Jules César a rebâti la ville et l'a peuplée principalement d'esclaves libérés. Par conséquent, du temps de Paul, la culture romaine domine à Corinthe. Elle est devenue un lieu de vacances, toujours plein de monde, toujours grouillant d'activité et bondé de voyageurs. Elle a la réputation d'être un lieu de débauche.

Corinthe a pour principale attraction des temples païens où des prostituées offrent leurs services. Les religions romaine et grecque ont fait de la fornication un sacrement religieux, et Corinthe est devenue le point de rencontre pour ce type d'« adoration » profane. Les maisons closes y pullulent. Un très grand nombre de ces maisons sont toujours présentes dans les ruines de Corinthe. La fornication rituelle est tellement ancrée dans la culture de Corinthe qu'on utilise le mot « corinthiser » comme synonyme d'immoralité sexuelle, et une « fille de Corinthe » est un euphémisme pour une prostituée. Tout le monde sait que Corinthe est une ville aux mœurs déchaînées. Elle est comparable à Las Vegas, à l'exception qu'elle a comme attraction principale des temples au lieu de casinos.

Ce n'est certes pas un endroit propice à la fondation d'une Église. Mais Corinthe possède également une importante communauté de Juifs et une synagogue active dans le centre de la ville. Paul trouve en ce lieu une porte ouverte pour l'Évangile. « Là où le péché a abondé, la grâce a surabondé » (Romains 5.20).

Actes 18 raconte de quelle façon l'Église de Corinthe a été fondée. En arrivant dans la ville, Paul fait la connaissance de Priscille et Aquilas, qui, comme l'apôtre, sont des fabricants de tentes (Actes 18.2,3). Paul habite chez eux, travaille avec eux pendant la semaine, et le jour du sabbat, il va avec eux à la synagogue et prêche l'Évangile (v. 4). Ils deviennent des amis dévoués à Paul pour la vie, son frère et sa sœur dans la foi chrétienne, et des compagnons d'œuvre dans son ministère (voir Actes 18.18 ; Romains 16.3 ; 1 Corinthiens 16.19 ; 2 Timothée 4.19). Bientôt, Silas et Timothée s'uniront à Paul dans le travail missionnaire à Corinthe (Actes 18.5).

Et puis, l'Église de Corinthe atteint un point tournant lorsque la majorité des Juifs de la synagogue s'opposent à l'enseignement de Paul. « Paul secoua ses vêtements, et leur dit : Que votre sang retombe sur votre tête ! J'en suis pur. Dès maintenant, j'irai vers les païens » (Actes 18.6). Il aménage chez un non-Juif nommé Justus (qui habite juste à côté de la synagogue). Bien entendu, Paul continue de prêcher l'Évangile, mais il axe maintenant son ministère sur la place publique et dans les communautés autres que juives. Quelques Juifs répondent quand même à l'appel, et même « Crispus, le chef de la synagogue, crut au Seigneur avec toute sa famille. Et plusieurs Corinthiens [*non-Juifs*], qui avaient entendu Paul, crurent aussi, et furent baptisés » (v. 8). Voilà pourquoi la majorité des personnes dans l'Église de Corinthe sont des non-Juifs d'origine païenne (voir 1 Corinthiens 12.2).

Corinthe est l'un des champs missionnaires les plus productifs que l'apôtre Paul ait visités. Au moment où l'Église commence à grandir, Luc dit : « *Le Seigneur dit à Paul en vision pendant la nuit : Ne crains point ; mais parle, et ne te tais point, car je suis avec toi, et personne ne mettra la main sur toi pour te faire du mal ; parle, car j'ai un peuple nombreux dans cette ville* » (Actes 18.9,10). Le ministère d'évangélisation de Paul se poursuivra encore pendant un an et demi avant qu'on ne lui oppose une farouche résistance.

Et puis, vers le mois de juillet de l'an 51, un homme nommé Gallion devient le nouveau proconsul de l'Achaïe (la partie sud de la Grèce). La communauté juive essaie de profiter de l'occasion pour porter préjudice à Paul. Sans doute pensent-ils pouvoir profiter du manque d'expérience de Gallion pour le convaincre d'emprisonner Paul ou de le chasser de Corinthe. « Les Juifs s'unirent contre Paul. Ils le menèrent devant le tribunal [un endroit appelé *bema* au centre de l'*agora* de Corinthe ou de la place du marché] en disant : « Cet homme excite les gens à servir Dieu d'une manière contraire à la loi » (v. 12,13). Gallion prend la sage décision de rejeter l'accusation, en précisant qu'il n'a aucun désir d'intervenir dans leurs disputes relatives aux légères différences d'opinions sur la religion juive (v. 14,15). « Et il les renvoya du tribunal » (v. 16). Comme conséquence principale de cette manifestation, Sosthène (qui a évidemment succédé à Crispus en tant que chef de la synagogue quand ce dernier s'est converti) est battu devant le *bema* par la communauté grecque (v. 17). C'est probablement là une indication de l'acceptation et de la confiance remarquables que les païens de Corinthe témoignent à l'apôtre Paul. (Étonnamment, peu de temps après cet événement, Sosthène lui-même acceptera l'Évangile et deviendra un compagnon d'œuvre de Paul [1 Corinthiens 1.1]).

Luc dit donc : « Paul resta encore assez longtemps à Corinthe » (Actes 18.18), pour servir l'Église qu'il y a fondée. L'Église d'Éphèse est la seule où Paul restera plus longtemps. L'Église de Corinthe est donc uniquement paulinienne, et doit beaucoup principalement et spécialement à l'apôtre Paul pour sa direction. Les chrétiens de Corinthe le connaissent bien et ont toutes les raisons de lui faire confiance, de révérer son influence, et de rester fidèles à lui et à son enseignement.

DES PROBLÈMES DANS L'ÉGLISE DE CORINTHE

Cependant, après le départ de Paul de Corinthe, il y a dans l'Église de nombreux problèmes sérieux qui démontrent qu'elle a besoin d'une direction compétente et solide. Quand la nouvelle concernant l'Église parvient à Paul, il est impossible pour lui personnellement de retourner immédiatement auprès des Corinthiens, alors il s'efforce de les diriger à distance par le moyen d'une série de lettres. Nous savons qu'il a envoyé au moins une autre lettre aux Corinthiens avant sa première épître canonique puisque Paul, lui-même, y fait référence, disant : « Je vous ai écrit dans ma lettre de ne pas avoir des relations avec les débauchés » (1 Corinthiens 5.9). Cette mise en garde est vraisemblablement le seul point important que Paul a mentionné dans cette lettre, étant donné qu'on a perdu le reste de son contenu. Il semble aussi faire référence à une autre lettre non canonique, qu'il a écrite « dans une grande affliction, le cœur angoissé » (2 Corinthiens 2.4). Ces lettres (bien qu'elles aient certainement contenu de sérieux avertissements apostoliques pour l'Église de Corinthe) n'ont pas été écrites pour l'Église universelle. La preuve de cela est qu'elles n'ont pas été conservées.

Les deux lettres de Paul aux Corinthiens que contient le Nouveau Testament sont deux livres qui tracent un portrait assez complet de la vie dans l'Église. Leurs implications dans le domaine du leadership sont profondes.

Dès le début de la première épître, on voit clairement que, en l'absence de Paul, Corinthe a de sérieux problèmes de leadership. L'Église se divise en factions. Les gens disent : « Moi, je suis de Paul ! – et moi, d'Apollos ! – et moi, de Céphas ! – et moi, de Christ ! » (1 Corinthiens 1.12). Un esprit de division et de conflit a brisé l'unité de l'Église, qui s'est laissée aller à l'envie, aux querelles et aux désirs charnels (1 Corinthiens 3.3). Le problème ne vient pas d'une faiblesse dans le leadership de Paul, d'Apollos ou de Céphas (Pierre). Ce sont tous des hommes pieux qui ont travaillé dans l'unité à un but commun (v. 8), et ils ont tous les mêmes convictions (quoiqu'ils aient des *styles* de leadership différents). Le problème est que l'Église est charnelle, et Paul en fait mention (v. 4).

Néanmoins, la division dans l'Église est le reflet d'un sérieux *vide* dans le domaine de la direction à Corinthe. Après le départ de Paul, Apollos a dirigé cette Église avec compétence pendant une courte période (Actes 18.27,28 ; 19.1). Mais il a, lui aussi, quitté Corinthe pour aller vers d'autres champs missionnaires, et tout de suite après cela les factions ont commencé à se former.

Il est évident, en lisant la première épître de Paul aux Corinthiens, que les dissensions dans l'Église sont le résultat d'un manque de direction sage et pieuse à la suite du départ de Paul et d'Apollos. Les croyants de Corinthe ont commencé à tolérer les comportements immoraux au sein de leur communauté (1 Corinthiens 5.1). Des croyants poursuivent leurs frères en justice (6.1). Certaines personnes dans l'Église pratiquent l'idolâtrie (10.14), prennent indignement le repas du Seigneur (1 Corinthiens 11.17-22) et abusent de leurs dons spirituels. Et pour couronner le tout, quelqu'un dans l'Église commence à douter de l'autorité apostolique de Paul (9.1-8).

Cette puissante première épître semble avoir réglé la plupart des points pratiques les plus urgents dans l'Église de Corinthe, mais au moment où Paul écrit 2 Corinthiens, la paix de l'Église subit une nouvelle attaque encore plus troublante, qui laisse croire que le manque de direction ferme pose toujours un problème. De faux docteurs prétendant détenir une autorité supérieure à celle de l'apôtre Paul sont arrivés en ville et compromettent systématiquement la loyauté de l'Église envers son fondateur et apôtre de Christ. Ils sèment le doute sur l'autorité apostolique de Paul et attaquent son enseignement et sa réputation dans leur propre intérêt (2 Corinthiens 11.13). Ils tirent clairement profit du manque de leadership dans cette Église.

En reconstituant les indices dans 2 Corinthiens, voici ce qui s'est apparemment produit ensuite : Paul semble avoir entendu parler de la menace que représentent de faux enseignants à Corinthe, alors, il part d'Éphèse (où il œuvre actuellement) et se rend à Corinthe pour tenter de régler les problèmes qui existent dans cette Église. Comme il a promis, dans sa première épître, de leur rendre visite (1 Corinthiens 4.19 ; 11.34 ; 16.5), il profite de cette occasion pour aller les voir. Mais dans les circonstances, cette visite s'avère être une triste expérience pour Paul (2 Corinthiens 2.1).

Apparemment, quelqu'un dans l'Église, sous l'influence des fausses doctrines, commet un péché contre Paul et l'humilie publiquement – probablement en le défiant ou en l'insultant. Paul semble faire allusion à cette personne dans 2 Corinthiens 2.5-8 (« Si quelqu'un a été une cause de tristesse, ce n'est pas moi qu'il a attristé, c'est vous tous, du moins en partie, pour ne rien exagérer » [v. 5]). Paul indique, dans 2 Corinthiens 2.4 et 7.9-12, que la situation l'a poussé à écrire une lettre (une autre épître non canonique), dans laquelle il les reprend sérieusement, qu'il leur a fait parvenir par Tite en personne (8.6,16 ; 12.18-21).

Après cette visite désastreuse à Corinthe, Paul a voulu y retourner lui-même à deux reprises pendant qu'il était à Éphèse – une fois lorsqu'il était en route vers la Macédoine, et une autre fois alors qu'il s'en retournait chez lui (1.15,16). Cependant, quelque chose l'a empêché d'y aller la première fois et c'est là qu'il a décidé d'envoyer Tite à sa place avec la lettre de réprimande (2.1-3). Il était en fait soulagé quand cela est arrivé, parce qu'il pouvait ainsi épargner de la peine aux Corinthiens (1.23) – une lettre étant moins pénible qu'une correction faite en personne. De plus, Paul lui-même ne souhaitait pas retourner à Corinthe dans la tristesse (2.1).

Cependant, il semble qu'il avait déjà fait part de son intention de rendre deux visites aux Corinthiens, et quand il a dû annuler le voyage initial, ses critiques à Corinthe ont vu là une raison de plus pour l'accuser. Ils l'ont accusé d'être indécis et indigne de confiance (1.19-23).

Comme le temps a passé depuis que Tite a livré la lettre, Paul attend avec impatience des nouvelles de Corinthe. Il entame donc son troisième voyage chez les Corinthiens (« Je vais chez vous pour la troisième fois » [13.1]). Il s'arrête d'abord à Troas, où il espère y trouver Tite. « *[Je]* n'eus point de repos d'esprit, parce que je ne trouvai pas Tite, mon frère ; c'est pourquoi, ayant pris congé d'eux, je partis pour la Macédoine » (2.12,13). Là, en Macédoine (sans doute à Philippes), il finit par trouver Tite (7.6), qui lui rapporte la bonne nouvelle que les Corinthiens ont manifesté des signes de repentance après avoir lu sa lettre : « *[Il]* nous a raconté votre ardent désir, vos larmes, votre zèle pour moi, en sorte que ma joie a été d'autant plus grande. Quoique je vous aie attristés par ma lettre, je ne m'en repens pas. Et, si je m'en suis repenti – car je vois que cette lettre vous a attristés, bien que momentanément, – je m'en réjouis à cette heure, non pas de ce que vous avez été attristés, mais de ce que votre tristesse vous a portés à la repentance ; car vous avez été attristés selon Dieu, afin de ne recevoir de notre part aucun dommage » (7.7-9).

LA FIDÉLITÉ D'UN VRAI LEADER

C'est dans ces circonstances, immédiatement après avoir entendu le rapport encourageant de Tite, que Paul écrit 2 Corinthiens. Ainsi que nous l'avons fait remarquer déjà, cette épître de Paul est intensément plus personnelle et passionnée, et contient plus de matière pastorale que toutes les autres qu'il a écrites. Il est clair, d'après le texte, que Paul sait qu'il y a encore beaucoup de travail à accomplir pour enrayer la confusion que les imposteurs ont semée dans la ville. Il doit défendre son propre apostolat, et il doit régler le problème du manque de leadership qui a généré tant de difficultés dans la communauté corinthienne.

Paul est fidèle aux croyants de Corinthe, et il désire que ceux-ci lui rendent la pareille. Par conséquent, du ton et de la substance de cette grande épître émerge un dixième principe de leadership : *Un leader cultive la fidélité.*

Paul n'exprime pas ici un désir égoïste de vénération personnelle (2 Corinthiens 12.11). Il demande que les Corinthiens demeurent fidèles à la vérité qu'il leur a enseignée (v. 15-19). C'est pourquoi, bien qu'il n'aime pas se vanter et se défendre lui-même, il cherche vigoureusement à défendre son apostolat contre les mensonges qu'ont répandus les faux docteurs. Et en conséquence, comme il a lui-même manifesté son dévouement aux Corinthiens, il leur demande ouvertement de lui être fidèles à leur tour. C'est là un des principaux sujets de 2 Corinthiens.

La fidélité est une grande vertu. Il est facile d'oublier cette simple vérité dans ce monde cynique dans lequel nous vivons. La corruption est monnaie courante

> *Principe de leadership n° 10*
> **UN LEADER CULTIVE LA FIDÉLITÉ**

dans notre société, et les dirigeants sont si hostiles au concept de la vérité absolue que la fidélité est souvent perçue comme une faiblesse plutôt qu'une valeur. Au lieu de cela, la rébellion et le mépris de l'autorité ont été couronnés comme des vertus. « Mais un homme fidèle, qui le trouvera ? » (Proverbes 20.6).

Mais l'Écriture met la fidélité à l'honneur. Nous devons la fidélité, premièrement au Seigneur et à sa vérité, mais également à ceux qui soutiennent la vérité. « Car l'Éternel étend ses regards sur toute la terre, pour soutenir ceux dont le cœur est tout entier à lui » (2 Chroniques 16.9).

La fidélité est quelque chose de fragile. David a prié : « Donne à mon fils Salomon un cœur dévoué à l'observation de tes commandements, de tes préceptes et de tes lois » (1 Chroniques 29.19). Salomon lui-même a exhorté Israël : « Que votre cœur soit tout à l'Éternel, notre Dieu, comme il l'est aujourd'hui, pour suivre ses lois et pour observer ses commandements » (1 Rois 8.61). Mais ce qui a causé la perte de Salomon, c'est que « son cœur ne fut point tout entier à l'Éternel, son Dieu, comme l'avait été le cœur de David, son père » (1 Rois 11.4 ; 15.3).

L'infidélité est un des maux les plus répugnants qui soient. Judas péchera parce qu'il sera un traître. Il ne sera pas fidèle à Christ, malgré qu'il sera un de ses amis privilégiés et un proche compagnon pendant des années. Il n'y a pas dans toute l'Écriture de péché plus ignoble que l'acte de trahison de Judas. Jésus lui-même classera la méchanceté de Judas au-dessus de celle de Pilate (Jean 19.11).

Qu'entendons-nous par *fidélité* ? L'authentique fidélité n'est pas un attachement aveugle à un simple homme. C'est premièrement une allégeance à la vérité et au devoir, qui comprend également un attachement aux obligations de l'amour et de l'amitié. C'est une des vertus les plus pieuses et les plus divines qui soient, car Dieu lui-même est éternellement fidèle (2 Timothée 2.13 ; 1 Thessaloniciens 5.24 ; 2 Thessaloniciens 3.3).

La fidélité est essentielle dans le leadership. Le dirigeant sage cultive la fidélité en *étant* fidèle – fidèle au Seigneur, fidèle à la vérité et fidèle aux personnes qu'il dirige. Rien n'est plus dommageable au leadership qu'un leader qui compromet sa propre fidélité.

Je supporte très mal les critiques formulées contre les personnes que je dirige, parce que mon cœur est vraiment attaché à elles. Mon instinct me pousse à les protéger. Je leur accorde toujours le bénéfice du doute. À cause de mon amour pour eux, j'ai le désir sincère de n'espérer que du bien de leur part. Après tout, c'est comme cela que l'amour s'exprime : « L'amour est patient, il est plein de bonté… il ne s'irrite point, il ne soupçonne point le mal, il ne se réjouit point de l'injustice, mais il se réjouit de la vérité ; il excuse tout, il croit tout, il espère tout, il supporte tout » (1 Corinthiens 13.4-7).

C'est cette dynamique qu'on voit à l'œuvre dans la façon dont Paul traite les Corinthiens. « Car je suis jaloux de vous d'une jalousie de Dieu » (2 Corinthiens 11.2). Et il dit au sujet de la sévère réprimande qu'il leur a adressée : « Si donc je vous ai écrit, ce n'était ni à cause de celui qui a fait l'injure, ni à cause de celui qui l'a reçue ; c'était afin que votre empressement pour nous soit manifesté parmi vous devant Dieu » (7.12).

Le travail d'un leader est celui de motiver les gens à le suivre. Tout dans son leadership dépend donc de la relation qu'il entretient avec les siens. Il est possible de motiver les gens en ayant recours à la force. Mais cette façon de faire n'est pas digne d'un vrai chef ; c'est la méthode d'un dictateur. Et la force n'accomplit jamais les buts du leadership. Ils ne peuvent se réaliser que dans la fidélité.

Cela est vrai dans le mariage (où le dévouement et la fidélité sont évidemment cruciaux) ; c'est la norme pour les pasteurs de même que pour tous les leaders dans quelque domaine que ce soit. J'ai donné des séminaires pour différents services de police et d'incendie ainsi qu'à des centaines de vendeurs d'automobiles travaillant pour le plus grand concessionnaire des États-Unis. Au centre des valeurs que j'essaie de transmettre à ces personnes, afin qu'elles soient capables de diriger les gens efficacement, il y a la vertu de la fidélité aux personnes qui sont au-dessus, à côté et au-dessous d'elles dans la structure.

Je dis aux finissants du Master's College qu'ils peuvent avoir du succès dans n'importe quelle profession qu'ils choisissent, pourvu qu'ils adoptent les habitudes suivantes : Être ponctuels, garder le silence et travailler dur, faire ce que l'employeur demande, garder une attitude positive, et plus important encore : être farouchement fidèles à ceux pour qui et avec qui ils travaillent.

Le leadership dépend de la confiance, et la confiance se cultive dans la fidélité. Là où la confiance est établie et le respect maintenu, un service sacrificiel est rendu. Une autre façon de dire cela est que notre cœur doit être avec les nôtres, et les nôtres doivent être dans notre cœur.

L'amiral Nelson a remporté la victoire contre la flotte de Napoléon lors de la bataille de Trafalgar, renversant ainsi le plan de conquête de l'Angleterre de Napoléon. Nelson a donné le coup d'envoi à cette bataille avec ce message célèbre :

> **Le leadership dépend de la confiance, et la confiance se cultive dans la fidélité.**

« L'Angleterre attend de chaque homme qu'il fasse son devoir ».

Il pouvait exiger une telle dévotion, car il en faisait preuve. En fait, cette victoire a coûté la vie à Nelson. Il a cultivé la fidélité mutuelle chez ses hommes. Quelques années auparavant, lors de la bataille du Nil, il avait écrit à Lord Howe : « J'ai eu l'heureux privilège de commander un groupe de frères ». Voilà l'esprit d'un véritable leader.

Paul est ce genre de leader. Son amour pour les Corinthiens et sa fidélité envers eux colore tout ce qu'il leur a écrit. Nombreux sont les pasteurs qui auraient eu envie de laisser tomber une Église à problèmes comme celle-ci. Mais pas Paul. Il est l'exemple même du leader fidèle.

LA CONSOLATION ABONDE EN CHRIST

Paul entame sa seconde épître aux Corinthiens avec une étonnante expression de son amour et du souci qu'il se fait pour eux. Il leur écrit à une période où il souffre lui-même sur plusieurs fronts. Il y a, évidemment, la grande tristesse qu'il éprouve en raison des problèmes qui existent dans l'Église de Corinthe. Ces problèmes l'affligent tellement qu'il dit : « Je n'eus point de repos d'esprit » (2.12). De plus, il subit constamment des épreuves insupportables et des persécutions (11.23-33). Les Corinthiens sont bien au courant de ces malheurs. Mais il est fort possible que les faux apôtres se soient servi de la réalité des afflictions de Paul pour semer le doute sur son autorité, prétextant que les tribulations de Paul sont assurément un châtiment de Dieu. Paul met donc les choses au clair : Dieu l'a réconforté dans toutes ses afflictions, et il a fait cela principalement pour l'équiper, *lui*, afin qu'il puisse *les* consoler dans leurs souffrances.

Paul écrit :

Béni soit Dieu, le Père de notre Seigneur Jésus-Christ, le Père des miséricordes et le Dieu de toute consolation, qui nous console dans toutes nos afflictions, afin que par la consolation dont nous sommes l'objet de la part de

Dieu, nous puissions consoler ceux qui se trouvent dans l'affliction ! Car, de même que les souffrances de Christ abondent en nous, de même notre consolation abonde par Christ. Si nous sommes affligés, c'est pour votre consolation et pour votre salut ; si nous sommes consolés, c'est pour votre consolation, qui se réalise par la patience à supporter les mêmes souffrances que nous endurons. Et notre espérance à votre égard est ferme, parce que nous savons que, si vous avez part aux souffrances, vous avez part aussi à la consolation. (1.3-7.)

Nous apercevons ici un autre principe indispensable du leadership : *Un leader éprouve de l'empathie pour les autres.*

L'empathie est la capacité de s'identifier à une personne au point de ressentir ce qu'elle ressent (voir Hébreux 4.15). C'est une qualité essentielle à la compassion, la sensibilité, la compréhension et la consolation authentiques.

C'est Paul qui a été maltraité par les Corinthiens. Des problèmes au sein de ce corps ont *causé* quelques-unes de ses souffrances. Par contre, Paul sait que les Corinthiens souffrent également. Certains souffrent, comme Paul, pour la cause de la justice, souffrant (« les mêmes souffrances que nous endurons » [2 Corinthiens 1.6]). D'autres sont poussés à se repentir (7.8-10). Paul ressent leur douleur et il s'empresse de les consoler dans leur affliction. Il les assure que son espoir – la confiance qu'il a en eux – est inébranlable. Et son désir est qu'ils puissent avoir part à la consolation dont il bénéficie, autant qu'à l'affliction à laquelle ils ont eu part.

Il y a beaucoup de raisons pour lesquelles Paul devrait réprimander les Corinthiens, et il les reprendra effectivement par des paroles nécessaires à plusieurs moments clés au cours de cette longue épître. Mais il est pertinent qu'il commence cette épître par une telle expression d'empathie pour eux. En dépit de leurs manquements, il demeure fidèle et empathique à leur égard.

Un dirigeant doit permettre aux gens de faire des erreurs. Les gens ont besoin d'être encouragés au lieu d'être punis lorsqu'ils luttent dans un domaine de leur vie. Ils répondent favorablement à celui qu'ils servent s'il fait réellement preuve d'empathie dans leurs angoisses et leurs déceptions.

> **Principe de leadership n° 11**
> **UN LEADER ÉPROUVE DE L'EMPATHIE POUR LES AUTRES**

Les êtres humains ont besoin qu'on les relève quand ils commettent une faute, plutôt que de se faire écraser davantage. Un leader qui est sage n'a jamais besoin de faire grand cas de la faute qu'une personne a commise. En fin de compte, le leadership est une affaire d'*êtres humains*, et non pas d'objectifs et de stratégies futiles qu'on écrit sur papier.

Cela ne veut pas dire qu'il ne faut pas reprendre ou corriger quelqu'un quand cela est nécessaire (voir 2 Timothée 3.16). Mais on peut, et on doit, reprendre et corriger dans un contexte d'empathie et d'édification, tout comme Paul le fait ici.

Paul est un leader fidèle et compatissant et, par conséquent, son amour pour les Corinthiens transparaît dans chaque ligne de l'épître. De tels sentiments de loyauté et d'empathie sont essentiels à tout bon leadership. Paul sait cela, et nous en verrons l'évidence dans ses rapports avec l'Église perturbée de Corinthe.

Chapitre six

PAUL DÉFEND
SA SINCÉRITÉ

La malhonnêteté et les artifices sont incompatibles avec le vrai leadership. Un dirigeant qui use de tromperie ou de duplicité se retrouvera vite seul, sans personne à diriger. Rappelez-vous, le premier principe du leadership que nous avons vu au chapitre un est qu'un leader doit être digne de confiance. La fourberie, l'hésitation, l'infidélité et même l'ambiguïté sont toutes des choses qui détruisent la confiance et renversent un leadership. Et cela est tout à fait compréhensible. Les personnes justes ne devraient pas accepter que leurs leaders manquent de sincérité.

Au chapitre précédent, nous avons expliqué brièvement que des faux docteurs à Corinthe ont profité du fait que l'apôtre Paul a modifié ses projets de voyage (il a annulé la moitié d'une double visite qu'il avait planifié de rendre aux Corinthiens) pour le faire passer pour un homme instable, peu fiable, hypocrite, fourbe et pas sincère (voir 1 Corinthiens 4.18,19). Le premier devoir de Paul, dans 2 Corinthiens (après avoir assuré les Corinthiens de son attachement personnel pour eux), est donc de répondre à l'accusation.

Paul répond d'une manière consciencieuse en faisant à la fois preuve de tendresse. Premièrement, il nie catégoriquement l'allégation voulant qu'il ne soit pas sincère : « Car ce qui fait notre gloire, c'est ce témoignage de notre conscience, que nous nous sommes conduits dans le monde, et surtout à votre égard, avec sainteté et pureté devant Dieu » (2 Corinthiens 1.12). Il les assure que jamais il ne leur a dit ou écrit quelque chose qui ait été formulé dans l'hypocrisie, dissimulé derrière de mauvais prétextes ou en usant délibérément de tromperie : « *[Non]* point avec une sagesse charnelle, mais avec la grâce de Dieu. Nous ne vous écrivons pas autre chose que ce que vous lisez, et vous-mêmes le reconnaissez » (v. 12,13). Et puis, il leur déclare combien il les aime et il est attaché à eux : « Et j'espère que vous le reconnaîtrez jusqu'à la fin, comme vous avez déjà reconnu en partie que nous sommes votre gloire, de même que vous serez aussi la nôtre au jour du Seigneur Jésus » (v. 13,14).

Il les réassure que lorsqu'il a planifié son itinéraire, il avait vraiment l'intention et le désir sincère de faire deux voyages à Corinthe – une première fois en se rendant en Macédoine et une autre fois avant de retourner chez lui :

> Dans cette persuasion, je voulais aller d'abord vers vous, afin que vous ayez une seconde faveur ; je voulais passer chez vous pour me rendre en Macédoine, puis revenir de la Macédoine chez vous, et vous m'auriez fait accompagner en Judée. Est-ce que, en voulant cela, j'ai donc usé de légèreté ? Ou bien, mes résolutions sont-elles des résolutions selon la chair, de sorte qu'il y ait en moi le oui et le non ? Aussi vrai que Dieu est fidèle, la parole que nous vous avons adressée n'a pas été oui et non. Car le Fils de Dieu, Jésus-Christ, qui a été prêché par nous au milieu de vous, par moi, par Silvain, et par Timothée, n'a pas été oui et non, mais en lui, il n'y a que oui (v. 15-19).

Paul leur dit qu'initialement, quand il a exprimé son intention de leur rendre visite (1 Corinthiens 16.5 ; voir aussi 4.19 ; 11.34), il n'a eu recours à aucun subterfuge. « Aussi vrai que Dieu est fidèle », dit-il (renforçant ainsi son assurance par un vœu), sa relation avec eux était un « oui » véritable. Il avait la sincère intention de venir les voir, il *viendrait* en effet. Toutefois, des circonstances l'avaient obligé à modifier ses projets.

Ensuite, on pourrait presque croire à une digression quand il appuie sur l'évidence de la fidélité de Dieu et l'authenticité absolue du message de l'Évangile. Remarquez de quelle manière il évoque les trois personnes de la Trinité pour souligner son point : « Car le Fils de Dieu, Jésus-Christ, qui a été prêché par nous au milieu de vous, par moi, par Silvain, et par Timothée, n'a pas été oui et non, mais en lui, il n'y a que oui ; car, pour ce qui concerne toutes les promesses de Dieu, c'est en lui qu'est le oui ; c'est pourquoi encore l'Amen par lui est prononcé par nous à la gloire de Dieu. Et celui qui nous affermit avec vous en Christ, et qui nous a oints, c'est Dieu, lequel nous a aussi marqués d'un sceau et a mis dans nos cœurs les arrhes de l'Esprit » (2 Corinthiens 1.19-22).

Paul fait remarquer que sa propre sincérité en tant que messager de l'Évangile est enracinée dans la véracité même de l'Évangile. Et en retour, cela reflète la fidélité inébranlable de la Trinité.

Ensuite, Paul explique *pourquoi* il a modifié ses plans. Encore une fois, il affirme sous serment qu'il est sincère :

Or, je prends Dieu à témoin sur mon âme, que c'est *pour vous épargner* que je ne suis plus allé à Corinthe ; non pas que nous dominions sur votre foi, mais nous contribuons à votre joie, car vous êtes fermes dans la foi.

Je résolus donc en moi-même de *ne pas retourner chez vous dans la tristesse*. Car si je vous attriste, qui peut me réjouir, sinon celui qui est attristé par moi ? J'ai écrit comme je l'ai fait pour ne pas éprouver, à mon arrivée, de la tristesse de la part de ceux qui devaient me donner de la joie, ayant en vous tous cette confiance que ma joie est la vôtre à tous. C'est dans une grande affliction, le cœur angoissé, et avec beaucoup de larmes, que je vous ai écrit, non pas afin que vous soyez attristés, mais afin que vous connaissiez l'amour extrême que j'ai pour vous. (1.23 – 2.4, italiques pour souligner.)

En d'autres termes, quelles que soient les circonstances qui ont contribué à ce que Paul annule son voyage, il l'a fait uniquement par compassion pour les Corinthiens. Il ne voulait pas retourner chez eux dans la tristesse (2.1). Il a retardé son voyage afin de leur éviter la verge de correction (2 Corinthiens 1.23 ; voir aussi 1 Corinthiens 4.21). Il n'a pas manqué de sincérité ; il a agi par amour pour eux.

> **Il n'a jamais agi par intérêt personnel ou avec dureté à leur égard, mais bien avec tendresse et une affection sincère.**

Ce passage fondamental, mais combien ignoré, de l'Écriture souligne trois caractéristiques clés de la sincérité de Paul. Premièrement, il agissait toujours avec une conscience pure. Deuxièmement, il s'est toujours montré digne de confiance en paroles et en actions. Et troisièmement, dans ses rapports avec les Corinthiens, ceux-ci savent fort bien qu'il n'a jamais agi par intérêt personnel ou avec dureté à leur égard, mais bien avec tendresse et une affection sincère. Voilà pourquoi les ennemis de Paul n'ont pas réussi à le faire passer pour un homme déloyal et hypocrite.

L'INTÉGRITÉ QUI MAINTIENT UNE CONSCIENCE PURE

Remarquez que le premier témoin que Paul appelle à la défense de sa sincérité est sa propre conscience. Jamais il n'a trompé délibérément les Corinthiens par des paroles rusées ou tenu des propos vagues avec eux (« Car ce que nous vous écrivons dans nos lettres ne veut pas dire autre chose que ce que vous pouvez y lire et y comprendre » [2 Corinthiens 1.13 Version *Semeur*]). Quant à l'accusation d'inconstance que ses ennemis portent contre lui, il a bonne conscience.

C'est là une autre qualité essentielle que doit avoir un bon leader : *Un leader a toujours bonne conscience.*

Rappelez-vous, un bon leadership est une question de caractère, et un caractère juste dépend d'une conscience pure. Pour reconnaître le rôle de la conscience dans le leadership, il nous faut examiner de près cette merveilleuse fonction du cœur et de la pensée que nous avons reçue de Dieu.

La conscience est un système d'alarme intégré qui nous avertit dès que nous faisons quelque chose de mal. La conscience est pour notre âme ce que les neurones qui détectent la douleur

> **Principe de leadership n° 12**
> **UN LEADER A TOUJOURS BONNE CONSCIENCE**

sont pour notre corps : elle nous inflige du chagrin sous la forme de culpabilité chaque fois que nous ne faisons pas le bien que nous dicte notre cœur.

La conscience témoigne du fait que la connaissance de la loi de Dieu est écrite dans le cœur de l'être humain depuis la création (Romains 2.15). Le mot grec pour « conscience », *suneidesis*, et la racine latine de laquelle le mot français est dérivé signifient : « connaître dans son esprit, en soi-même, ce qui est moralement bon ou mauvais ». La capacité de réflexion morale est un aspect essentiel de ce que signifie l'Écriture quand elle dit que nous sommes créés à l'image de Dieu. Le fait que nous soyons sensibles à notre culpabilité personnelle est donc un trait fondamental de notre humanité qui nous distingue des animaux. Essayer d'étouffer la voix de notre conscience n'est en fait rien de plus qu'une tentative pour diminuer notre humanité.

La conscience n'est aucunement infaillible. Une conscience souillée ou mal renseignée peut nous accuser alors que nous ne sommes pas vraiment coupables ou nous acquitter lorsque nous sommes en réalité dans l'erreur. Paul a dit : « [Car] je ne me sens coupable de rien ; mais ce n'est pas pour cela que je suis justifié » (1 Corinthiens 4.3,4). Il a également reconnu que la conscience de certaines personnes est inutilement faible et se laisse trop facilement offenser (1 Corinthiens 8.7), ce qui signifie qu'il faut enseigner la conscience à se conformer aux normes parfaites de la Parole de Dieu (Psaume 119.11,34,80).

Étouffer sa conscience ou lui désobéir de façon délibérée est néfaste pour notre bien-être spirituel. C'est un péché de désobéir à sa conscience (Romains 14.14,23 ; Jacques 4.17), même si celle-ci est ignorante ou mal informée. Et étouffer sa conscience équivaut à la marquer au fer rouge (1 Timothée 4.2), la rendant insensible et éliminant un moyen de défense essentiel contre la tentation (1 Corinthiens 8.10).

Paul accorde donc une grande importance à la valeur d'une conscience pure. Le discours qu'il prononcera devant le sanhédrin commencera par : « Hommes frères, c'est en toute bonne conscience que je me suis conduit jusqu'à ce jour devant Dieu » (Actes 23.1). Il dira à Timothée : « Je rends grâces à Dieu, que mes ancêtres ont servi, et que je sers avec une conscience pure » (2 Timothée 1.3). Devant Félix, il dira pour sa défense : « C'est pourquoi je m'efforce d'avoir constamment une conscience sans reproche devant Dieu et devant les hommes » (Actes 24.16). Il décrira les avantages de la loi de Dieu ainsi : « Le but de cette recommandation, c'est un amour venant d'un cœur pur, d'une bonne conscience, et d'une foi sincère » (1 Timothée 1.5).

Une conscience souillée, si elle est tolérée ou étouffée, ne peut produire l'intégrité. Aussi longtemps qu'une conscience blessée n'aura pas été restaurée et purifiée, l'esprit sera assailli de culpabilité. Refouler la culpabilité peut atténuer les remords de conscience, mais cela n'élimine pas la réalité de la culpabilité. La culpabilité et l'irréprochabilité sont mutuellement exclusives. En d'autres termes, une personne qui ne respecte pas et ignore ensuite sa conscience n'est pas, par définition, une personne intègre. Une conscience ternie ébranle donc la plus fondamentale des exigences du leadership.

Paul assure les Corinthiens qu'il a une conscience sans reproche. Il ne leur a pas menti. Il ne les a pas trompés. Il n'a pas retourné sa veste sans arrêt. Il ne peut citer une autorité qui soit supérieure à sa propre conscience, alors, c'est ce qu'il fait.

Il ne se glorifie pas de façon *intéressée* (2 Corinthiens 1.12). Il parle avec franchise et sincérité. Une telle déclaration est en elle-même une preuve du point que Paul essaie de faire comprendre : Il a *toujours* joué franc-jeu avec les Corinthiens. Les paroles qu'il prononce sont toujours simples, honnêtes, directes, catégoriques et non évasives – tout comme l'apôtre lui-même.

LA FIABILITÉ QUI DÉCOULE DE CONVICTIONS PURES

Ensuite, Paul rappelle aux Corinthiens que, en raison de l'expérience qu'ils ont vécue avec lui, ils n'ont aucune raison valable de dire qu'il est un homme irrésolu et peu fiable. Non seulement il leur a toujours parlé et écrit avec des mots clairs et non ambigus (2 Corinthiens 1.13), mais il a toujours vécu conformément à ses enseignements.

En fait, Paul dit que la doctrine qu'il enseigne est le fondement même de sa constance et de sa détermination. De même que Dieu est fidèle dans ses promesses, Paul s'efforce d'imiter cette ferme résolution en étant décidé, clair, catégorique et fidèle à sa parole. Paul est l'exemple même d'un homme transparent.

Encore une fois, Paul explique donc clairement et sans ménagement aux Corinthiens : « Est-ce que, en voulant cela, j'ai donc usé de légèreté ? Ou bien, mes résolutions sont-elles des résolutions selon la chair, de sorte qu'il y ait en moi le oui et le non ? » (v. 17.) Leur a-t-il déjà dit oui alors qu'il voulait dire non ? Même cette question leur est posée sans détour et sans équivoque. Ce sont *eux* qui ont besoin d'apprendre à s'exprimer clairement : Est-ce bien de duplicité qu'ils l'accusent ? Ainsi, Paul s'attaque directement, dans ce style audacieux qui le caractérise, aux allégations des faux docteurs et confronte les Corinthiens avec l'absurdité de cette accusation.

Ceux qui connaissent Paul personnellement savent certainement qu'il a toujours prêché Christ sans détour (v. 19). « Toutes les promesses de Dieu », que Paul a fidèlement proclamées, sont elles-mêmes sans ambiguïté et certaines (v. 20). Paul lui-même a toujours été aussi catégorique et décidé que le contenu de son message. Il atteste donc avec audace cette vérité : « Aussi vrai que Dieu est fidèle, la parole que nous vous avons adressée n'a pas été oui et non » (v. 18).

Paul s'est empressé de répondre à la moindre insinuation voulant qu'il soit un homme hypocrite ou indécis. Il sait que ce genre de faiblesse – même la moindre suspicion à ce sujet – peut ébranler sérieusement la confiance que les gens peuvent avoir dans un leader. Un dirigeant ne peut se permettre une trop longue période de doute ou d'indécision. C'est un autre principe dans notre longue liste de critères essentiels au leadership : *Un leader est catégorique et décidé.*

Principe de leadership n° 13
UN LEADER EST CATÉGORIQUE
ET DÉCIDÉ

Un vrai leader doit être capable de prendre des décisions de manière perspicace, proactive et conclusive. Il doit également être habile pour communiquer les objectifs de façon claire, emphatique et distincte. Après tout, un dirigeant est une personne qui dirige. N'importe qui est capable de parler pour ne rien dire. N'importe qui peut être timide et ambivalent. Le leader, au contraire, doit donner des directives claires. Les gens ne le suivront pas s'ils ne sont pas certains que leur leader est lui-même certain.

En résumé, Paul a toujours été bien catégorique et décidé dans ses rapports avec les Corinthiens. Il a annoncé un message clair et sans ambiguïté. Il sert un Seigneur qui est vrai et fidèle. De plus, il leur a toujours appris que toutes les promesses divines sont oui et Amen. S'il y a des gens qui devraient savoir cela, ce sont bien les Corinthiens. En y réfléchissant juste un tout petit peu, ils se rendraient vite compte que les accusations portées contre Paul par les faux docteurs ne sont pas fondées.

LA TENDRESSE EXPRIMÉE DANS UNE COMMUNICATION CLAIRE

Pourtant, Paul a effectivement changé d'idée et retardé le voyage qu'il avait initialement planifié de faire à Corinthe. Il explique donc pourquoi. Il avait de bonnes raisons de modifier ses plans. Ce n'est pas par manque de sincérité ou de franchise qu'il a fait cela, mais bien le contraire. Sa profonde affection pour les Corinthiens – qui n'a rien d'artificiel – l'a poussé à vouloir leur épargner la peine d'une visite qui aurait été chargée de tristesse, de réprimandes, de correction, de controverse et d'autres effets négatifs. Paul n'a pas l'habitude de se laisser intimider ou effrayer par ce genre de confrontation, mais dans cette circonstance il a choisi d'écrire une lettre aux Corinthiens, qu'il aime comme un père spirituel, pour leur exprimer son mécontentement par des paroles bien pesées et réfléchies, de sorte que sa prochaine visite chez eux puisse se passer dans la joie. C'est *cela* qui avait fini par le pousser à modifier ses plans.

Voici un autre principe de leadership que je tiens à ajouter sans tarder à la suite du précédent : *Un leader sait quand il faut changer d'avis.*

Ces deux principes forment un tout et sont donc indissociables. Bien qu'un leader soit appelé à être catégorique et décidé, il ne doit pas être inflexible dans tout. La *première* décision que prend un leader n'est pas toujours la meilleure preuve de sa sagesse. Il nous arrive tous de faire de mauvais choix à l'occasion. Un bon leader ne s'en tiendra pas à une mauvaise décision. Les circonstances changent également, et un bon leader doit savoir s'adapter aux circonstances.

Dans le cas de Paul, les circonstances l'ont forcé à changer d'idée. L'ironie dans la fausse accusation portée contre Paul, c'est que ce n'est pas lui qui est indécis et hésitant. Ce sont plutôt les Corinthiens qui le sont parce qu'ils ont cru sans raison ce que les détracteurs de Paul ont dit de lui. Apparemment, l'apôtre a su ce que les faux docteurs ont raconté à son sujet. Il a été à la fois perturbé et déçu d'apprendre que les Corinthiens – qui doivent leur salut à sa proclamation claire, ferme, et sans compromis de l'Évangile – ont été influencés par des calomnies aussi invraisemblables. La

> **Principe de leadership n° 14**
> **UN LEADER SAIT QUAND IL FAUT CHANGER D'AVIS**

situation doit être corrigée. Il faut redresser, réprimander et même punir. Paul ne désire pas que son prochain voyage à Corinthe soit caractérisé par une interaction aussi négative.

Il dit donc : « … c'est *pour vous épargner* que je ne suis plus allé à Corinthe » (2 Corinthiens 1.23, italiques pour souligner). Bien qu'il soit prêt, en cas de nécessité, à affronter les Corinthiens, Paul ne veut pas que sa relation avec eux soit dominée par les réprimandes et les conflits. Il veut que leur réunion se passe dans une atmosphère de joie. Il les respecte et chérit leur relation. Voilà pourquoi, au lieu d'aller vers eux « avec une verge » (voir 1 Corinthiens 4.21), il choisit d'essayer d'abord de les reprendre dans une lettre.

Et immédiatement, nous voyons un autre principe important que tout leader doit retenir : *Un leader n'abuse pas de son autorité.*

Paul a une légitime autorité apostolique sur les Corinthiens. De toute évidence, cette autorité spirituelle lui vient de Dieu et a été confirmée par des signes et des prodiges irréfutables (2 Corinthiens 12.11,12). Mais Paul se sert de cette autorité dans un rôle de conseiller plutôt que d'une manière autoritaire. Il aurait aussi bien pu écrire aux Corinthiens ce qu'il a dit à l'Église de Thessalonique :

[Mais] nous avons été pleins de douceur au milieu de vous. *De même qu'une nourrice prend un tendre soin de ses enfants,* nous aurions voulu, dans notre vive affection pour vous, non seulement vous donner l'Évangile de Dieu, mais encore notre propre vie, tant vous nous étiez devenus chers. Vous vous rappelez, frères, notre travail et notre peine : nuit et jour à l'œuvre, pour n'être à la charge d'aucun de vous, nous vous avons prêché l'Évangile de Dieu. Vous êtes témoins, et Dieu l'est aussi, que nous avons eu envers vous qui croyez une conduite sainte, juste et irréprochable. Vous savez aussi que nous avons été pour chacun de vous *ce qu'un père est pour ses enfants.* (1 Thessaloniciens 2.7-11, italiques pour souligner.)

Il *a bien* écrit aux Corinthiens : « Ce n'est pas pour vous faire honte que j'écris ces choses ; mais je vous avertis comme mes enfants bien-aimés. Car, même si vous aviez dix mille maîtres en Christ, vous n'avez cependant pas plusieurs pères, puisque c'est moi qui vous ai engendrés en Jésus-Christ par l'Évangile » (1 Corinthiens 4.14,15).

Et ici, il écrit : « *[Non]* pas que nous dominions sur votre foi, mais nous contribuons à votre joie, car vous êtes fermes dans la foi » (2 Corinthiens 1.24). Il ne cherche pas à dominer les Corinthiens. Il ne tient pas à ce que des affrontements répétés viennent détruire la relation qu'il a avec eux. Augustin a dit que, comme la sévérité est prête à punir les fautes qu'elle découvre, la charité est tout aussi réticente à découvrir les fautes qu'elle doit punir[1].

Souvenez-vous que Jésus a dit que les chefs dans son Royaume ne ressemblent pas aux chefs de ce monde pour la bonne raison que : « Les rois des nations les maîtrisent, *et ceux qui les dominent sont appelés bienfaiteurs.* Qu'il n'en soit pas de même pour vous. Mais que le plus grand parmi vous soit comme le plus petit, et celui qui gouverne comme celui qui sert » (Luc 22.25,26). Paul est l'exemple même du leader qui dirige avec un cœur de serviteur. Il accomplit parfaitement ce que l'apôtre Pierre dira que tout pasteur doit faire : « Paissez le troupeau de Dieu qui est sous votre garde, non par contrainte, mais volontairement, selon Dieu ; non pour un gain sordide, mais avec dévouement ; non comme dominant sur ceux qui vous sont échus en partage, mais en étant les modèles du troupeau » (1 Pierre 5.2,3). Paul sait qu'il « ne faut pas qu'un serviteur du Seigneur ait des querelles ; il doit, au contraire, être affable pour tous, propre à enseigner, doué de patience ; il doit redresser avec douceur les adversaires, dans l'espérance que Dieu leur donnera la repentance pour arriver à la connaissance de la vérité, et que, revenus à leur bon sens, ils se dégageront des pièges du diable, qui s'est emparé d'eux pour les soumettre à sa volonté » (2 Timothée 2.24-26).

Paul a transmis ses avertissements aux Corinthiens dans une lettre bien claire et rédigée avec soin, puis il leur a expédié cette lettre au lieu d'aller vers eux en personne. Jusqu'à ce qu'on lui dise qu'ils avaient eu une bonne attitude en réponse à sa lettre, l'apôtre n'avait pas l'intention d'assombrir leur relation en leur rendant une autre visite douloureuse.

Son approche est sage. Elle illustre parfaitement les meilleurs traits caractéristiques du style de leadership de Paul : fidélité, empathie, compassion, affabilité, communication claire et honnêteté pure et simple. C'est pour ces raisons qu'il est

---

Principe de leadership n° 15
UN LEADER N'ABUSE PAS DE SON AUTORITÉ

---

tellement ironique que ses ennemis aient profité de l'occasion pour l'accuser de *ne pas être sincère*.

Paul était déchiré. Sa peine était réelle et intense. Paul avait probablement touché le fond de sa détresse quand il a écrit cette épître. Il dit même que, lorsqu'il est arrivé à Troas, il y a trouvé une porte ouverte pour l'Évangile, mais à cause de son inquiétude pour les Corinthiens, il est parti de Troas pour aller en Macédoine, dans l'espoir de trouver Tite et de lui demander s'il avait de bonnes nouvelles de l'Église de Corinthe (2 Corinthiens 2.12,13).

En fait, le livre de 2 Corinthiens en entier est coloré des émotions découlant de la déception que Paul a ressentie relativement à la réponse des Corinthiens. Il a été profondément blessé dans la maison de ses amis. L'attitude des personnes à qui il s'est donné le plus l'a terrassé. Vers la fin de son épître, il écrit : « Pour moi, je ferai très volontiers des dépenses et je me dépenserai moi-même pour vos âmes. *En vous aimant davantage, serais-je moins aimé de vous ?* » (12.15, italiques pour souligner.) Il est submergé de douleur et de sentiments de profonde tristesse à cause de l'infidélité des personnes qu'il a aimées et pour lesquelles il a donné sa vie.

C'est le prix du leadership. C'est un appel coûteux et ingrat, qui se vit souvent dans la solitude. Jonathan Edwards a exercé fidèlement le pastorat à Northampton aux États-Unis pendant vingt-quatre années. Les prédications et les écrits d'Edwards ont été le point de départ du réveil, connu sous le nom de « Great Awakening », qui s'est étendu à toute la Nouvelle-Angleterre entre 1730 et 1760. Par la suite, son Église l'a destitué par un vote extraordinaire parce qu'il enseignait que seuls ceux qui avaient ouvertement professé leur foi en Christ pouvaient participer à la table du Seigneur.

À la fin de sa vie, Charles Spurgeon, certainement le plus grand prédicateur baptiste qui ait jamais vécu, a été condamné par l'union baptiste en Angleterre parce qu'il a refusé de laisser le modernisme envahir cette organisation.

Mais un leader doit néanmoins demeurer doux, compatissant, compréhensif et humble. S'il devient hostile, répressif ou impitoyable dans ses relations avec les gens, il ne sera plus efficace comme leader.

Qui peut faire tout cela ? Qui possède suffisamment de caractère pour satisfaire aux normes élevées qui sont imposées aux leaders dans l'Écriture ? Au chapitre suivant, nous allons examiner comment Paul a répondu à cette question.

Chapitre sept

« QUI EST SUFFISANT POUR CES CHOSES ? »

Voulez-vous savoir à quel point le leadership est important ?
Il suffit de considérer le fait que Satan lance souvent ses
attaques les plus féroces contre les dirigeants clés. De tous
les moyens malveillants que le malin emploie, il a une préférence
marquée pour les demi-vérités et les mensonges délibérés qui
donnent lieu à la rébellion et visent à démolir la confiance que les
gens ont dans un leader pieux. Satan s'attaque au meilleur des
leaders en essayant de soulever un Koré (le rebelle qui a organisé
une révolte contre Moïse) ou un Absalom (le fils insoumis qui a
mené une rébellion contre le règne de David). C'est pour cette
raison que l'Écriture dit : « La désobéissance est aussi coupable
que la divination » (1 Samuel 15.23). Oser se soulever contre
le dirigeant de Dieu, qui est fidèle à la vérité, est un péché
particulièrement satanique.

Par conséquent, Paul a tout à fait raison de dire que les faux
docteurs, qui ont semé la confusion dans l'Église de Corinthe,
sont des émissaires sataniques, des « ministres » de Satan
(2 Corinthiens 11.13-15). C'est exactement ce qu'ils sont : des
instruments du diable, des agents malveillants qui le secondent
dans la campagne qu'il mène contre la cause de la vérité. Ils

ont délibérément axé leur principale offensive contre Paul et son leadership. C'est un assaut stratégique et bien placé, car, si les puissances des ténèbres arrivent à anéantir l'influence de Paul à Corinthe, l'Église, qui a déjà de sérieux problèmes, sera entièrement à la merci des faux apôtres.

Paul ne tient pas vraiment à se défendre personnellement, mais il n'est pas non plus prêt à abandonner l'Église de Corinthe entre les griffes des loups. Il consacre donc un temps considérable dans 2 Corinthiens à faire une chose qui lui déplaît : défendre son caractère et son apostolat.

Les faux docteurs se sont attaqués à Paul, et plus précisément, à ses aptitudes en tant que leader et apôtre. Nous avons vu comment ils ont mis en doute sa *sincérité*. Les faux docteurs tentent aussi de semer le doute sur sa *capacité de diriger*. Ils ont dénigré son caractère, son influence, son appel et son humilité. Ils proclament que Paul n'est pas compétent pour diriger. Ils disent qu'il n'est pas à la hauteur.

Paul répond à l'accusation sur un ton autoritaire en retournant les choses contre ses détracteurs : « Qui est suffisant pour ces choses ? » (2 Corinthiens 2.16).

Dans le même contexte, Paul compare le ministère de l'Évangile à une procession triomphale. Quand un général romain ou un César remportait une grande victoire militaire, on organisait un « triomphe » officiel en son honneur pour commémorer la victoire. Le triomphe était un immense cortège de célébration, un défilé des plus imposants et des plus colorés de toute la culture romaine. Le chef victorieux défilait dans les rues à la tête de son armée, portant haut dans les airs le butin et les autres souvenirs de leur victoire. Les prêtres suivaient le défilé, agitant des encensoirs qui diffusaient une agréable odeur d'encens dans les rues de la ville.

Lorsque Titus Vespasien a pris Jérusalem en 70, on lui a fait un triomphe. Cette victoire est représentée en bas-relief sur l'arc de Titus à Rome. Ce genre de célébration était plutôt rare et réservé uniquement aux victoires les plus cruciales. C'était une occasion unique.

Mais Paul dit que le ministère de l'Évangile ressemble à un triomphe perpétuel. Il se compare à un encensoir que Christ utilise pour répandre « en tout lieu l'odeur agréable de sa connaissance » (2.14).

La plupart des triomphes romains comprenaient également un cortège de prisonniers enchaînés. Ces hommes étaient des guerriers ennemis condamnés à mourir après le défilé. Évidemment, ces hommes sentaient l'odeur de l'encens, mais pour eux cette odeur en était une de mort et non de victoire et de vie.

Paul dit que l'encens de l'Évangile (« le parfum de Christ » [v. 15]) ressemble précisément à cela. Il a aussi une double signification. À ceux qui croient (« parmi ceux qui sont sauvés »), il a une odeur de vie, mais, « parmi ceux qui périssent », il représente la mort et la condamnation (v. 15). Il écrit donc que nous sommes « aux uns, une odeur de mort, donnant la mort ; aux autres, une odeur de vie, donnant la vie » (v. 16).

C'est à ce moment-là qu'il pose la question : « Et qui est suffisant pour ces choses ? » (v.16). Qui est *digne* de participer au défilé triomphal de Christ et d'être un instrument pour répandre l'encens du message de l'Évangile à tous ? Qui est en lui-même qualifié pour recevoir des marques d'approbation du Dieu tout-puissant pour les services rendus au nom de Jésus-Christ ?

Paul reprend l'avantage sur les faux prophètes en remettant en question *leur* prétendue compétence. Il dit qu'ils sont en réalité coupables de falsifier la parole de Dieu (v. 17). Ce sont *eux* qui sont malhonnêtes, qui font le commerce de l'Évangile. Ces hommes sont des colporteurs, des escrocs, qui ne cherchent qu'à s'enrichir. Ils sont prêts à tordre et à façonner trompeusement leur message afin de maximiser leurs profits. Si pour cela ils doivent tourmenter les gens, ils le feront. S'ils doivent discréditer un apôtre comme Paul, ils le feront aussi. Si cela veut dire qu'ils doivent chatouiller agréablement les oreilles des gens en prêchant le message qu'ils veulent entendre, ces enseignants sont prêts à le faire. Ces hommes du premier siècle représentent les philosophies qui répondent à la demande du marché dans le domaine de la direction et du ministère de l'Église du XXIe siècle.

Paul répond à la question rhétorique du verset 16 (« Qui est suffisant pour ces choses ? ») dans les cinq premiers versets du troisième chapitre. Il dit, en essence, que la seule personne qui est vraiment capable de diriger est celle que Dieu a désignée comme leader. Ceux qui se proclament eux-mêmes leaders sont totalement incompétents. En contraste, Paul dit : « Notre capacité, au contraire, vient de Dieu » (3.5). Cette phrase est la clé de ce court passage et le résumé de l'autodéfense de Paul.

> **Paul dit, en essence, que la seule personne qui est vraiment capable de diriger est celle que Dieu a désignée comme leader.**

Paul est attaqué sur plusieurs fronts : son caractère, son influence, son appel et son humilité. Les faux apôtres, qui ont réussi à s'infiltrer dans l'Église de Corinthe, ne cessent de l'accuser en frappant à répétition sur chacun de ces points. Notez comme l'apôtre a le tour de se défendre.

SON CARACTÈRE

En se défendant, Paul se trouve en quelque sorte devant un dilemme. Il sait que, quoi qu'il dise pour sa défense, les faux apôtres essaieront de s'en servir pour montrer qu'il est arrogant, égoïste, ou vaniteux. Ils essaieront de tordre tout ce qu'il dira pour porter une autre accusation contre lui. Seulement, il *doit* se défendre, parce qu'il est celui que Dieu a choisi, équipé et nommé comme fondateur et chef de l'Église de Corinthe. S'ils ne l'écoutent pas, ils ne pourront pas connaître la vérité. Il n'est pas prêt à abandonner ces personnes qu'il aime à des imposteurs malintentionnés et spirituellement incompétents.

La réplique de Paul face à ses critiques souligne un autre principe fondamental du leadership : *Un leader n'abdique pas son rôle devant l'opposition.*

L'apôtre n'est pas vraiment attiré par la promotion de soi, et, par conséquent, il a peu d'intérêt pour l'autodéfense. Il déteste vraiment devoir défendre son caractère. Il préfère être considéré comme un subalterne, un galérien ramant au fond d'un navire. Il déteste se vanter, et préfère de loin glorifier Christ. Mais il *doit* répondre à l'accusation ou céder l'Église aux faux docteurs.

Même si Paul n'est pas enchanté d'avoir à se défendre, il n'a pas le choix de s'opposer à la menace de ces faux apôtres par égard pour les Corinthiens. Ils risquent d'être induits en erreur à cause des fausses accusations portées contre l'apôtre. S'ils se détournent de Paul et de sa direction, ils seront alors totalement exposés et vulnérables aux accablantes hérésies doctrinales des faux docteurs.

Une vérité que chaque leader finit toujours par apprendre est que les êtres humains sont terriblement inconstants. C'est étonnant comme ils se laissent facilement influencer par les mensonges qu'on raconte sur le compte d'un

> ### *Principe de leadership n° 16*
> ## UN LEADER NE RENONCE PAS À SON RÔLE DEVANT L'OPPOSITION

leader qu'ils connaissent et qu'ils aiment bien. C'est une vérité que nous voyons très souvent dans notre monde contemporain. Parfois, on dirait que, plus un membre du gouvernement essaie de vivre selon des principes d'intégrité, plus les médias en profitent pour le diffamer. Les tabloïds existent pour publier des mensonges à propos de certaines personnes bien connues. Même la presse traditionnelle a tendance à vouloir discréditer les leaders qui semblent particulièrement dignes de respect. Toutes les victimes de ce genre de mensonge savent à quel point la vraie loyauté peut être fragile. La raison de cela, c'est que le cœur humain est porté à la rébellion (voir Deutéronome 31.27 ; Actes 7.51).

Les choses ne sont pas différentes au temps de Paul. Les faux docteurs ont placé Paul dans une situation qui paraît bien impossible. S'il se défend, cela ne fera qu'alimenter encore d'autres accusations contre lui. Toutefois, s'il ignore les menaces, il ne fera qu'abdiquer son leadership. Paul répond donc avec sagesse à ses accusateurs en anticipant toutes leurs objections :

> Commençons-nous de nouveau à nous recommander nous-mêmes ? Ou avons-nous besoin, comme quelques-uns, de lettres de recommandation auprès de vous, ou de votre part ? C'est vous qui êtes notre lettre, écrite dans nos cœurs, connue et lue de tous les hommes. Vous êtes manifestement une lettre de Christ, écrite par notre ministère, non avec de l'encre, mais avec l'Esprit du Dieu vivant, non sur des tables de pierre, mais sur des tables de chair, sur les cœurs. Cette assurance-là, nous l'avons par Christ auprès de Dieu. Ce n'est pas à dire que nous soyons par nous-mêmes capables de concevoir quelque chose comme venant de nous-mêmes. Notre capacité, au contraire, vient de Dieu. (2 Corinthiens 3.1-5.)

Maintenant, suivons le fil de son argument : Il a commencé par poser deux questions qui s'adressent directement au cœur et à la conscience des Corinthiens. A-t-il besoin de repartir à zéro et de leur faire ses preuves ? Doit-il leur fournir des lettres de recommandation pour établir sa crédibilité auprès d'eux ? Les deux questions sont posées d'une manière qui anticipe une réponse négative de leur part.

Le pronom « nous », qui revient tout au long de l'épître, est un « nous » éditorial. Paul ne l'utilise pas sur un ton pompeux, comme un « nous » royal ; c'est tout le contraire. Paul l'utilise comme humble substitut au pronom de la première personne du singulier. Il est sensible au fait qu'on l'accuse d'être un homme dur, qui se recommande lui-même et vante ses propres mérites. Au lieu de fournir des munitions à ceux qui l'accusent, il fait directement appel aux Corinthiens. Est-ce vraiment nécessaire qu'il justifie son leadership en se condamnant lui-même de la sorte ?

Il utilisera un langage similaire au chapitre 5 : « Nous ne nous recommandons pas de nouveau nous-mêmes auprès de vous ; mais nous vous donnons l'occasion de vous glorifier à notre sujet » (5.12), et au chapitre 10 : « Car ce n'est pas celui qui se recommande lui-même qui est approuvé, c'est celui que le Seigneur recommande » (10.18). Nous pouvons donc dire que cet argument revient souvent d'un bout à l'autre de l'épître.

De toute évidence, Paul n'a pas l'intention de se recommander lui-même. Ce n'est pas ce qu'il essaie de faire. Il ne se présente pas comme un dirigeant parfait. En réalité, il a déjà dit : « [Car] je suis le moindre des apôtres, je ne suis pas digne d'être appelé apôtre, parce que j'ai persécuté l'Église de Dieu. Par la grâce de Dieu je suis ce que je suis » (1 Corinthiens 15.9,10). Et ici, dans sa deuxième épître, son seul but est de demander aux Corinthiens de sonder leur propre cœur et d'affronter eux-mêmes les faux docteurs qui se sont soulevés contre lui. Est-ce vraiment nécessaire que Paul se justifie devant eux ?

Il n'y a aucun doute que les faux docteurs ont insinué que Paul n'est pas un leader honnête ; qu'il cache quelque chose – un côté sombre, un motif impie, ou une vie secrète que personne ne connaît. Ils ont attaqué son caractère et ils essaient d'annihiler sa crédibilité. Alors, ce qu'il dit en réalité, c'est : « Vous voulez dire que vous ne me connaissez pas suffisamment bien pour savoir que ces hommes vous racontent des mensonges ? »

La frustration de Paul est évidente dans la question qu'il pose. Tout son travail, son enseignement, ses prédications, ses prières, sa communion avec les Corinthiens, et son ministère parmi eux, son amour pour eux, les larmes qu'il a versées pour eux – tout cela n'a-t-il *aucune* signification ? Doit-il repartir à zéro avec eux et établir à nouveau sa crédibilité ?

Remarquez qu'à cette étape, il ne fait aucune allusion à l'élément miraculeux de son ministère, qui a été plus d'une fois clairement démontré à Corinthe. Plus tard, il dit : « Les preuves de mon apostolat ont éclaté au milieu de vous par une patience à toute épreuve, par des signes, des prodiges et des miracles » (2 Corinthiens 12.12). Mais il entreprend sa défense en faisant appel au fait qu'ils connaissent son *caractère*.

Les chrétiens de Corinthe connaissent Paul. Ils le connaissent bien. Ils ont vu comment il vivait. Ils ont vu son caractère pieux de près. Ils savent quel genre d'homme il est dans son cœur. Il serait totalement inutile qu'il se défende sur ce point.

Paul leur laisse donc le soin de répondre à la question. Il ne vante pas ses propres mérites ; cela n'est aucunement nécessaire.

SON INFLUENCE

La deuxième question est aussi désarmante que la première : « Commençons-nous de nouveau à nous recommander nous-mêmes ? Ou avons-nous besoin, comme quelques-uns, de lettres de recommandation auprès de vous, ou de votre part ? » (2 Corinthiens 3.1.)

Les lettres de recommandation ne sont nécessaires que lorsque la personne présentée est inconnue. Comme nous l'avons vu au chapitre 2, Néhémie a eu besoin de lettres de recommandation pour aller rebâtir la muraille de Jérusalem (Néhémie 2.7). Ces lettres étaient essentielles pour attester sa légitimité. Elles ont servi à le présenter dans un endroit où il n'était pas connu auparavant, et elles ont montré que le roi soutenait son projet.

Paul, avant qu'il devienne chrétien, avait lui-même demandé des lettres de recommandation pour de sinistres projets. Selon Actes 9.1,2, Saul de Tarse est allé voir le souverain sacrificateur et lui a demandé des lettres pour prouver aux gens dans les synagogues de Damas qu'il était autorisé à capturer les chrétiens et à les ramener à Jérusalem.

Paul écrira également une lettre de recommandation pour Phœbé, une diaconesse de l'Église de Cenchrées (Romains 16.1). Cette lettre fait partie à tout jamais du récit biblique.

Quand les Corinthiens ont envoyé une offrande pour pourvoir aux besoins des saints de Jérusalem, Paul s'attendait à ce que Corinthe envoie une lettre de recommandation avec le messager qui devait apporter le présent à Jérusalem (1 Corinthiens 16.3).

Les lettres de recommandation sont donc justifiables dans certaines circonstances. Dans les offres d'emploi de notre époque, on exige souvent des lettres de recommandation. Les Églises exigent ce genre de lettre lorsqu'une personne veut devenir membre de leur congrégation. Aujourd'hui encore, les lettres de recommandation font partie intégrante de la vie normale de tous les jours.

Selon toute vraisemblance, quand les faux docteurs sont arrivés à Corinthe, ils ont présenté des lettres de recommandation. Il est fort probable qu'ils arrivaient de Jérusalem. Actes 15.5 indique que les faux docteurs qui essaient de faire croire que la circoncision est nécessaire au salut appartiennent à une secte de Pharisiens qui s'identifient à l'Église de Jérusalem. Ces hommes sont appelés des croyants – ils se disent sans doute chrétiens –, mais ils ont amené dans l'Église le même genre de légalisme pour lequel Jésus avait condamné les Pharisiens (voir Luc 11.46 ; Actes 15.10). Jérusalem est un foyer pour ce genre de message d'erreur, et plusieurs ont abandonné l'Église dans cette ville pour semer la confusion dans les Églises de non-Juifs à travers l'empire (Actes 15.24).

Il est probable que c'est là la source du problème à Corinthe. Il apparaît, cependant, que les faux docteurs sont arrivés à Corinthe avec des papiers d'identité plutôt impressionnants, dont des lettres de recommandation qu'ils avaient probablement reçues des autorités de l'Église de Jérusalem. Dès leur arrivée à Corinthe ils ont ouvert leurs porte-documents pour en sortir ces lettres de recommandation. C'est sûrement à cela que Paul fait référence quand il dit : « Avons-nous besoin, *comme quelques-uns*, de lettres de recommandation ? » (2 Corinthiens 3.1, italiques pour souligner).

Les faux docteurs sont arrivés dans l'Église de Corinthe comme des intrus, mais ils ont sans doute réussi à y entrer parce qu'ils possédaient d'impressionnants documents adressés spécifiquement à cette communauté (« auprès de vous » [v. 1]). Ils sont venus avec un programme, et il était bien planifié.

Remarquez que Paul dit également : « des lettres de recommandation [...] de votre part » (v. 1, italiques pour souligner). Les faux docteurs ont peut-être demandé et obtenu des lettres de recommandation de l'Église de Corinthe dans le but de s'en servir dans d'autres endroits où ils avaient l'intention d'apporter leur message d'erreur. C'est ainsi que de telles hérétiques exercent leur métier. Ils sont toujours itinérants. Ils ne restent jamais longtemps dans un même endroit parce que leur vie est corrompue. Ils ne sont pas vraiment régénérés. Tôt ou tard, leur vrai caractère finit par se manifester. Ainsi donc, ils se déplacent continuellement. Néanmoins, ils sont restés à Corinthe assez longtemps pour bouleverser et déchirer l'Église, et pour recueillir des lettres de recommandation de la part des Corinthiens.

Paul leur demande donc : « Suis-je logé à la même enseigne qu'eux ? Ai-je besoin d'une lettre de recommandation *pour vous et de votre part* ? »

C'est ridicule comme idée. La loyauté de Paul est évidente non seulement dans sa vie, mais aussi dans l'influence qu'il a eue dans la vie des Corinthiens.

Vous voulez une lettre. Je vais vous en donner une, dit-il : « C'est vous qui êtes notre lettre, écrite dans nos cœurs, connue et lue de tous les hommes. Vous êtes manifestement une lettre de Christ, écrite par notre ministère, non avec de l'encre, mais avec l'Esprit du Dieu vivant, non sur des tables de pierre, mais sur des tables de chair, sur les cœurs » (v. 2,3).

La lettre de recommandation de Paul a bien plus de valeur que n'importe quelle lettre que les faux docteurs pourraient tirer de leur porte-document. Sa lettre de recommandation est écrite dans la vie même des Corinthiens. L'influence visible de son ministère dans leur vie est une preuve légitime de l'efficacité de son leadership.

Paul a écrit : « Ne savez-vous pas que les injustes n'hériteront point le royaume de Dieu ? Ne vous y trompez pas : ni les débauchés, ni les idolâtres, ni les adultères, ni les efféminés, ni les homosexuels, ni les voleurs, ni les cupides, ni les ivrognes, ni les outrageux, ni les ravisseurs, n'hériteront le royaume de Dieu » (1 Corinthiens 6.9,10). Puis il a ajouté : « Et *c'est là ce que vous étiez, quelques-uns d'entre vous. Mais vous avez été lavés, mais vous avez été sanctifiés, mais vous avez été justifiés* au nom du Seigneur Jésus-Christ, et par l'Esprit de notre Dieu » (v 11, italiques pour souligner).

Souvenez-vous qu'on mesure la compétence d'un leader à son influence. Lorsque l'influence d'une personne se reflète aussi profondément dans la vie des autres, cette personne est par définition un leader.

La seule lettre de recommandation dont Paul a besoin, en dehors de sa propre vie vertueuse, est le fait que Dieu s'est servi de son enseignement et de son leadership d'une manière aussi influente. Dieu lui-même est entré dans la culture corrompue des Corinthiens et s'est façonné une Église à la louange de

> **Lorsque l'influence d'une personne se reflète aussi profondément dans la vie des autres, cette personne est par définition un leader.**

sa gloire. Les Corinthiens sont eux-mêmes une éloquente lettre de recommandation de l'influence de Paul. Ils sont la validation vivante de son leadership.

Par ailleurs, cette lettre n'a pas été mise dans un porte-document. Paul ne l'a pas pliée et cachée dans sa poche. Elle est très visible. Tous les êtres humains peuvent la lire, en tout temps et dans la langue de leur choix (2 Corinthiens 3.2).

Paul transporte également cette lettre avec lui, mais pas dans ses bagages. Les Corinthiens sont écrits dans son cœur (v. 2). Ils lui sont très précieux. « Vous êtes dans nos cœurs à la vie et à la mort » (7.3). Si les faux docteurs ont mis en doute son affection pour eux, Paul dissipe cette incertitude par une déclaration explicite.

Si certains détracteurs s'attendent à ce que Paul plaide sa cause d'une manière égoïste, ils ne trouveront rien à redire sur ce point. Car c'est Christ, et non Paul, qui a écrit sa lettre de recommandation dans la vie des Corinthiens ; une lettre écrite non avec de l'encre, mais avec l'Esprit du Dieu vivant (2 Corinthiens 3.3). Les faux apôtres pourraient-ils recevoir une lettre de recommandation écrite par Christ ? Certainement pas !

N'importe qui peut écrire une lettre avec de l'encre. Seul Christ peut écrire une lettre comme celle que Paul possède. Les Corinthiens sont sa lettre ; lettre qu'il garde dans son cœur, qui a été composée par Christ et rédigée par le Saint-Esprit. Existe-t-il une preuve plus pure de l'authenticité de son influence ?

SON APPEL

Les faux docteurs ont fait tout ce qu'ils pouvaient pour miner l'influence de Paul à Corinthe. Ils ont mis en doute sa capacité de diriger et ils ont réussi, dans une certaine mesure, à amener les Corinthiens à douter eux aussi de sa compétence.

Tout en défendant vigoureusement sa propre compétence, Paul tient à faire comprendre que l'assurance qu'il possède est plus qu'une simple confiance en *soi*. Il explique la source de sa certitude : « Cette assurance-là, nous l'avons par Christ auprès de Dieu » (2 Corinthiens 3.4).

Paul est sûr de son appel. C'est *pour cela* qu'il a refusé de céder son leadership aux faux docteurs. Son appel est une intendance que Dieu lui a confiée. Après tout, « ce qu'on demande des dispensateurs, c'est que chacun soit trouvé fidèle » (1 Corinthiens

4.2). Par conséquent, Paul n'a d'autre choix que de défendre son autorité.

Encore une fois, Paul ne se défend pas par intérêt personnel. Il ne cherche pas l'approbation des Corinthiens par motifs égoïstes, et il n'a certainement

---

Principe de leadership n° 17
UN LEADER EST SÛR DE SON APPEL

---

pas besoin de se convaincre personnellement. Mais c'est Dieu qui lui a confié le rôle de leader, et Paul n'a jamais hésité devant cet appel. Voilà un autre important principe de leadership : *Un leader est sûr de son appel.*

Ceux qui ne sont pas certains de leur propre vocation ne peuvent évidemment pas être de bons leaders. Rien n'est plus nuisible à un leadership que le doute. Les personnes qui doutent de leurs aptitudes ou de leur appel ne feront jamais de bons leaders, parce qu'à la base, elles ne sont pas certaines qu'elles font bien ce qu'elles doivent faire. Elles seront naturellement assaillies d'incertitudes, hésitantes, timides et manqueront de courage dans toutes les décisions qu'elles auront à prendre. Comme nous l'avons vu, ce genre d'attitude est contraire aux qualités essentielles du leadership.

Paul n'a jamais douté que Dieu l'ait choisi comme apôtre. D'autres en doutent constamment. Après tout, il n'est pas l'un des Douze. Il est venu à la foi en Christ sur le tard. À vrai dire, il était à un moment donné un persécuteur notoire de l'Église (Actes 9.13). C'est Paul lui-même qui a dit que, s'il n'y avait que sa vie passée à considérer, il n'était « pas digne d'être appelé apôtre » (1 Corinthiens 15.9).

Mais il est clair que Dieu, dans sa grâce, l'a appelé malgré son passé (Actes 9.15 ; 13.2). Les autres apôtres l'ont soutenu sans réserve (Galates 2.7-9). Par conséquent, tandis qu'il se considère comme « le moindre de tous les saints » (Éphésiens 3.8), il sait également qu'il n'a « été inférieur en rien à ces apôtres par excellence » (2 Corinthiens 11.5 ; voir aussi 12.11).

Ce n'est pas de l'arrogance de sa part de penser ainsi ; Dieu l'a bel et bien appelé à cette vocation.

Voilà une grande force que tout leader doit posséder – d'être si sûr de ses aptitudes, et si catégorique au sujet de son appel qu'il n'y a aucune épreuve, si dure soit-elle, qui puisse l'amener à douter de sa vocation. Tout bon leadership dépend de ce genre de résolution, de courage, d'audace et de détermination.

On me demande souvent ce que je ferais si je n'œuvrais pas dans le ministère. Il m'est absolument impossible de répondre à cette question, car je ne peux concevoir un autre travail. Je sais au-delà de tout doute possible que je suis appelé à prêcher la Parole de Dieu.

On m'a dit que je ferais un bon avocat, parce que les débats ne me font pas peur. Bon nombre de personnes m'ont dit que je serais un bon entraîneur sportif, parce que j'aime motiver les gens. D'autres m'ont dit que je pourrais avoir une belle carrière dans la vente, car je sais être persuasif. Honnêtement, je n'ai jamais considéré une seule de ces options pendant une seule fraction de seconde. Il n'y a pas d'autres possibilités pour moi. Dieu m'a appelé à prêcher, et je suis incapable de m'imaginer en train de faire autre chose. Je n'ai pas choisi une carrière parce que je la considérais comme la meilleure option. Je comprends très bien l'idée de Paul qui a dit : « [La] nécessité m'en est imposée, et malheur à moi si je n'annonce pas l'Évangile ! » (1 Corinthiens 9.16). Ou, quand il a cité le psalmiste : « J'ai cru, c'est pourquoi j'ai parlé » (2 Corinthiens 4.13). (Cette citation du Psaume 116.10, à laquelle Paul fait référence, est tirée de la *Septante*.)

De même, toute personne qui occupe un poste de leader dans le monde séculier se doit d'accueillir à bras ouverts son appel et d'avoir un cœur entièrement dévoué à la tâche qui lui a été assignée. Selon les mots d'un homme sage de l'Ancien Testament : « Tout ce que ta main trouve à faire avec ta force, fais-le » (Ecclésiaste 9.10). Un leader ne peut réussir dans son travail s'il pense que sa présente tâche lui sert de marchepied. On ne peut être efficace dans le présent si on se laisse distraire par le futur.

L'entraîneur d'une équipe qui est sur le point de jouer un match décisif contre un adversaire de taille dit à ses joueurs : « Ne regardez pas au-delà du moment présent, sinon nous allons perdre ». Malheureusement, les équipes qui adoptent cette mentalité perdent quand même des matchs.

J'ai toujours cru que, si un dirigeant s'applique de toutes ses forces à la tâche qu'il a à accomplir dans l'exercice de ses fonctions, des occasions plus grandes se présenteront à lui dans le futur. Par contre, vivre dans le rêve de futures occasions nous affaiblit dans le présent.

Paul est l'homme d'une seule passion. Il n'y a pas d'autres options ou méthodes possibles dans sa vie. C'est pour cette raison qu'il n'a jamais douté ni de son appel ni de ses capacités.

Un dirigeant qui passe son temps à douter de lui-même aura toujours des luttes parce que, chaque fois qu'une situation se complique, il remet en question la validité de ce qu'il fait. *Devrais-je être ici ? Devrais-je partir pour ailleurs ? Devrais-je simplement tout abandonner ?* À moins que vous ne soyez absolument

> **Les vrais dirigeants souhaitent désespérément remporter la victoire.**

convaincu d'être appelé et doué pour ce que vous faites, chaque épreuve, chaque obstacle pourrait vous éloigner de votre but.

Je n'ai encore jamais rencontré un leader qui n'était pas compétitif. Les vrais dirigeants souhaitent désespérément remporter la victoire. Ou plutôt, ils s'attendent à gagner – à atteindre l'objectif. Cette passion qu'il a de vouloir remporter le prix est ce que Paul décrit dans Philippiens. Notez par ailleurs, que cela découle de l'*appel* qu'il a reçu : « Je cours vers le but, pour remporter le prix de la vocation céleste de Dieu en Jésus-Christ » (3.14). Paul sait que « les dons et l'appel de Dieu sont irrévocables » (Romains 11.29). Il croit aux dons que le Seigneur lui a donnés. Il croit à la puissance de Dieu dans sa vie. Il sait au-delà de tout doute que Dieu l'a mis à part pour diriger, depuis sa naissance (Galates 1.15). Il peut donc garder les yeux fixés fermement sur le prix.

Paul n'est pas seul. Tous les apôtres travaillent avec cette même confiance qui l'anime. Actes 4 décrit comment Pierre et Jean seront conduits devant le sanhédrin (le conseil suprême du judaïsme à Jérusalem) pour donner un compte rendu de la guérison d'un paralytique qui a eu lieu près de la porte du temple. Après avoir témoigné, nous lisons que, « [lorsqu'ils] virent l'assurance de Pierre et de Jean, ils furent étonnés, sachant que c'étaient des hommes du peuple sans instruction ; et ils les reconnurent pour avoir été avec Jésus » (v. 13). L'extraordinaire confiance des apôtres n'est pas le fruit d'une formation officielle qu'ils ont reçue. Elle provient du fait que Christ les a choisis et formés, pour ensuite les équiper de la puissance du Saint-Esprit. Même devant la mort, leur confiance demeure inébranlable.

Par conséquent, quand le sanhédrin leur dira, sous peine de mort, de cesser de prêcher Jésus, ils répondront simplement : « nous ne pouvons pas ne pas parler de ce que nous avons vu et entendu » (v. 20). Ensuite, ils prieront : « Et maintenant, Seigneur, vois leurs menaces, et donne à tes serviteurs d'annoncer ta parole avec une pleine assurance » (v. 29).

C'est cette force que possèdent les dirigeants dans l'Église du premier siècle. Leur confiance ne repose pas sur leurs habiletés personnelles. Il ne s'agit pas ici d'une confiance en soi. C'est de l'arrogance que d'avoir confiance en soi. Ils sont plutôt fortement et fermement convaincus d'avoir été appelés.

Rappelez-vous les paroles de Paul : « Cette assurance-là, nous l'avons par Christ auprès de Dieu » (2 Corinthiens 3.4).

Les faux docteurs sont arrivés avec une confiance en soi. Ils ont déclaré qu'ils étaient compétents. Ils ne l'étaient pas ; ils étaient des revendeurs de la Parole (2 Corinthiens 2.17) – corrompus, escrocs, hypocrites.

Qui a la capacité d'influencer d'autres hommes et femmes ? Qui est un leader authentique, compétent et acceptable ? Est-ce celui qui possède des diplômes et des lettres de recommandation ? Ou est-ce celui qui a la réputation d'être intègre, qui est une lettre de recommandation vivante dans la vie des personnes qu'il a influencées, qui a tellement confiance en son appel qu'il demeure ferme, malgré une forte opposition ?

La question ne se pose même pas.

SON HUMILITÉ

Paul fait ensuite une déclaration qui pousse le raisonnement un peu plus loin et précise mieux ce qu'il a laissé entendre dans sa défense. Une fois de plus, c'est le thème de sa défense et une bonne manière de la résumer : « Ce n'est pas à dire que nous soyons par nous-mêmes capables de concevoir quelque chose comme venant de nous-mêmes. Notre capacité, au contraire, vient de Dieu » (2 Corinthiens 3.5).

Quoique Paul soit suprêmement convaincu de son appel et suffisamment sûr de ses capacités, il rappelle également d'où viennent ces dons, et il sait qu'ils ne viennent pas de lui. La source de sa compétence est Dieu. Paul n'a jamais songé qu'il était en lui-même capable de remplir la fonction d'apôtre. Au contraire, il sait qu'il est incapable d'y arriver par lui-même. Sur *ce point*, ces critiques ne se sont pas trompés.

« Sans moi, vous ne pouvez rien faire », a dit Jésus (Jean 15.5). L'inverse est également vrai. Paul écrira : « Je puis tout par [*Christ*] qui me fortifie » (Philippiens 4.13). Les deux aspects de cette vérité sont tout aussi importants l'un que l'autre. Paul a écrit : « J'ai travaillé plus qu'eux tous, *non pas moi toutefois*, mais la grâce de Dieu qui est avec moi » (1 Corinthiens 15.10, italiques pour souligner) ; « Par la grâce de Dieu, je suis ce que je suis » (v. 10).

Paul ne présume surtout pas qu'il est intrinsèquement à la hauteur de la tâche pour laquelle Dieu l'a appelé. Et cette réalisation l'a gardé dépendant de la grâce divine dans tous les domaines de son leadership. En cela, il présente donc un autre principe important du leadership : *Un leader connaît ses limites.*

Ceux qui sont élevés par le monde au rang de leader exhalent souvent l'arrogance, l'impudence, l'égocentrisme et la vanité. Ce ne sont pas là des qualités qui décrivent un vrai leader ; ce sont plutôt des traits de caractère nuisibles

---

Principe de leadership n° 18
UN LEADER CONNAÎT SES LIMITES

---

au leadership. Le dirigeant qui ne tient pas compte de ses propres faiblesses est sûr d'échouer.

Paul, au contraire, se fortifie en se rappelant ses propres faiblesses, car elles le poussent à dépendre davantage de la puissance de Dieu. Il écrit : « C'est pourquoi je me plais dans les faiblesses, dans les outrages, dans les calamités, dans les persécutions, dans les détresses, pour Christ ; car, quand je suis faible, c'est alors que je suis fort » (2 Corinthiens 12.10). Quand il arrive au bout de ses ressources humaines, c'est alors que la puissance de Dieu coule en lui. Dieu, et Dieu seul, est sa seule vraie source de compétence.

Il ne suffit pas pour être un leader compétent d'être un communicateur doué, ou d'avoir un esprit créatif, le don de persuasion, ou d'autres talents naturels.

En réalité, si en tant que leader vous ne comptez que sur vos propres habiletés, vos limites mèneront à votre perte. Selon la perspective spirituelle, l'ingéniosité et l'intelligence humaines ont tendance à corrompre plus qu'elles ne sont utiles.

L'apôtre Paul est un homme très intelligent, mais il ne s'appuie pas sur cela. Il a reçu une excellente formation et il en fait bon usage (ou plutôt, Dieu s'en sert d'une manière puissante). Cependant, il n'a pas du tout confiance dans le pouvoir de la sagesse humaine lorsqu'elle est utilisée à ses propres fins. Il a rappelé aux Corinthiens que la Parole de Dieu dit : « Je détruirai la sagesse des sages, et je

rendrai nulle l'intelligence des intelligents » (1 Corinthiens 1.19).
Pour cette même raison, Paul a prêché clairement et simplement
à Corinthe :

> Pour moi, frères, lorsque je suis allé chez vous, ce n'est
> pas avec une supériorité de langage ou de sagesse que je
> suis allé vous annoncer le témoignage de Dieu. Car je n'ai
> pas eu la pensée de savoir parmi vous autre chose que
> Jésus-Christ, et Jésus-Christ crucifié. Moi-même j'étais
> auprès de vous dans un état de faiblesse, de crainte, et
> de grand tremblement ; et ma parole et ma prédication
> ne reposaient pas sur les discours persuasifs de la sagesse,
> mais sur une démonstration d'Esprit et de puissance, afin
> que votre foi soit fondée, non sur la sagesse des hommes,
> mais sur la puissance de Dieu. (1 Corinthiens 2.1-5.)

Paul a de grandes aptitudes intellectuelles et oratoires, et ne
s'en laisse pas remontrer par les grands philosophes. Nous en
voyons la preuve dans Actes 17, lorsqu'il se retrouve avec les
philosophes à Athènes. Mais ce n'est pas là la raison d'être de son
ministère – ni à Athènes ni à Corinthe. Le cœur de son message
est toujours Christ, annoncé clairement et sans équivoque, et il
croit que l'Évangile – et non sa propre sagesse – est puissant pour
pénétrer les cœurs et influencer les gens. C'est une chose que
beaucoup de dirigeants d'Églises de notre époque feraient bien de
se rappeler. La vérité n'est pas une chose qui habite naturellement
en Paul. Le don de prêcher ne réside pas dans ses habiletés. S'il
n'avait pas la Parole de Dieu, il n'aurait rien à dire. S'il n'avait pas
l'Esprit de Dieu, il serait incapable de faire quelque chose de bien.
Il sait cela. Il ne se dit pas apôtre parce qu'il est un savant orateur,
un brillant penseur, ou un puissant écrivain. Il est un apôtre parce
que Dieu l'a appelé et équipé pour cela. Enlevez-lui cela, et il est
inapte pour accomplir la tâche, peu importe les talents naturels
qu'il a et la formation qu'il a reçue.

C'est pour cela que Paul refuse de se défendre en se vantant de sa compétence en tant que théologien et de son don d'orateur. Dans toute sa défense, il ne fait aucune mention de ses talents ou de sa formation. Tout ce qui lui suffit lui vient de Dieu. Paul peut donc se défendre avec la plus grande humilité.

Voici un principe important à retenir : Un leader compétent ne ressent pas le besoin d'impressionner les gens avec ses diplômes.

> **Un leader compétent ne ressent pas le besoin d'impressionner les gens avec ses diplômes.**

Un leader qui est vraiment compétent l'est à cause de son caractère. Il est facile à reconnaître, non par ses lettres de recommandation, mais par l'influence qu'il a sur les autres. C'est une personne qui est sûre de son appel, qui sait aussi qu'elle dépend entièrement de la puissance de Dieu.

Chapitre huit

UN VASE D'ARGILE COMME LEADER

Les faux docteurs à Corinthe sont peut-être des connaissances de l'apôtre Paul. Ils ont du moins observé son ministère de près. D'une manière ou d'une autre, ils ont eu l'occasion de se familiariser avec sa personnalité, ses habitudes, son apparence physique et sa façon de prêcher.

Comment savons-nous cela ? Ils s'en sont pris personnellement à Paul de la manière la plus sauvage imaginable. Ils ont dressé la liste de tous ses défauts personnels. Ils ont dénigré Paul à cause de ses imperfections physiques, de ses faiblesses humaines, de son apparence et de sa façon de parler. Paul cite lui-même des propos diffamatoires tenus contre lui par ces faux docteurs : « Car, dit-on, ses lettres sont sévères et fortes ; mais, présent en personne, il est faible, et sa parole est méprisable » (2 Corinthiens 10.10).

Physiquement, semble-t-il, que l'apôtre Paul n'a rien d'un homme imposant. Il n'est en rien impressionnant, il est probablement même peu attrayant. Paul lui-même sait que son apparence est tout, sauf remarquable. À vrai dire, Paul fait un tel cas de son physique ingrat que certains suggèrent qu'il était probablement bossu et qu'il avait de vilains yeux à un point tel qu'il était pénible de le regarder.

Peut-être que cette description fait dire au texte de l'apôtre ce qu'il ne dit pas. Mais dans sa lettre aux Galates, il a tout de même fait allusion à une souffrance physique qui avait, selon toute vraisemblance, rapport à ses yeux (4.14,15). Il a remercié les Galates de ne pas l'avoir détesté ou fui à cause de sa maladie : « Et mis à l'épreuve par ma chair, vous n'avez témoigné ni mépris ni dégoût ; vous m'avez, au contraire, reçu comme un ange de Dieu, comme Jésus-Christ. [...] Car je vous atteste que, si cela avait été possible, vous vous seriez arraché les yeux pour me les donner. » Ce n'est pas clair si Paul décrivait là une maladie passagère ou une difformité permanente. Toutefois, Paul a indiqué que sa souffrance était la raison providentielle qui l'avait amené à prêcher l'Évangile une première fois en Galatie (v. 13). Je suis donc enclin à penser qu'il était atteint d'une maladie temporaire qu'il était venu faire soigner dans ce lieu.

Par contre, ce qui est clair comme de l'eau de roche dans tous les écrits de Paul, c'est qu'il a souvent enduré des épreuves et des afflictions qui étaient reliées à son handicap physique. Il était loin d'avoir un corps splendide ou d'être un modèle d'endurance physique.

Les faux apôtres à Corinthe avaient ajouté les défauts physiques de Paul à la longue liste de choses qui, selon eux, rendaient Paul inapte à diriger. Ils ont dit que Paul n'est pas populaire, parce qu'il manque de charisme personnel. Il est trop peu attirant. De petite stature, il n'a pas une grande force physique ni une personnalité charismatique, des attributs qui sont jugés nécessaires pour diriger les gens. C'est pour cette raison, selon eux, qu'il a écrit une lettre aux Corinthiens au lieu de venir les voir personnellement.

Ils ont aussi contesté ses qualités de prédicateur. Ils ont dit que « sa parole est méprisable » (2 Corinthiens 10.10). Il s'agissait peut-être là d'une remarque visant le ton de sa voix, ses habiletés rhétoriques ou oratoires, sa façon de livrer son message, le niveau intellectuel du contenu de son message, ou encore toutes ces caractéristiques réunies. Bien sûr, Paul a déjà reconnu que le style de prédication qu'il a apporté aux Corinthiens était délibérément exempt de tout raffinement artificiel et de toute sophistication philosophique (1 Corinthiens 2.1,2). Cependant, les faux apôtres ont dépeint cela comme quelque chose de négatif, et ont donc résolu d'amoindrir la valeur que les Corinthiens accordaient à leur père spirituel. Ils ont dit que l'apparence et le style de Paul étaient tellement médiocres et flétris qu'il était devenu un obstacle au message de l'Évangile.

Il est sans doute vrai que Paul n'a jamais essayé d'impressionner quiconque avec son intelligence et son apparence. Quels que soient les mensonges que les faux apôtres ont pu répandre sur son compte, ils ont certainement raison sur ce point : rien dans son style ou son apparence ajoute du poids à son message. Ils ont donc tenté de se servir de ce fait pour se moquer de lui et le traiter avec mépris.

Ils ont lancé une attaque odieuse, impertinente, blessante et excessivement personnelle contre un homme noble. S'ils s'en étaient pris à lui dans le privé, il aurait sans aucun doute préféré ignorer l'affaire en acceptant de souffrir pour Christ (voir 1 Pierre 2.20-23). Mais une fois de plus, par souci pour les Corinthiens, il n'a d'autre choix que de répondre. Il doit rétablir la vérité, et, pour ce faire, il doit absolument défendre son apostolat en démasquant les faux apôtres et en s'opposant à leur tromperie sans quoi les Corinthiens se feront dévorer par leurs faux enseignements.

Comment Paul se défendra-t-il contre *cette* attaque sans avoir l'air de se glorifier lui-même ou d'être narcissique ? Manifestement, il ne peut pas dire qu'ils ont tort, et qu'il est en réalité très attirant. Il ne peut pas leur écrire : « Je viens de rencontrer trois personnes qui trouvent que je suis charmant. » Il connaît très bien ses handicaps physiques. En fait, personne n'est plus au courant de ses faiblesses que lui. Mais très franchement, il se fait critiquer par des personnes qui sont plus faibles et de plus grands pécheurs que lui. Comment peut-il se défendre contre des diffamations aussi personnelles sans paraître fier ?

Il répond à cette attaque exactement de la même façon dont il a répondu aux autres critiques des faux apôtres : en reconnaissant honnêtement et humblement son incompétence inhérente. L'essentiel de sa réponse se résume ainsi : « Je me glorifierai donc bien plus volontiers de mes faiblesses » (2 Corinthiens 12.9).

Franchement, Paul n'a cessé de s'étonner, depuis le début, du fait que Dieu ait pu l'appeler à être un leader. Il dira à Timothée : « Je rends grâces à celui qui m'a fortifié, à Jésus-Christ notre Seigneur, de ce qu'il m'a jugé fidèle, en m'établissant dans le ministère, moi qui étais auparavant un blasphémateur, un persécuteur, un homme violent » (1 Timothée 1.12,13). Pour tout dire, il doit concéder que ses adversaires ont raison sur ce point. Tout ce qu'ils ont à dire au sujet de ses faiblesses humaines est véridique. Il n'a rien d'exceptionnel.

Il rappelle donc aux Corinthiens : « Nous ne nous prêchons pas nous-mêmes ; c'est Jésus-Christ le Seigneur que nous prêchons, et nous nous disons vos serviteurs à cause de Jésus » (2 Corinthiens 4.5).

En d'autres mots, ce n'est pas *Paul* qui est en cause, ici. Il n'est qu'un serviteur et un messager dont la fonction consiste à proclamer la grandeur, la majesté et les merveilles du message de la nouvelle alliance – « la connaissance de la gloire de Dieu sur la face de Christ » (v. 6).

Paul admet volontiers que, dans son cas, le message est emballé dans un contenant humble, frêle, imparfait et ordinaire. Souvenons-nous de cette image qu'il a donnée de lui-même, selon laquelle il n'est qu'un encensoir – un récipient pour l'encens de l'Évangile. Il n'est qu'un instrument dont Dieu se sert pour répandre « en tout lieu l'odeur de sa connaissance » (2 Corinthiens 2.14).

Et quel humble récipient il est ! Non pas un encensoir de fantaisie, fait de précieux métaux incrustés de joyaux de grande valeur, mais un vase d'argile ordinaire et usuel.

C'est précisément cela qu'il écrit plus loin : « Nous portons ce trésor dans des vases de terre, afin que cette grande puissance soit attribuée à Dieu, et non pas à nous » (4.7). Un vase de terre ; un récipient en argile.

L'illustration est tirée d'un passage connu de l'Ancien Testament, où Dieu est décrit comme un potier souverain, qui façonne et refaçonne ses créatures afin d'en faire ce qu'il veut. Jérémie a écrit :

> Je descendis dans la maison du potier, et voici, il travaillait sur un tour. Le vase qu'il faisait ne réussit pas, comme il arrive à l'argile dans la main du potier ; il en refit un autre vase, tel qu'il trouva bon de le faire. Et la parole de l'Éternel me fut adressée, en ces mots : « Ne puis-je pas agir envers vous comme ce potier, maison d'Israël ? », dit l'Éternel. « Voici, comme l'argile est dans la main du potier, ainsi vous êtes dans ma main, maison d'Israël ! » (Jérémie 18.3-6.)

Paul reprendra ce même type d'image dans Romains : « Le potier n'est-il pas maître de l'argile, pour faire avec la même masse un vase d'honneur et un vase d'un usage vil ? » (9.21.) L'argile représente l'humanité déchue – vile, souillée, désordonnée et sans véritable vertu ou excellence inhérente. En tant que Potier divin, Dieu fait « avec la même masse » des vases d'usages différents, selon ce qui lui convient. Leur utilité dépend de l'œuvre du potier, et cela n'a strictement rien à voir avec la qualité de l'argile.

Même lorsqu'ils sont finis, les pots d'argile ne possèdent aucun pouvoir en eux-mêmes. Ils ne sont que des instruments dans la main du potier, fabriqués par lui selon son bon plaisir. Ésaïe a écrit : « Malheur à qui conteste avec son créateur ! – Vase parmi des vases de terre ! – L'argile dit-elle à celui qui la façonne : Que fais-tu ? » (Ésaïe 45.9.)

Paul ne nie donc pas son statut d'humble vase d'argile ; il le reconnaît. Ce n'est toutefois pas une raison pour le rejeter. Concrètement, son état d'humble vase de terre fait partie de son identité en tant qu'apôtre. Par conséquent, il retourne encore la situation contre ses accusateurs.

Tous les leaders sont au mieux des vases d'argile. Certains sont plus beaux que d'autres. Mais aucun dirigeant ne peut se vanter d'être parvenu à sa situation uniquement en raison de ses talents supérieurs, ses attributs physiques, ses compétences en communication ou je ne sais trop quoi encore. Si Dieu n'avait que faire de vases d'argile simples et ordinaires, il n'y aurait aucun leader spirituel, car il n'y a personne qui ne soit chargé de taches et de faiblesses humaines.

Les plus grands leaders de l'Écriture étaient fondamentalement imparfaits. Abraham a succombé à ses craintes et a menti honteusement (Genèse 12.13 ; 20.2). Moïse a reconnu ouvertement qu'il avait « la bouche et la langue embarrassées » (Exode 4.10). Il était de même porté aux accès de colère (Exode 2.11,12 ; Nombres 20.11,12). David a commis l'adultère et ordonné le meurtre d'un homme (2 Samuel 11). Élie a sombré dans la dépression après avoir succombé à la peur (1 Rois 19.3-10). Ésaïe a confessé qu'il avait des lèvres impures (Ésaïe 6.5). Jonas a tenté d'échapper à sa mission prophétique parce qu'il détestait les gens vers qui Dieu l'avait appelé à aller (Jonas 4.1-3). Les douze hommes choisis par le Seigneur Jésus-Christ étaient pour la plupart de simples pêcheurs. La nuit où Jésus-Christ a été trahi, « tous les disciples l'abandonnèrent, et prirent la fuite » (Matthieu 26.56). Pierre, qui était leur chef et leur porte-parole, s'est mis dans l'embarras à plusieurs reprises en s'exprimant et en agissant avec emportement. Puis, en cette terrible nuit, il a juré ne pas connaître le Christ (Matthieu 26.69-74). Pierre a lui-même reconnu qu'il était « un homme pécheur » (Luc 5.8). L'apôtre Jean et son frère Jacques, dans le même esprit que Jonas, ont voulu faire descendre le feu du ciel afin qu'il consume les personnes que Christ était venu sauver (Luc 9.54-56). Jacques et Jean (dans un élan d'orgueil) ont conspiré avec leur mère pour qu'elle demande à Jésus que ses fils puissent être assis, dans le royaume, sur des trônes à la droite et à la gauche de Christ (Matthieu 20.20-24). Tous ces hommes étaient des vases d'argile fragiles et imparfaits.

Comme tout vase de terre, Paul a lui aussi des imperfections. Il illustrera de manière graphique sa propre lutte contre le péché – principalement le péché de la convoitise (Romains 7.8-23). Il va même jusqu'à dire qu'il est un homme « misérable » (v. 24).

Mais les faiblesses dont on l'accuse à Corinthe n'ont rien à voir avec le péché. Ce sont des limites humaines tout à fait normales – des faiblesses physiques, des soi-disant lacunes dans son style de direction et dans sa manière de communiquer, sa performance décevante, et ainsi de suite. Paul ne se sent pas obligé de nier de telles accusations. Au lieu de cela, il accepte ses faiblesses et montre comment ces faiblesses sont des preuves supplémentaires de la légitimité de sa fonction de leader.

Remarquez qu'il ne ressent aucunement le besoin de défendre son apostolat en mentionnant ses exploits passés, en défendant ses habiletés naturelles, ou en se valorisant d'une quelconque autre façon aux yeux des Corinthiens. Il explique plutôt que ces mêmes qualités qui font de lui un humble vase d'argile l'ont formé pour diriger.

LES VASES D'ARGILE SONT DES OBJETS HUMBLES

Considérons maintenant ce paradoxe intentionnel : « trésor dans des vases de terre » (2 Corinthiens 4.7). Normalement, les trésors sont gardés dans des contenants plus sophistiqués que des vases de terre, bien sûr. Les joyaux sont incrustés dans de l'or. L'or est souvent exposé dans des coffrets d'ivoire ou d'albâtre ornés avec art. Peu de gens seraient portés à croire qu'un simple pot d'argile conviendrait pour contenir quelque chose de si grande valeur. C'est un récipient trop modeste, trop ordinaire, trop humble.

Mais Paul écrit que « nous portons ce trésor dans des vases de terre ». Le « trésor » dont il parle est la promesse de la nouvelle alliance (2 Corinthiens 3.7-18), le message de l'Évangile (4.3), « la lumière [de] la connaissance de la gloire de Dieu sur la face de Christ » (4.6).

Pourquoi un trésor si précieux est-il contenu dans des vases de terre ? « Afin que cette grande puissance soit attribuée à Dieu, et non pas à nous » (4.7). Plus le vase est fragile, plus il est évident que sa puissance lui vient de Dieu. Paul ne tient pas

Plus le vase est fragile, plus il est évident que sa puissance lui vient de Dieu.

à se lancer dans un débat avec les faux prophètes pour savoir qui est le plus beau et qui est l'orateur le plus doué. Il dit : « Nous n'osons pas nous égaler ou nous comparer à quelques-uns de ceux qui se recommandent eux-mêmes. Mais, en se mesurant à leur propre mesure et en se comparant à eux-mêmes, ils manquent d'intelligence » (10.12). Il n'a pas du tout envie de se comparer à des hommes qui se mesurent eux-mêmes selon des normes aussi superficielles. Il répète ce qu'a dit Jérémie (Jérémie 23.9) : « Que celui qui se glorifie se glorifie dans le Seigneur » (10.17,18).

Le Seigneur a en effet recommandé Paul, en dépit de son apparence et de son élocution. Paul est content d'être un vase d'argile au service du Seigneur. Il ne cherche pas à plaire aux hommes, mais il veut entendre le Juge céleste lui dire : « C'est bien, bon et fidèle serviteur ».

Considérons à nouveau la nature du vase d'argile. Ce n'est après tout que de la glaise qu'on a cuite au four. De la terre cuite. Dieu sait que c'est ce que nous sommes tous – même si nous avons tendance à l'oublier. « [Il] sait de quoi nous sommes formés, il se souvient que nous sommes poussière » (Psaume 103.14). À Adam, il a dit : « Tu es poussière, et tu retourneras dans la poussière » (Genèse 3.19).

Paul dit clairement : « Voilà ce que je suis : de la boue cuite au four. »

Les pots en argile sont très communs au temps de Paul. Ils servent à de multiples usages. Tous les ustensiles de maison sont faits de terre cuite, de la vaisselle et la cuvette aux récipients à ordures. La terre cuite est un matériau peu coûteux, cassable, remplaçable et peu attrayant.

Paul écrira à Timothée : « Dans une grande maison, il n'y a pas seulement des vases d'or et d'argent, mais il y en a aussi de bois et de terre ; les uns sont des vases d'honneur, et les autres sont d'un usage vil » (2 Timothée 2.20). Parmi les vases d'honneur, il y a la vaisselle, les vases décoratifs, les gobelets, les pots à eau, les pichets et les autres ustensiles réservés aux repas et aux occasions spéciales. Les vases d'usage vil sont les pots de chambre, les récipients à ordures et les autres objets de ce genre. La plupart des vases à usage vil sont faits de terre. Aucun de ceux-là n'a de valeur intrinsèque.

Parfois, un vase d'argile peut servir de coffre-fort bon marché, surtout quand on veut cacher un trésor. Les bijoux, l'or, l'argent, les titres de propriété, les documents importants et les autres objets de valeur qu'on veut mettre en sûreté sont enterrés dans des jarres d'argile scellées. L'homme qui labourait la terre, dans la fameuse parabole de Matthieu 13.44, avait selon toute vraisemblance déterré un trésor caché. Il a probablement brisé un pot de terre cuite et découvert un trésor en creusant. En fait, c'est précisément de cette manière qu'on a découvert les Manuscrits de la mer Morte dans les grottes de Qumrân. Un jeune berger qui travaillait dans ces collines a lancé une pierre dans une grotte et a entendu le bruit d'une cruche brisée. À l'intérieur de la cruche se trouvaient de précieux manuscrits.

Mais Paul décrit un trésor qui est censé être visible et non dissimulé. Il met l'accent sur l'insignifiance du récipient par rapport à la valeur inestimable de son contenu. Il accepte que ses détracteurs dénigrent son apparence, dénigrent sa façon de parler ou montrent du doigt ses autres faiblesses. Il n'a aucunement l'intention d'essayer de se défendre sur ces points. Qu'est-ce qu'ils attendent d'une poubelle ? Paul dit qu'il est le premier des pécheurs (1 Timothée 1.15). Quant à lui, toutes ces choses, il les voit comme du fumier, des excréments, de la boue

(Philippiens 3.8). Si ce n'était du précieux trésor que Dieu lui a confié, il n'aurait aucune valeur.

Quel exemple d'humilité ! Et c'est une des clés de l'efficacité du leadership de Paul. Depuis le jour de sa conversion sur la route de Damas, il ne s'est jamais considéré comme une personne extraordinaire. Au contraire. Nous avons vu au chapitre précédent qu'il se considère comme « le moindre des apôtres » (1 Corinthiens 15.9) ; « le moindre de tous les saints » (Éphésiens 3.8) ; « auparavant un blasphémateur, un persécuteur, un homme violent » (1 Timothée 1.13) ; un être « misérable » (Romains 7.24).

Mais Dieu se plaît à choisir des gens humbles, simples, ignorants, ordinaires, méprisés, indignes, que la société qualifie de bons à rien. Les Corinthiens savent cela. Certains d'entre eux étaient autrefois des fornicateurs, des idolâtres, des voleurs, des ivrognes et pires encore (1 Corinthiens 6.9-11). Paul pourrait facilement les montrer du doigt pour prouver que Dieu appelle des gens méprisables et d'origine modeste. En réalité, il l'a déjà fait :

> Considérez, frères, que parmi vous qui avez été appelés il n'y a ni beaucoup de sages selon la chair, ni beaucoup de puissants, ni beaucoup de nobles. Mais Dieu a choisi les choses folles du monde pour confondre les sages ; Dieu a choisi les choses faibles du monde pour confondre les fortes ; et Dieu a choisi les choses viles du monde et celles qu'on méprise, celles qui ne sont point, pour réduire à néant celles qui sont, afin que personne ne se glorifie devant Dieu. (1 Corinthiens 1.26-29.)

En utilisant des vases de terre bien ordinaires, la gloire de Dieu est clairement mise en évidence. Mieux que quiconque, les Corinthiens savent que cela est vrai.

Il m'arrive d'entendre des chrétiens dire : « Ne serait-ce pas merveilleux que cette célébrité ou cette beauté exceptionnelle là-bas, ou même un génie intellectuel du monde devienne un chrétien ? Ne feraient-ils pas de superbes porte-parole pour Christ ? Quelle influence ils pourraient avoir ! » Parfois Dieu utilise de telles personnes, mais comme Paul le dit, il n'y en a pas beaucoup. Dieu ignore généralement ce genre de stratégie et emploie des vases d'argile – afin qu'il soit évident pour tous que la puissance est celle de Dieu et non pas la nôtre. Même les personnes les plus célèbres et les plus talentueuses de ce monde doivent devenir des vases de terre avant que Dieu puisse les utiliser au maximum de leurs possibilités.

Du temps de Christ, le monde était rempli d'intellectuels et de personnes influentes. Il y avait des philosophes célèbres à Athènes, des savants d'une rare intelligence à Alexandrie, les plus puissants dirigeants politiques que le monde n'ait jamais connus à Rome, et les rabbins les plus pointilleux de tous les temps à Jérusalem. Christ n'a fait aucun cas d'eux et a choisi comme disciples de simples pêcheurs inconnus et sans instruction de la Galilée.

Paul dit donc : « Savez-vous quoi ? Vous avez raison. *En moi-même*, je ne suis bon qu'à sortir les ordures. » Dans sa lettre aux Romains, il dira : « Ce qui est bon, je le sais, n'habite pas en moi, c'est-à-dire dans ma chair » (Romains 7.18). Mais *par la grâce de Dieu*, il est un vase d'argile peu attrayant qui contient un immense trésor.

La puissance de Dieu est manifeste dans la vie de Paul parce qu'il n'y fait pas obstacle. C'est pour cela qu'il dit : « Je me glorifierai donc bien plus volontiers de mes faiblesses, afin que la puissance de Christ repose sur moi. C'est pourquoi je me plais dans les faiblesses, dans les outrages, dans les calamités, dans les persécutions, dans les détresses, pour Christ ; car, quand je suis faible, c'est alors que je suis fort » (2 Corinthiens 12.9,10).

Dieu contourne encore l'élite. Il laisse les intellectuels orgueilleux dans les universités et les séminaires, et il cherche des jarres de terre qui porteront humblement le trésor de sa vérité salvatrice. En se servant de personnes faibles et simples, Dieu montre clairement que la puissance est la sienne et non la nôtre.

Le fait que Dieu puisse prendre des vases d'argile et en faire des leaders spirituels prouve à quel point il est puissant. La puissance spirituelle n'est pas le produit du génie humain ni des techniques humaines. La puissance vient de Dieu.

Et le plus merveilleux, c'est que nos faiblesses ne nuisent pas à la cause de la vérité. À vrai dire, elles lui sont avantageuses, car elles s'écartent afin de permettre à Dieu de faire son œuvre. La merveilleuse et encourageante réalité de notre appel en tant que chefs spirituels est ceci : Ce n'est pas un désavantage de connaître nos faiblesses ; c'est essentiel pour accomplir notre travail de leader. Nous pouvons donc, comme Paul, nous réjouir de nos faiblesses.

Il est important de souligner que nous ne parlons pas ici de péché ; nous parlons des limitations normales d'un être humain. Puisque la chair est faible, nous péchons *en effet* (1 Jean 1.8) – mais nous ne devons jamais tolérer le péché ni nous en glorifier. Le péché – surtout le péché volontaire ou celui d'un pécheur impénitent – est sérieusement nocif au leadership. Nous verrons au chapitre 10 que le péché peut même disqualifier à tout jamais un leader spirituel.

L'humilité qui résulte de la connaissance de nos faiblesses devrait nous motiver à haïr le péché et à être constamment repentants. Nous pouvons voir, dans Romains 7, que c'est cet esprit qui est en Paul. Un vrai leader spirituel développe une sainte haine du péché et un cœur humble et repentant à l'égard du péché dans sa propre vie. C'est là, une caractéristique essentielle de la vie d'un humble vase d'argile.

LES VASES D'ARGILE SONT SOLIDES

Bien que les vases d'argile soient des objets bon marché, ordinaires et jetables, ils sont également étonnamment durables. Ils supportent très bien d'être soumis à des conditions difficiles et de se faire malmener. Même ébréchés, ils peuvent encore servir. On peut les récurer tant qu'on le veut et ils ne s'usent pas. Être soumis à la chaleur d'un four pendant une longue période ne leur fait aucun mal. Évidemment, il est *possible* qu'ils se fassent casser, mais à l'exception de cela, peu de choses peuvent détruire un vase d'argile.

Ces mêmes qualités caractérisent le leadership de Paul. Voici comment il décrit sa vie chargée d'épreuves : « Nous sommes pressés de toute manière, mais non réduits à l'extrémité ; dans la détresse, mais non dans le désespoir ; persécutés, mais non abandonnés ; abattus, mais non perdus » (2 Corinthiens 4.8,9).

Oui, Paul est un pot de terre – à certains égards fragile, cassant, remplaçable, sans valeur. Mais il ne faut surtout pas le sous-estimer. Il est un vase d'argile *solide*, pas un objet de fine porcelaine. Cette qualité est essentielle pour toute personne qui a un rôle de leadership : *Un leader est solide.*

Cette caractéristique est le partenaire de rêve de l'humilité. Le leader se doit à la fois de connaître ses faiblesses et d'être fort et courageux.

Les épreuves ne cessent d'assaillir les leaders de toutes parts. Après tout, un leader dirige des gens, et les gens occasionnent des problèmes. Certaines personnes *sont* elles-mêmes des problèmes. Le leader, tout en étant conscient de sa propre fragilité, doit néanmoins trouver la force d'endurer toutes les épreuves – y compris les pressions, la détresse, la persécution et la souffrance. Remarquez que Paul parle de ces épreuves en série de quatre contrastes imagés (pressés, mais non réduits à l'extrémité ; dans la détresse, mais non désespérés ; persécutés, mais non abandonnés ; abattus, mais non perdus).

À ceux qui ont dit que les faiblesses de Paul ont entravé son ministère, il répond qu'il a été suffisamment fort pour endurer toutes les difficultés auxquelles il a eu à faire face. Ce qui n'a pas réussi à le faire mourir ne peut que le rendre plus fort. Paul (comme un vase de terre) est humble, mais solide. Il est au courant de ses faiblesses, mais quand il est faible, il est fort en même temps (voir 2 Corinthiens 12.10).

À aucun autre moment, une personne ne ressemble plus à Christ que lorsqu'elle est forte dans ses faiblesses. « Car il a été crucifié à cause de sa faiblesse, mais il vit par la puissance de Dieu ; nous aussi, nous sommes faibles en lui, mais nous vivrons avec lui par la puissance de Dieu pour agir envers vous » (2 Corinthiens 13.4). Une fois de plus, nous voyons que notre force réside dans la puissance de *Dieu*. Le leader qui est appelé et équipé par Dieu et qui compte sur sa puissance possède des ressources illimitées. *Solide* ? Un tel dirigeant est pratiquement *invincible*.

Paul n'est pas le genre de poterie à rester perché sur une étagère ; il est un pot qui a eu la vie dure. Toute sa vie, il s'est fait étriller par des personnes qui prenaient plaisir à le réduire en miettes. Les circonstances de sa vie tourmentée et de son ministère passager lui ont apporté des épreuves bien plus difficiles à surmonter que le stress engendré par les relations humaines.

Il écrit : « *[Les]* souffrances de Christ abondent en nous » (2 Corinthiens 1.5).

Principe de leadership n° 19

UN LEADER EST SOLIDE

« *[Nous]* avons été excessivement accablés, au-delà de nos forces, de telle sorte que nous désespérions même de conserver la vie. Et nous regardions comme certain notre arrêt de mort » (v. 8,9). « Mais nous nous rendons recommandables à tous égards, comme serviteurs de Dieu, par beaucoup de patience dans les tribulations, dans les calamités, dans les détresses, sous les coups, dans les prisons, dans les séditions, dans les travaux, dans les veilles, dans les jeûnes » (6.4,5).

Il est habitué à ce genre de traitement. Dans l'épître précédente qu'il a envoyée à l'Église de Corinthe, il a écrit : « Jusqu'à cette heure, nous souffrons la faim, la soif, la nudité ; nous sommes maltraités, errants çà et là ; nous nous fatiguons à travailler de nos propres mains ; injuriés, nous bénissons ; persécutés, nous supportons ; calomniés, nous parlons avec bonté ; nous sommes devenus comme les balayures du monde, le rebut de tous, jusqu'à maintenant » (1 Corinthiens 4.11-13).

Voilà qui caractérise la vie de Paul. Il semble qu'il est sans cesse éprouvé à l'extrême :

> [Cinq] fois j'ai reçu des Juifs quarante coups moins un, trois fois j'ai été battu de verges, une fois j'ai été lapidé, trois fois j'ai fait naufrage, j'ai passé un jour et une nuit dans l'abîme. Fréquemment en voyage, j'ai été en péril sur les fleuves, en péril de la part des brigands, en péril de la part de ceux de ma nation, en péril de la part des païens, en péril dans les villes, en péril dans les déserts, en péril sur la mer, en péril parmi les faux frères. J'ai été dans le travail et dans la peine, exposé à de nombreuses veilles, à la faim et à la soif, à des jeûnes multipliés, au froid et à la nudité. (2 Corinthiens 11.24-27.)

Et il ajoute : « [Sans] parler d'autres choses, je suis assiégé chaque jour par les soucis que me donnent toutes les Églises » (v. 28).

Paul n'a jamais vraiment connu autre chose qu'une vie de tribulations. Mais quoiqu'il soit constamment sous attaque, persécuté et battu, sous pression, jeté au milieu des flammes et victime de toutes sortes de mauvais traitements, rien de tout cela n'arrivera à le détruire. Il possède une sorte de force invincible, parce que la puissance de Dieu est à l'œuvre en lui. Ses critiques sont donc forcés d'admettre que sa vie a un impact indéniable.

Quelle puissante réfutation ! Comment peuvent-ils expliquer l'influence que Paul a par sa vie et par son ministère ? Comment peuvent-ils expliquer son zèle, sa persévérance, son endurance et sa fidélité inébranlable ? Si Paul est lui-même faible et ordinaire (ainsi que les faux apôtres tiennent tellement à faire remarquer) – s'il n'est qu'un simple vase de terre – dans ce cas, la seule chose qui peut expliquer une vie aussi remarquable, c'est la puissance de

Dieu. C'est là une preuve irréfutable que Paul est un authentique serviteur de Dieu et que ses accusateurs sont de faux apôtres.

LES VASES D'ARGILE SONT REMPLAÇABLES

Étant donné qu'ils coûtent très peu à produire et qu'ils n'ont aucune valeur intrinsèque, les vases d'argile sont tout à fait remplaçables. Comme il est un leader en argile, Paul n'a jamais eu peur de se donner. Il n'a pas peur de la mort, des calomnies, de la persécution ou de la souffrance. Il écrit : « [*Nous portons*] toujours avec nous dans notre corps la mort de Jésus, afin que la vie de Jésus soit aussi manifestée dans notre corps. Car nous qui vivons, nous sommes sans cesse livrés à la mort à cause de Jésus, afin que la vie de Jésus soit aussi manifestée dans notre chair mortelle. Ainsi la mort agit en nous, et la vie agit en vous » (2 Corinthiens 4.10-12).

Les versets 8 et 9 précédents sont une courte liste des souffrances que Paul a endurées. Les versets 10 à 12 expliquent les raisons de ces souffrances. La chair mortelle de Paul – ce vase de terre sans importance – est une sorte de soupière de laquelle les souffrances de Christ s'écoulent continuellement. Paul élève donc ses souffrances à un rang supérieur, noble et spirituel. Ce n'est pas vraiment Paul que les ennemis de la vérité veulent faire mourir : c'est le Seigneur Jésus-Christ. Une haine aussi forte que celle qui a cloué Jésus à la croix est encore à l'œuvre dans le monde, mais à présent, elle pourchasse ses fidèles serviteurs. Paul est soumis à cette violence quotidiennement – « sans cesse livrés à la mort *à cause de Jésus* » (v. 11, italiques pour souligner.)

Remarquez les mots *sans cesse*. Il n'a pas de répit dans les difficultés. C'est comme s'il mourait chaque jour de sa vie. Il a dit dans sa première épître : « Chaque jour je suis exposé à la mort » (1 Corinthiens 15.31). Il a puisé la même vérité dans Psaume 44.23 : « C'est à cause de toi qu'on nous met à mort tout le jour, qu'on nous regarde comme des brebis destinées à la boucherie »

(Romains 8.36). Aux Galates, il a dit : « *[Je]* porte sur mon corps les marques de Jésus » (Galates 6.17).

Un leader qui est fidèle à Christ ne peut éviter de telles souffrances. Jésus a donné un long discours sur ce thème : « Voici, je vous envoie comme des brebis au milieu des loups » (Matthieu 10.16). Il leur a rappelé : « Le disciple n'est pas plus que le maître, ni le serviteur plus que son seigneur. Il suffit au disciple d'être traité comme son maître, et au serviteur comme son seigneur. S'ils ont appelé le maître de la maison Béelzébul, à combien plus forte raison appelleront-ils ainsi les gens de sa maison ! *Ne les craignez donc point* » (v. 24-26, italiques pour souligner). Ensuite, il a ajouté : « Ne craignez pas ceux qui tuent le corps et qui ne peuvent tuer l'âme ; craignez plutôt celui qui peut faire périr l'âme et le corps dans la géhenne » (v. 28). Le Seigneur a également dit à ses disciples :

> Si le monde vous hait, sachez qu'il m'a haï avant vous. Si vous étiez du monde, le monde aimerait ce qui est à lui ; mais parce que vous n'êtes pas du monde, et que je vous ai choisis du milieu du monde, à cause de cela le monde vous hait. Souvenez-vous de la parole que je vous ai dite : Le serviteur n'est pas plus grand que son maître. S'ils m'ont persécuté, ils vous persécuteront aussi ; s'ils ont gardé ma parole, ils garderont aussi la vôtre. Mais ils vous feront toutes ces choses à cause de mon nom, parce qu'ils ne connaissent pas celui qui m'a envoyé. (Jean 15.18-21.)

Paul dira à Timothée : « Or, tous ceux qui veulent vivre pieusement en Jésus-Christ seront persécutés » (2 Timothée 3.12).

Walter Chalmers Smith, un poète, auteur de cantiques (auteur du célèbre hymne intitulé *Immortel, invisible, Dieu le plus sage*) et pasteur de la Free Church of Scotland qui a vécu au XIXᵉ siècle, a écrit ces lignes :

Tout au long de la vie, j'aperçois une croix
Où les fils de Dieu rendent l'âme ;
Il n'y a de gain que dans les pertes,
Il n'y a de vie que dans la mort,
Ni vision parfaite que dans la foi,
Ni gloire que lorsqu'on nous outrage,
Ni justice que lorsqu'on porte le blâme ;
Et cette Passion Éternelle a dit :
Sois dépouillé de gloire, de droits et de nom.
(Traduction libre)

Voilà une déclaration de principes appropriée pour tout leader chrétien. Christ nous appelle tous à faire des sacrifices qui se définissent mieux (comme Paul l'a si bien dit) par une mort continuelle.

Paul fait 45 fois mention de la mort dans le Nouveau Testament. En général, il utilise le nom grec *thanatos*, qui décrit la mort comme étant un fait. Ici, dans 2 Corinthiens 4.10, par contre, il utilise le participe, *nekrosis* (« mourir »), qui décrit le processus de la mort humaine. Paul considère que sa vie est un cheminement vers la mort. Il n'est aucunement morbide ; il ne fait que constater la véritable nature de son existence terrestre. C'est une perspective d'espoir, qui n'a rien de lugubre : « Car Christ est ma vie, et la mort m'est un gain » (Philippiens 1.21.)

En tant que simple vase de terre, Paul sait qu'il n'est pas indispensable et il est prêt à être sacrifié. Il écrira plus tard : « Je me réjouis maintenant dans mes souffrances pour vous ; et ce qui manque aux souffrances de Christ, je l'achève en ma chair, pour son corps, qui est l'Église » (Colossiens 1.24). Il ne suggère pas en cela que les souffrances de Christ étaient insuffisantes pour payer le prix de la rédemption, ou que les afflictions de Paul ajoutent quelque chose à l'œuvre expiatoire accomplie par Christ. Il ne s'imagine pas que ses souffrances ont une valeur dans le salut de l'âme. Mais il a déjà dit que ses souffrances procurent un grand avantage temporel aux Corinthiens : « Car, de même que les souffrances de Christ abondent en nous, de même notre consolation abonde par Christ. Si nous sommes affligés, c'est pour votre consolation et pour votre salut ; si nous sommes consolés, c'est pour votre consolation, qui se réalise par la patience à supporter les mêmes souffrances que nous endurons » (2 Corinthiens 1.5,6).

En d'autres mots, son sacrifice leur est bénéfique. « Ainsi la mort agit en nous, et la vie agit en vous » (4.12). « Car tout cela arrive à cause de vous, afin que la grâce en se multipliant, fasse abonder, à la gloire de Dieu, les actions de grâces d'un plus grand nombre » (v. 15). « C'est pourquoi je supporte tout à cause des élus, afin qu'eux aussi obtiennent le salut qui est en Jésus-Christ, avec la gloire éternelle. Cette parole est certaine : Si nous sommes morts avec lui, nous vivrons aussi avec lui ; si nous persévérons, nous régnerons aussi avec lui » (2 Timothée 2.10-12). Paul n'est pas motivé par un sentiment masochiste, mais par son amour pour les Corinthiens.

Néanmoins, Paul accueille les épreuves à bras ouverts. Il exprime son plus grand désir aux Philippiens : « Ainsi je connaîtrai Christ, et la puissance de sa résurrection, et la communion de ses souffrances, en devenant conforme à lui dans sa mort » (Philippiens 3.10).

Rappelez-vous que les souffrances que Jésus a endurées ici sur terre ne se limitaient pas à ce qu'il a souffert sur la croix. Il était lui aussi sans cesse pourchassé et traqué par ses ennemis. Il a vécu sous la menace de la mort jusqu'à ce qu'il meure sur la croix. Aucun de nous n'aura jamais à souffrir la plus petite fraction de ce qu'il a enduré. Très peu d'entre nous éprouveront un dixième seulement de ce que Paul a souffert. Mais tout leader qui est fidèle à Christ expérimentera *une partie* de ses souffrances. Le vrai leader doit être disposé à souffrir « comme un bon soldat de Jésus-Christ » (2 Timothée 2.3). C'est un privilège que nous avons de pouvoir participer aux souffrances de Christ (Romains 8.17,18). « Car nos légères afflictions du moment présent produisent pour

nous, au-delà de toute mesure, un poids éternel de gloire »
(2 Corinthiens 4.17).

Lorsque nous arrivons à accueillir les épreuves, les afflictions
et la détresse comme des amis (Jacques 1.2-4 ; Romains 5.3-5),
et à nous en servir pour nous rappeler nos propres faiblesses
(2 Corinthiens 12.7-10), nous dépendons davantage de la
puissance de Dieu et du coup, nous devenons des leaders et des
témoins plus utiles pour lui. La vie de Jésus se manifeste à travers
notre mort. Paul a écrit : « J'ai été crucifié avec Christ ; et si je
vis, ce n'est plus moi qui vis, c'est Christ qui vit en moi ; si je
vis maintenant dans la chair, je vis dans la foi au Fils de Dieu »
(Galates 2.20).

La puissance d'un témoignage de vie comme celle-ci est sans
bornes. Pour Paul, la vie de Jésus se manifeste dans sa chair
mortelle (2 Corinthiens 4.11). Paul, cet homme meurtri, blessé,
brutalisé, calomnié et persécuté n'est rien d'autre qu'un vase de
terre. Mais la vie de Christ se révèle à travers son insignifiance.
Comment pourrions-nous expliquer autrement le courage de
Paul dans ses prédications et toutes les vies transformées sous son
influence ? Ici même, à Corinthe, des païens qui n'avaient aucune
connaissance du seul vrai Dieu sont venus à la foi en Christ après
avoir entendu Paul prêcher sur leur place publique. Comment
cela a-t-il été possible, si ce n'est par la puissance de Dieu ?

Paul est constamment exposé à des forces qui veulent le faire
mourir. Mais il est plus que vainqueur (Romains 8.37), parce que
le Seigneur Jésus-Christ a tellement infusé de puissance en lui
que son influence a complètement renversé le monde. On ressent
encore la grande influence de la vie et des écrits de Paul au XXIe
siècle, et c'est ainsi depuis le Ier siècle.

Il dit aux Corinthiens : « [Je] ferai très volontiers des
dépenses et je me dépenserai moi-même pour vos âmes »
(2 Corinthiens 12.15). Aux Philippiens, il dira : « Et même si je
sers de libation pour le sacrifice et pour le service de votre foi, je
m'en réjouis, et je me réjouis avec vous tous » (Philippiens 2.17).
C'est un usage d'honneur pour un vase d'argile « remplaçable ».

Une telle vie de sacrifice convient très bien à Paul, car la rentabilité des investissements en vaut largement le coup.

Chapitre neuf

LE COMBAT DU LEADER

Les faux docteurs ont délibérément et systématiquement saboté la relation de l'apôtre Paul avec l'Église de Corinthe en répandant sur lui des mensonges. Dans les sept premiers chapitres de sa deuxième épître aux Corinthiens, Paul répond point par point à tout ce qui a été dit contre lui dans leur ville. Il y a quelques points doctrinaux parsemés ici et là, mais dans l'ensemble, ces chapitres sont extrêmement personnels, chargés d'émotions et d'instruction pastorale. Paul cherche à rétablir la relation brisée.

À la fin du septième chapitre, Paul semble s'être déchargé de son fardeau. Il conclut cette section par ces mots : « Je me réjouis de pouvoir en toutes choses me confier en vous » (2 Corinthiens 7.16). Nous pouvons lire dans ces mots comme un grand soupir de compréhension et de soulagement.

Par la suite, dans les deux chapitres qui suivent, l'apôtre aborde le sujet de la charité des Corinthiens envers l'Église de Jérusalem. Les saints de la Judée souffrent énormément à cause de la persécution qu'ils subissent de la part des Romains. Les Églises de la Macédoine, sous la direction de Paul, ont organisé une généreuse collecte pour pourvoir aux besoins financiers de leurs frères en Judée (2 Corinthiens 8.1-7). Les Corinthiens ont offert leur participation (v. 10,11). Dans les chapitres 8 et 9, d'un ton doux et aimable, Paul les encourage à respecter cet engagement.

Puis, Paul entame la dernière partie de son épître (chapitres 10 à 13) d'une façon nettement surprenante, en changeant subitement d'attitude. Il devient ferme et catégorique. Il adresse plusieurs remarques tranchantes directement et spécifiquement aux gens naïfs et désobéissants dans l'Église de Corinthe, qui ont été assez crédules pour suivre le mouvement des faux docteurs (11.4,19-21 ; 12.11 ; 13.2,3). Pour ceux qui, en lisant l'épître, pensaient qu'il en avait fini avec le cas des faux prophètes, il a simplement réservé pour la fin ses reproches les plus durs.

Par moments, dans cette dernière partie de l'épître, le ton de Paul est très sévère. Voici Paul, plus passionné que jamais, qui lutte férocement contre ceux qui, par leurs tromperies, compromettent son leadership.

Au début de l'épître, Paul a pris grand soin de faire comprendre clairement que son autodéfense n'était pas motivée par l'orgueil ou l'égoïsme. Il a continué de préciser ce fait en faisant remarquer à maintes reprises que la moindre allusion à de la vantardise de sa part le répugne au plus haut point (10.8, 13-16 ; 11.10,16-18, 30 ; 12.1,5,6,9,11). Et cependant, bien que Paul soit très humble, il n'a pas l'intention de livrer allégrement les Corinthiens aux fabricants de mensonges. Il est docile et modeste, mais il n'est pas indifférent.

Un leader apathique est une contradiction dans les termes. Aucun vrai leader n'est insensible. C'est d'ailleurs un autre principe fondamental du leadership : *un leader est passionné.*

Celui qui est détaché et indifférent n'est pas un vrai leader. Tous les leaders doivent être passionnés, et, plus particulièrement, les leaders spirituels doivent avoir une passion pour la vérité, de même qu'un amour profond, fervent et éternel pour Christ. Il est impossible de maintenir de tels sentiments tout en étant passif ou impassible.

Dans son classique intitulé, *Le Leader spirituel*, Oswald Sanders a même inclus la colère dans sa liste d'aptitudes requises pour diriger. Il a écrit :

> La colère peut paraître plutôt étrange comme qualification pour le leadership. Dans un autre contexte, elle pourrait être citée comme un facteur disqualifiant. Mais une telle qualité n'était-elle pas présente dans la vie du Leader Suprême ? Jésus promena les regards « sur eux avec colère » (Marc 3.5). Une sainte colère n'est pas moins noble que l'amour, puisque les deux coexistent en Dieu. Chacun a besoin de l'autre. L'amour de Jésus pour l'homme à la main sèche (Marc 3.1-6) suscita sa colère contre ceux qui voulaient l'empêcher de le guérir. Son amour pour son Père et son zèle pour sa gloire ont attisé sa fureur contre les marchands mercenaires qui avaient changé sa maison de prière pour toutes les nations en une caverne de voleurs (Matthieu 21.13 ; Jean 2.15-17).
>
> Les grands leaders qui ont changé le cours des événements en période de décadence nationale et spirituelle ont été des hommes pouvant s'irriter contre les injustices et les abus qui déshonorent Dieu et réduisent les êtres humains en esclavage[1].

D'autres sentiments forts, tels que, la joie, le bonheur, la tristesse, la compassion, la peur et l'amour sont également essentiels au leadership. Une personne froide,

---

Principe de leadership n° 20
UN LEADER EST PASSIONNÉ

---

insensible, distante ou apathique ne saurait être un leader efficace.

Bien sûr, les passions humaines représentent certains risques. Elles sont sujettes à un usage abusif et impropre. Elles peuvent assombrir sérieusement les facultés rationnelles. Les leaders, quoiqu'ils ne doivent jamais être dépourvus de sentiments ou de sensibilité, doivent exploiter leurs passions pour éviter de se faire exploiter par elles. Il faut savoir diriger son zèle, l'utiliser avec prudence, et à des fins pieuses. La maîtrise de soi est un fruit de l'Esprit (Galates 5.23). Une saine maîtrise de soi ne comprend pas seulement la mise à mort de notre péché (Colossiens 3.5), mais également une certaine mesure de retenue dans l'expression de nos passions légitimes. Salomon a écrit : « Comme une ville forcée et sans murailles, ainsi est l'homme qui n'est pas maître de lui-même » (Proverbes 25.28) ; et : « Celui qui est lent à la colère vaut mieux qu'un héros, et celui qui est maître de lui-même, que celui qui prend des villes » (16.32).

Toutefois, il y a « un temps pour pleurer, et un temps pour rire ; un temps pour se lamenter, et un temps pour danser ; [...] un temps pour aimer, et un temps pour haïr ; un temps pour la guerre, et un temps pour la paix » (Ecclésiaste 3.4-8). Le temps est venu de faire la guerre aux faux apôtres, et Paul n'essaie même pas de dissimuler sa véritable passion en terminant cette deuxième épître à l'Église de Corinthe. Il commence même cette dernière partie en présentant un motif de guerre :

Moi Paul, je vous prie, par la douceur et la bonté de Christ – moi, humble d'apparence quand je suis au milieu de vous, et plein de hardiesse à votre égard quand je suis éloigné – je vous prie, lorsque je serai présent, de ne pas me forcer à recourir avec assurance à cette hardiesse, dont je me propose d'user contre quelques-uns qui nous regardent comme marchant selon la chair. Si nous marchons dans la chair, nous ne combattons pas selon la chair. Car les armes avec lesquelles nous combattons ne sont pas charnelles ; mais elles sont puissantes, par la vertu de Dieu, pour renverser des forteresses. Nous renversons les raisonnements et toute hauteur qui s'élève contre la connaissance de Dieu, et nous amenons toute pensée captive à l'obéissance de Christ. Nous sommes prêts aussi à punir toute désobéissance, lorsque votre obéissance sera complète. (2 Corinthiens 10.1-6.)

De toutes les luttes que l'apôtre a endurées – que ce soit les émeutes, les lapidations, les nombreux coups qu'il a reçus et qui l'ont presque tué – rien n'est plus difficile et impitoyable que la guerre dans laquelle il s'est engagé pour l'Église de Corinthe. Quand Paul a commencé son ministère dans cette ville, il y a douze mois de cela, il était bien loin de s'imaginer qu'il devrait un jour s'engager dans une bataille de plusieurs années uniquement pour préserver la vérité de l'Évangile dans cette Église.

Mais de faux docteurs sont arrivés presque aussitôt après le départ de Paul, et s'en sont pris directement à son leadership. Et ils ont étonnamment bien réussi à tourner l'Église contre son fondateur et père spirituel.

Paul se défend. Dans ses épîtres aux Corinthiens, il les exhorte à se repentir, et exprime son amour profond et son engagement éternel envers eux (2 Corinthiens 2.1-4). Les récits bibliques semblent suggérer qu'ils se soient *effectivement* repentis de leur infidélité. C'est pour cela que la détresse que Paul avait dans le cœur s'est transformée en joie quand Tite lui a annoncé que les Corinthiens avaient reçu sa lettre (la réprimande non canonique qu'il a apparemment envoyée entre 1 Corinthiens et 2 Corinthiens) d'un cœur triste et repentant (7.6-16). C'est un important point tournant et une grande victoire.

Cependant, il est significatif qu'après avoir reçu ce rapport de Tite, Paul se soit aussitôt mis à écrire 2 Corinthiens – une autre lettre dans laquelle il les supplie de se repentir et les rappelle doucement à l'ordre, et qui contient aussi des reproches, et même de sévères réprimandes. Ce n'est pas encore la fin du conflit. Paul sait ce que tout bon leader sait : La rébellion donne toujours naissance à plus de rébellion.

Cette vérité est évidente dans l'histoire de la rébellion de Koré qui est relatée dans l'Ancien Testament. Koré avait incité les Israélites à se révolter contre Moïse. Ils ont exigé que Moïse abandonne son leadership. Dieu a lui-même jugé Koré et sa troupe d'une manière inouïe et soudaine : la terre s'est ouverte et les a tous engloutis vivants (Nombres 16.23-33). Les Israélites ont été des témoins oculaires de ce qui est arrivé à Koré et sa troupe. Ils ont vu la terre s'ouvrir miraculeusement et littéralement engloutir les rebelles, pour ensuite se refermer sur eux. Ils ont également vu le feu descendre du ciel et consumer deux cent cinquante proches de Koré (v. 35).

On pourrait croire qu'un jugement aussi terrible mettrait fin à tout jamais à la rébellion des Israélites. Loin de là. Les feux fumaient encore et la terre n'était pas complètement refermée qu'une autre rébellion de taille a éclaté. Et cette fois, la situation était encore plus grave. La nation entière était de la partie. L'Écriture dit : « *Dès le lendemain*, toute l'assemblée des enfants d'Israël murmura contre Moïse et Aaron, en disant : Vous avez fait mourir le peuple de l'Éternel » (v. 41, italiques pour souligner.) Ils ont blâmé *Moïse* pour ce qui était arrivé à Koré ! Dieu a réagi en les frappant d'une plaie. « Il y eut quatorze mille sept cents personnes qui moururent de cette plaie » (v. 49).

Paul sait que l'insurrection des faux apôtres dans Corinthe a simplement été enterrée dans un sol peu profond. Ou, pour utiliser une autre métaphore, Paul sait que la braise du feu d'accusations portées contre lui brûle toujours. Quelque part dans l'Église de Corinthe, vraisemblablement dans un coin sombre, ces étincelles fumantes attendent juste l'occasion de s'enflammer. Les faux docteurs sont toujours là. Des membres de la congrégation sympathisent toujours avec ces faux représentants. La rébellion et les faux docteurs se sont tout simplement éclipsés dans la nature en attendant le moment propice pour renaître des cendres.

Paul sait surtout que les effets de la calomnie peuvent avoir longue vie. Lorsque des mensonges commencent à circuler sur le compte d'une personne, il est extrêmement difficile pour cette personne de se refaire une réputation par la suite. C'est comme essayer de retrouver des graines de pissenlits après qu'elles ont été dispersées dans le vent. Les mensonges qu'on a répandus sur

Paul ont été conçus avec beaucoup d'ingéniosité et de subtilité. On y a ajouté juste assez de faits (voir 2 Corinthiens 10.9,10) pour qu'ils aient l'air vrais. Ils ont été répandus par des hommes déguisés en messagers de vérité – des « ange[s] de lumière » (11.13,14).

Paul sait que les rapporteurs de ces mensonges reprendront la guerre qu'ils ont lancée contre lui. Même s'ils ont été obligés de se terrer, les faux docteurs reprendront le combat en employant des tactiques de guérilla. Concrètement, ils deviendront des terroristes spirituels.

En conséquence, Paul n'y va pas de main morte en terminant cette épître aux Corinthiens. Il veut clore cette lettre en leur révélant la profondeur de ses sentiments. Il veut que les Corinthiens *sachent* que, pour lui, ce conflit avec les faux docteurs n'est rien de moins qu'une guerre. Il veut aviser quiconque éprouve encore de la sympathie pour ces faux apôtres, qu'il va maintenant tenir sa promesse en leur rendant personnellement visite (12.14 ; 13.1). Il ne sait pas trop quel genre d'accueil il recevra à Corinthe : « Car je crains de ne pas vous trouver, à mon arrivée, tels que je voudrais » (12.20). Mais il sera armé et prêt à se battre, si cela est nécessaire. Si les rebelles et les faux docteurs persistent à créer des problèmes quand il sera sur place, ce sera la guerre totale (13.2).

Souvenons-nous que Paul est le père spirituel des Corinthiens (1 Corinthiens 4.15). C'est pour cette raison qu'il leur parle durement, comme un parent mécontent. Ces derniers chapitres sont un ultimatum qu'il leur présente dans le but de leur faire comprendre qu'il est très sérieux en ce qui concerne les sujets qu'il a traités jusqu'ici. En ce qui concerne ces points, sa patience paternelle est épuisée. Il est prêt, s'il le faut, à exercer de la discipline paternelle. « Je dis encore d'avance à ceux qui ont péché précédemment et à tous les autres que, si je retourne chez vous, je n'userai d'aucun ménagement » (13.2). Il est prêt « à punir toute désobéissance » (10.6). Ceci est donc un avertissement paternel pour les Corinthiens.

Tout d'abord, il est impératif que Paul fasse disparaître la menace que constituent les faux apôtres. Il tient à les aviser qu'il arrive armé d'une puissance divine qui démolira le bastion de leurs mensonges. Il a l'intention de trouver et de détruire tout ce qui se croit au-dessus de Dieu.

C'est pour cela qu'après les avoir suppliés avec douceur et amour dans les chapitres 1 à 9, il devient maintenant dur, sévère et autoritaire.

Tite ira livrer cette deuxième épître aux Corinthiens pour Paul (8.16-24). Peu de temps après cela, Paul ira lui-même leur rendre une troisième visite. Il se prépare déjà pour le voyage (12.14). Ils auront donc le temps, après avoir lu l'épître, de se préparer pour la venue de l'apôtre. Pendant ce temps, ils doivent s'occuper des problèmes dont Paul fait mention dans son épître. Si quelques-uns n'ont pas encore pris position, ils doivent se repentir.

En réalité, les quatre derniers chapitres de 2 Corinthiens répètent et développent ce que Paul a déjà écrit dans sa première épître : « Que voulez-vous ? Que j'aille chez vous avec une verge, ou avec amour et dans un esprit de douceur ? » (1 Corinthiens 4.21.) Tout est entre les mains des Corinthiens. Et si la situation était déjà si urgente quand Paul a écrit sa première lettre, elle l'est bien davantage maintenant.

Paul a trois groupes de personnes en tête en écrivant cette partie de sa lettre. Il y a les Corinthiens fidèles, qui ont confirmé leur loyauté envers Paul. Il y a ceux qui ont l'air de vouloir rester attachés aux faux apôtres et ne se décident pas à prendre position. Et finalement, il y a les accusateurs eux-mêmes. Paul sait qu'ils sont encore très menaçants.

La réponse que Paul adresse à ces trois groupes de personnes révèle la profondeur et l'ampleur de ses sentiments. Il parle aux fidèles avec tendresse et une sincère compassion. Aux indécis, il les met en garde avec sévérité et autorité. Et, à la façon d'un militant, il prévient ses accusateurs qu'ils ne sont pas en sûreté. Tout cela est très clair dans les six premiers versets de 2 Corinthiens 10.

SA COMPASSION

Paul est sur le point d'employer un langage fort catégorique dans les versets 3 à 6. Alors, pour bien se situer dans le contexte, il commence par s'exprimer avec douceur et compassion : « Moi Paul, je vous prie, par la douceur et la bonté de Christ » (v. 1).

Paul sait, bien sûr, qu'être présenté sous un faux jour, calomnié, injurié, persécuté et accusé faussement sont des choses qui font inévitablement partie de la vie d'un chrétien. Nous devons nous attendre à souffrir injustement. Notre façon de vivre défie la culture dans laquelle nous vivons. Nous vivons comme des étrangers dans ce monde, et l'hostilité du monde à notre égard ne doit pas nous surprendre (1 Jean 3.13). Nous sommes appelés à cela. Dans ce monde, nous aurons des tribulations (Jean 16.33). La vie chrétienne et les tribulations vont de pair.

Souvenez-vous, cependant, que les faux docteurs ont remis en question l'autorité de Paul. Ils ont semé le doute sur son droit de parler en faveur de Dieu. Ils se sont attaqués à son identité apostolique. Ceci est beaucoup plus qu'une simple attaque personnelle contre Paul ; c'est une véritable atteinte à la vérité même.

Paul a déjà répondu à l'attaque contre son identité apostolique. Il a établi qu'il n'a nullement besoin de lettres de recommandation pour justifier le pouvoir de leadership apostolique qu'il exerce sur eux (2 Corinthiens 3.1). Il commence donc en assumant son autorité de manière claire et ferme. Il est maintenant sur le point de parler avec la pleine autorité d'un apôtre de Jésus-Christ : « Moi, Paul ». Il invoque l'autorité de sa fonction.

Néanmoins, il le fait avec bonté et douceur (« je vous prie, par la douceur et la bonté de Christ »). Il n'a aucun désir d'entrer en conflit avec eux. Il ne tire pas satisfaction du combat. Il n'est pas motivé par le venin, ou le vitriol, ou la colère. Il reconnaît que les Corinthiens ont été trompés et induits en erreur, et il a tout lieu de croire que la majorité d'entre eux sont repentants. Il les rassure donc que ce qu'il est sur le point de dire vient d'un cœur plein de compassion, de douceur et de bonté à leur égard. Il ne cherche certainement pas à entrer en guerre contre l'*Église* de Corinthe.

La « douceur » est une attitude humble qui s'exprime dans la patiente endurance des offenses. Paul n'éprouve aucune amertume. Il n'a aucune soif de vengeance. « Bonté » est virtuellement un synonyme qui veut dire : « indulgence » et « patience ». Paul ne souhaite pas de mal aux Corinthiens. Il dit plutôt que l'attitude de son cœur à leur égard reflète la compassion qui était en Christ (« la douceur et la bonté *de Christ* »).

> **La douceur n'est pas un signe de faiblesse ; c'est une force maîtrisée.**

La douceur n'est pas un signe de *faiblesse* ; c'est une force maîtrisée. Après tout, personne n'était plus puissant que Christ ; et malgré cela, il a dit : « Je suis doux et humble de cœur » (Matthieu 11.29). Paul, de même, n'abuse pas de son autorité apostolique. Il ne cherche pas une occasion de brandir son autorité comme une matraque. Il ne désire vraiment pas punir les Corinthiens. Il le fera s'il le faut, mais ce sera en dernier recours.

Jésus a lui-même été un exemple de patience, et tous les chrétiens sont appelés à suivre cet exemple. Pierre écrira :

> Car c'est une grâce de supporter des afflictions par motif de conscience envers Dieu, quand on souffre injustement. En effet, quelle gloire y a-t-il à supporter de mauvais traitements pour avoir commis des fautes ? Mais si vous supportez la souffrance lorsque vous faites ce qui est bien, c'est une grâce devant Dieu. Et c'est à cela que vous avez été appelés, parce que Christ aussi a souffert pour vous, vous laissant un *exemple*, afin que vous suiviez ses traces, lui qui n'a point commis de péché, et dans la bouche duquel il ne s'est point trouvé de fraude ; lui qui, injurié, ne rendait point d'injures, maltraité, ne faisait point de menaces, mais s'en remettait à celui qui juge justement. (1 Pierre 2.19-23.)

Personne au monde n'a jamais souffert plus d'injustices que Christ. Il était sans péché, parfaitement innocent et sans hypocrisie. Et pourtant, quand on l'a injurié, il n'a pas répliqué.

À quel point Christ était-il miséricordieux ? Ésaïe a prophétisé à son sujet : « Il ne brisera point le roseau cassé, et il n'éteindra point la mèche qui brûle encore » (Ésaïe 42.3 ; voir aussi Matthieu 12.20).

Qu'est-ce que cela veut dire ? Le roseau est une plante à tige rigide qui pousse dans les eaux peu profondes. Les bergers les taillaient au couteau pour en faire des pipeaux. Quand un pipeau était usé ou endommagé, le berger le cassait en deux avant de s'en débarrasser et d'en fabriquer un nouveau. « La mèche qui brûle encore » désigne une mèche de lampe usée, qui ne sert plus à donner de la lumière. Les deux représentent des objets inutiles, que personne ne garderait. Mais le ministère de Christ consistait à restaurer les gens qui n'avaient pour ainsi dire aucune valeur, au lieu de les détruire et de les faire disparaître. Toute sa mission terrestre était empreinte de cet esprit de compassion (voir Luc 9.51-56 ; 19.10 ; Jean 8 10,11). « Dieu, en effet, n'a pas envoyé son Fils dans le monde pour qu'il juge le monde, mais pour que le monde soit sauvé par lui » (Jean 3.17 ; voir aussi Jean 12.47).

N'oublions pas que, même Jésus, après avoir livré une critique acerbe, une diatribe cinglante, contre les chefs religieux de Jérusalem, a pleuré sur Jérusalem (Matthieu 23.37). Tout ce qu'il faisait était coloré de compassion.

Paul dit donc : « Je viens vers vous avec la douceur et la bonté de Christ. Je veux bien être patient. Je veux être aimable et indulgent. Je n'éprouve pas d'animosité ni de colère contre vous ». Les Corinthiens savent qu'il exprime les vrais sentiments de son cœur, car ils connaissent bien l'apôtre.

Mais les ennemis de Paul ont déjà remarqué sa douceur et ils ont essayé de la présenter sous un angle négatif. Ils ont dit que la seule raison pour laquelle Paul est doux, c'est qu'il manque de courage. Il prétend être audacieux à distance, tandis qu'en personne, il n'est qu'un dégonflé, rien de plus qu'une poule mouillée. Comme nous l'avons vu au chapitre précédent, ils ont dit : « Ses lettres sont sévères et fortes ; mais, présent en personne, il est faible » (2 Corinthiens 10.10).

En réalité, ce qu'ils disaient, c'est que Paul est comme un chien qui jappe à tue-tête derrière la clôture, mais prend la fuite dans la direction opposée dès qu'on ouvre la barrière. « Tenez Paul à bonne distance et donnez-lui une plume, et il devient féroce. Mais amenez-le ici et il est faible ; il manque de courage ».

Ils ont mal interprété et son audace et sa compassion. C'était une accusation intelligente, puisqu'il était difficile d'y répliquer dans une lettre. Si Paul essaie de défendre son caractère à distance, ils pourraient dire que cela confirme leurs dires. S'il leur envoie une réponse douce, ils diront que cela prouve qu'ils disaient vrai en parlant de sa « faiblesse ».

Il reconnaît donc que les faux docteurs disent vrai, mais dans une seule ligne sarcastique et banale. (En réalité, il écarte plus ou moins l'accusation sans vraiment y répondre directement.) « Moi Paul [...] humble d'apparence quand je suis au milieu de vous, et plein de hardiesse à votre égard quand je suis éloigné » (10.1). Il répond ensuite d'une manière qui unit sa force et sa bonté. Il a commencé en exprimant clairement sa compassion, mais il se met aussitôt à parler avec une fermeté calme et adopte très vite un ton plus catégorique. La note de sarcasme signale le passage de la compassion à la fermeté.

SA HARDIESSE

Puis, Paul tourne son attention vers les indécis, ceux qui ont démontré de la sympathie envers les faux apôtres, et qui ne savent probablement pas trop quoi penser de Paul.

S'ils croient les mensonges des faux docteurs en pensant que Paul est un lâche, ils vont bientôt vivre un réveil brutal. Il n'est pas faible. Si toutes ses manifestations de compassion sont rejetées, il est prêt à leur montrer à quel point il peut être audacieux en personne. « *[Je]* vous prie, lorsque je serai présent, de ne pas me forcer à recourir avec assurance à cette hardiesse, dont je me propose d'user contre quelques-uns qui nous regardent comme marchant selon la chair » (10.2).

Quand Paul aura épuisé sa patience, il fera le nécessaire pour défendre la vérité contre ces rebelles impénitents et implacables. Si une confrontation est la *seule* chose qui préservera la vérité, Paul ne s'esquivera pas. En effet, il dit qu'il *s'attend* à cela avec certaines personnes. Si elles veulent qu'il soit sévère, il le sera.

Au fait, Paul *n'a pas* toujours été doux dans des situations en face à face. Rappelez-vous, il y a eu une occasion où il a repris *Pierre*. Il l'a fait publiquement : « Je lui résistai en face, parce qu'il était répréhensible » (Galates 2.11).

Le courage personnel de Paul est décrit amplement dans le livre des Actes, à partir du chapitre 13. Il s'est défendu avec courage devant les tribunaux, le sanhédrin, les chefs religieux, les foules, les gouverneurs, les rois, et surtout les faux docteurs. Il n'est aucunement faible ou lâche. Cela aurait été une violation de l'un des principes essentiels du leadership : *Un leader est courageux*.

Une personne qui n'a pas un minimum de courage pour défendre ses convictions ne peut certainement pas être un leader efficace. Les gens ne suivent pas les poltrons. Il y a des moments où le courage d'un leader s'exprime dans la confrontation. C'est le cas ici.

Nous avons vu le courage de Paul en action depuis le début de notre étude. Maintenant, nous concentrons notre attention sur ce trait, alors qu'il répond à cette accusation ridicule, selon laquelle il est trop timide pour être ferme quand il se trouve en face des gens.

Nous avons vu, au chapitre précédent, que les ennemis de Paul se sont aussi plaints de ses handicaps physiques et de son manque d'éloquence. Paul a tout simplement reconnu la véracité de *ces* accusations. Mais *cette* allégation, selon laquelle il manquerait de courage, est un parfait mensonge. Paul est un exemple d'intrépidité. Selon le récit biblique, pas une seule fois, il n'a manqué de courage. Ce n'est pas étonnant qu'il se soit indigné en réfléchissant à la manière de répondre à ces absurdes accusations.

Il dira à Timothée : « Car ce n'est pas un esprit de timidité que Dieu nous a donné ; au contraire, son Esprit nous remplit de force, d'amour et de sagesse » (2 Timothée 1.7). De toute évidence, *Timothée* luttera avec un manque de courage, car Paul l'exhortera souvent à se fortifier et à n'avoir ni honte ni peur (1.8 ; 2.1,3 ; 1 Timothée 1.18 ; 6.12).

Quant à Paul, il n'a jamais manifesté de la peur ou de la timidité. En fait, son courage est vraiment mis en évidence ici, dans sa réponse à ses détracteurs. Il les avertit qu'il se « propose d'user [*de hardiesse*] contre quelques-uns » (2 Corinthiens 10.2). Le mot grec traduit ici par « hardiesse » est *tolmao*, qui signifie : « être courageux, être hardi, traiter avec audace.» Cela veut dire agir sans craindre les conséquences.

Si ces hommes veulent absolument voir le courage de Paul, il va le leur faire voir. Et il le fera « avec assurance ». Cette expression est traduite du mot grec *tharrheo*, qui est un synonyme de « courage. »

Il y a, ici, un crescendo dans le ton de Paul. Il devient plus agressif. Si les faux docteurs et leurs disciples veulent la guerre, ils l'auront. « Si je retourne chez vous, je n'userai d'aucun ménagement » (13.2).

À ce moment-là, Paul donne un aperçu de la vraie nature des accusations des faux docteurs. Ils ont fait en sorte que quelques-uns les « regardent comme marchant selon la chair » (2 Corinthiens 10.2). Ils semblent alléguer que Paul marche selon des désirs honteux. C'est

---

Principe de leadership n° 21
UN LEADER EST COURAGEUX

---

précisément ce que veut dire « marcher selon la chair » (voir Romains 8.1,5). Paul a aussi écrit : « Or, les œuvres de la chair sont évidentes ; ce sont la débauche, l'impureté, le dérèglement, l'idolâtrie, la magie, les rivalités, les querelles, les jalousies, les animosités, les disputes, les divisions, les sectes, l'envie, l'ivrognerie, les excès de table, et les choses semblables. Je vous dis d'avance, comme je l'ai déjà dit, que ceux qui commettent de telles choses n'hériteront point le royaume de Dieu » (Galates 5.19-21). Apparemment, ce dont les faux docteurs accusent Paul *précisément*, c'est qu'il est animé de l'amour de l'argent (2 Corinthiens 11.9-13 ; 12.13-19), ou peut-être même d'autres désirs plus ignobles encore. Ils veulent faire croire aux Corinthiens que Paul n'a pas la compétence pour être un leader spirituel (13.6,7).

Cela nous mène au cœur même de la conspiration qui a été montée contre Paul. Voici ce qui se loge au centre des faussetés. Chaque accusation, chaque insinuation, et chaque diffamation qu'ils ont utilisée pour tenter d'entacher la réputation de Paul, n'étaient qu'une manière d'étayer ce soupçon selon lequel il est un hypocrite dépourvu de tout sens moral et mené par des désirs charnels. Les ennemis de Paul ont planté ce doute intentionnellement. Il n'est appuyé d'aucun fait.

Paul s'est défendu une fois déjà contre ce mensonge. Rappelez-vous, il a commencé presque l'épître entière en disant : « Car ce qui fait notre gloire, c'est ce témoignage de notre conscience, que nous nous sommes conduits dans le monde, et surtout à votre égard, avec sainteté et pureté devant Dieu » (1.12). Il a dit aussi : « Nous n'avons fait tort à personne, nous n'avons ruiné personne, nous n'avons tiré du profit de personne » (7.2). Ainsi, il a répondu à la calomnie sans vraiment la reconnaître explicitement.

Mais là, il sort l'accusation au grand jour et la met sur la table à la vue de tous. Si quelqu'un pense qu'il réagit de manière excessive, voici ce qui a soulevé une telle hardiesse en lui. Voici en quoi consistent les attaques qu'ils ont lancées contre lui : ils ont faussement dépeint Paul comme étant un hypocrite, un mercenaire, un charlatan. Ils l'ont accusé de ne chercher que ses propres intérêts et d'être motivé par des désirs dépravés, des passions charnelles et des motifs cachés.

Paul ne veut pas être dur. Il ne cherche pas la guerre. Mais, à moins que les rebelles qui ont inventé ces faussetés ne se repentent ou disparaissent avant qu'il arrive, il y aura effectivement une guerre. C'est une promesse.

SON MILITANTISME

Ainsi, le ton de Paul monte et se termine enfin par une déclaration de guerre. La compassion du leader ne l'empêche pas de vouloir se battre. Il a autant de courage qu'il a d'amour pour eux.

Les ennemis de Paul l'ont accusé de marcher « selon la chair » (2 Corinthiens 10.2) – d'une manière charnelle. Il nie catégoriquement et fermement les accusations de corruption morale portées contre lui. Il menace également de recourir à son courage contre quiconque ose porter ainsi atteinte à sa réputation. Néanmoins, il reconnaît que, dans un sens,

> **La compassion du leader ne l'empêche pas de vouloir se battre. Il a autant de courage qu'il a d'amour pour eux.**

il marche *réellement* « dans la chair » ; après tout, il est mortel, fait de chair humaine (v. 3). Il fait un jeu de mots. Bien sûr, il affirme toujours n'avoir jamais marché « selon la chair » dans le sens moral. Mais il admet tout de même qu'il vit encore « dans la chair » dans le sens humain. Clairement, il ne prétend pas être surnaturel.

Malgré cela, il est prêt à entamer une guerre spirituelle. Il dit : « Si nous marchons dans la chair, nous ne combattons pas selon la chair. Car les armes avec lesquelles nous combattons ne sont pas charnelles ; mais elles sont puissantes, par la vertu de Dieu, pour renverser des forteresses. Nous renversons les raisonnements et toute hauteur qui s'élèvent contre la connaissance de Dieu, et nous amenons toute pensée captive à l'obéissance de Christ » (v. 3-5).

Voilà un audacieux défi lancé contre les ennemis de la vérité. En réalité, ce que Paul dit est : « Vous voulez me faire la guerre ? Approchez. Seulement, sachez que si vous ne voyez qu'un mortel quand vous me regardez, lorsque nous irons au combat, je n'emploierai pas des armes humaines. » Il fera la guerre sur un autre plan. Paul se bat « par la parole de vérité, par la puissance de Dieu, par les armes offensives et défensives de la justice » (2 Corinthiens 6.7).

Paul sait qu'il n'a pas à lutter uniquement contre les faux docteurs humains qui ont semé la confusion parmi les Corinthiens. Il est véritablement en guerre contre le royaume des ténèbres. « Car nous n'avons pas à lutter contre la chair et le sang, mais contre les dominations, contre les autorités, contre les princes de ce monde de ténèbres, contre les esprits méchants dans les lieux célestes » (Éphésiens 6.12). Nous luttons pour la préservation et la proclamation de la *vérité*. Nous combattons pour l'honneur de Jésus-Christ, le salut des pécheurs et la vertu des saints.

À vrai dire, quand un dirigeant chrétien s'engage dans une activité noble dans le monde des affaires, de la politique, de l'éducation, de l'armée, ou dans n'importe quelle autre activité légitime, il doit inévitablement se battre contre le royaume des ténèbres. Puisque tous les chrétiens, quoi qu'ils fassent, sont censés être engagés dans l'avancement du royaume de Christ, ils font face à de l'opposition de la part des forces du mal.

Paul parle continuellement de combat en adoptant un langage de guerre. Il commencera 1 Timothée en recommandant à Timothée de combattre « le bon combat » (1.18), et il termine sa lettre dans le même sens, en lui disant : « Combats le bon combat de la foi » (6.12). Il a dit : « *[Soyons]* sobres, ayant revêtu la cuirasse de la foi et de l'amour, et ayant pour casque l'espérance du salut » (1 Thessaloniciens 5.8). Il dira également à Timothée : « Souffre avec moi, comme un bon soldat de Jésus-Christ » (2 Timothée 2.3). En approchant de la fin de sa vie, Paul dira de lui-même : « J'ai combattu le bon combat » (2 Timothée 4.7). Sa vie entière sera une lutte spirituelle contre tout obstacle et toute personne qui s'opposera à la vérité.

Il est impossible de combattre sur ce plan avec des armes humaines. Les outils charnels ne peuvent absolument rien contre le royaume des ténèbres. L'arsenal humain le plus puissant est totalement impuissant pour combattre les principautés, les forces du mal, les princes de ce monde de ténèbres, et les esprits méchants dans les lieux célestes. Les armes charnelles ne peuvent pas combattre dans ce monde. Les armes humaines n'ont aucun pouvoir contre Satan. Elles ne peuvent libérer les âmes du royaume des ténèbres. Elles sont inutiles pour transformer les pécheurs, et ne peuvent sanctifier les saints. Elles sont impuissantes dans le monde spirituel ou le royaume des ténèbres.

Qu'est-ce que Paul entend par armes « charnelles » ? Évidemment, il parle de tout instrument qui est susceptible d'être utilisé dans une guerre humaine réelle. Paul ne planifie pas de faire littéralement une incursion dans le camp ennemi en étant équipé d'épées et de chars. Il n'a pas réellement l'intention d'avoir recours à la force avec les Corinthiens.

Mais un court moment de réflexion sur le sujet révélera que, toute espèce de procédé charnel et d'invention humaine ayant jamais servi pour combattre les forces du mal, est en réalité très peu différente des autres armes charnelles. Cela pourrait comprendre la philosophie humaine, les arguments rationalistes, les stratégies charnelles, l'ingéniosité charnelle, la sagesse humaine, le divertissement, la mise en scène et toute autre innovation qui sont censés augmenter la puissance de l'Évangile. De telles stratégies sont très à la mode de nos jours. Mais toutes ces armes sont impuissantes. Elles représentent de vaines tentatives pour combattre le combat spirituel avec des moyens humains.

Ces astuces peuvent servir pour vendre de la soupe ou des voitures. On peut les employer dans les campagnes électorales ou même en relations publiques. Mais, en ce qui a trait au combat spirituel, elles ne servent à rien. Elles sont comparables à des pistolets en plastique et des balles de ping-pong. Elles ne peuvent jamais être vraiment efficaces pour renverser les forteresses du malin. Même si votre travail consiste à vendre des automobiles ou de la nourriture, si vous êtes un chrétien, vous êtes un soldat engagé dans une guerre spirituelle, et il vous faut savoir bien manier les armes adéquates.

Paul dit qu'il prend avec lui dans le combat, les armes qui sont « puissantes, par la vertu de Dieu » (2 Corinthiens 10.4). Ce qu'il dit, c'est que ces armes viennent du ciel – de l'arsenal personnel de Dieu. Il ne parle certainement pas d'astuces et de trucs modernes qui ont été inventés pour rendre le message plus commercialisable. Les armes auxquelles Paul fait allusion ne sont manifestement pas des objets de confection humaine, mais bien des armes divinement conçues, de puissantes armes spirituelles.

Pourquoi cela ? Parce que l'ennemi est redoutable et, très franchement, les moyens que les êtres humains ont inventés ne suffisent pas à la tâche. On a besoin de puissantes armes divines « pour renverser des forteresses » (v. 4). Les forteresses spirituelles auxquelles Paul fait référence ne peuvent être atteintes avec les armes de la chair.

Les Corinthiens savent très bien ce que Paul veut dire quand il parle de forteresses. Directement au sud de Corinthe, il y a une immense montagne qui surplombe la ville. Cette tour de roc naturelle de 575 mètres de haut porte le nom d'Acrocorinthe. Au sommet de cette montagne, se dresse une forteresse imprenable, flanquée du temple d'Aphrodite. De cette citadelle, il est possible de voir l'acropole d'Athènes à 75 kilomètres de là. C'est dans cette forteresse, au sommet de l'Acrocorinthe, que la population entière de Corinthe se réfugierait en cas d'attaque, car il serait facile de se défendre en ce lieu. Les Corinthiens connaissent la valeur stratégique de cette forteresse. C'est un rempart massif et haut que l'on peut difficilement prendre d'assaut. En réalité, la forteresse surplombe toujours les ruines de la ville de Corinthe.

Paul dit que les forteresses spirituelles des puissances des ténèbres sont comparables à la forteresse de l'Acrocorinthe – seulement ces forteresses sont spirituelles et surnaturelles. Ce genre de fortifications ne peut évidemment pas être pris d'assaut avec des armes de ce monde temporel.

Remarquez que la stratégie de Paul ne consiste pas seulement à lancer quelques coups contre les forteresses, mais bien à les détruire. L'expression « renverser des forteresses » signifie les détruire complètement, les mettre en miettes jusqu'à ce qu'elles se désagrègent.

Quelles sont ces forteresses ? À quoi Paul s'attaque-t-il au juste ? Il répond de façon très claire à ces questions : « Nous renversons les raisonnements et toute hauteur qui s'élève contre la connaissance de Dieu » (v. 5). Le mot grec pour « raisonnements » est *logismos*, qui veut dire : « calcul, supposition, jugement. » Ce mot apparaît une autre fois seulement dans le Nouveau Testament, et c'est dans Romains 2.15, où il est traduit par « pensées » et décrit le processus de rationalisation dans le but de se trouver une excuse.

En d'autres mots, les forteresses que Paul décrit sont les systèmes de pensée corrompus, les philosophies sinistres, les fausses doctrines, les visions mondiales pernicieuses et tous les autres grands systèmes de mensonge. Évidemment, si nous combattons pour la vérité, les forteresses que nous devons renverser sont les bastions de mensonges, c'est-à-dire les pensées erronées, les idées mauvaises, les opinions mensongères, les théories immorales et les fausses religions. Ce sont là, des bastions *idéologiques* – des bastions philosophiques, religieux – des forteresses spirituelles constituées de pensées, d'idées, de concepts et d'opinions. Dans ce genre de citadelles idéologiques, les pécheurs essaient de se cacher et de se fortifier eux-mêmes contre Dieu et contre l'Évangile de Christ.

La guerre spirituelle que Paul décrit est donc idéologique plutôt que mystique. Nos ennemis sont démoniaques, mais nous ne les combattons pas en leur donnant des ordres, en dressant la carte de leur emplacement, en invoquant des paroles magiques, en proclamant notre autorité sur eux, ni en nous livrant à toutes sortes de tactiques que certains qualifient souvent de « guerres spirituelles ». Nous ne luttons pas contre les démons en les confrontant face à face, ni en conversant avec eux de bouche à oreille. Nous les attaquons en renversant les forteresses de leurs mensonges.

L'ennemi a élevé d'immenses citadelles de tromperie. Nous prenons d'assaut ces idéologies. Nous faisons la guerre « à des esprits séducteurs et à des doctrines de démons » (1 Timothée 4.1). Nous combattons en nous attaquant aux systèmes de mensonges des démons, en renversant les forteresses, et non en commandant les esprits.

Dans 1 Corinthiens, les forteresses de l'ennemi sont appelées « la sagesse de ce monde » (3.19) et « les pensées des sages » (3.20). Ce sont ces nombreux systèmes de pensée que le monde a élevés au-dessus de la connaissance de Dieu. Romains 1 décrit le parcours que l'humanité a suivi dans le péché. Bien que la vérité de l'existence et du pouvoir infini de Dieu soit clairement visible dans la création (Romains 1.20), l'être humain, dans son état de pécheur, s'est retourné contre Dieu, a étouffé la connaissance de Dieu pour adopter des pensées absurdes et futiles, et a « changé la vérité de Dieu en mensonge » (v. 21-25). Toute idéologie du monde qui s'oppose à Dieu, à Christ et à la Bible est tirée de cette même rébellion et a été conçue en enfer. C'est contre cela que nous luttons : les fausses religions, les philosophies humanistes, le rationalisme séculier. Ce sont ces hauteurs qui s'élèvent contre la connaissance de Dieu (2 Corinthiens 10.5), et elles doivent être renversées.

Et cela soulève une importante question : quelles sont nos armes, au juste ? Si les forteresses sont construites de « raisonnements et [de] toute hauteur qui s'élèvent contre la connaissance de Dieu » (v. 5 ; pensées, concepts, opinions, idéologies, philosophies), il apparaît évident que la seule puissance qui réussira à détruire de telles choses est la puissance de la *vérité*. En effet, quand l'apôtre dressera la liste des armes de Dieu, dans Éphésiens 6.13-17, il ne nommera qu'une seule arme offensive dans toute la panoplie : « l'épée de l'Esprit, qui est la Parole de

Dieu » (v. 17). La puissance de Dieu pour le salut, c'est l'Évangile seul (Romains 1.16 ; voir aussi 1 Corinthiens 1.21).

Autrement dit, « les armes de Dieu », ce sont les instruments de vérité : la Parole de Dieu, l'Évangile, la saine doctrine, la vérité de l'Écriture.

C'est simple, on ne peut pas combattre le combat spirituel avec des phrases magiques et des paroles mystérieuses. On ne peut vaincre les démons simplement en leur parlant fort. De toute manière, je n'ai rien à dire aux démons. Je n'ai aucunement envie de leur parler. Je laisse cela au Seigneur (voir Jude 9). Pour quelle raison voudrais-je communiquer avec des esprits malins ? Par contre, j'en ai beaucoup à dire aux gens qui se sont barricadés derrière des forteresses de mensonges diaboliques. Je veux faire tout ce que je peux pour démolir ces lieux de mensonges. Et, la seule chose qui m'équipe pour bien le faire, c'est la Parole de Dieu.

La guerre spirituelle consiste à anéantir les mensonges diaboliques à coups de vérité. Servez-vous de l'autorité de la Parole de Dieu et de la puissance de l'Évangile pour présenter la vérité aux gens. C'est cela

> **Principe de leadership n° 22**
> **UN LEADER A DU DISCERNEMENT**

qui renverse les forteresses de la tromperie. C'est là, la véritable nature du combat spirituel. C'est précisément ce dont Paul parle ici dans 2 Corinthiens 10.

Qu'est-ce que tout cela a à voir avec le leadership ? Un des critères fondamentaux du leadership spirituel est la connaissance de la vérité, le don de reconnaître les mensonges et la capacité d'utiliser cette vérité pour réfuter les mensonges. *Un leader a du discernement.*

Un des plus importants critères que Paul énumérera pour les anciens dans l'Église, c'est qu'ils doivent être solidement attachés à la Parole de Dieu « afin d'être capable d'exhorter selon la saine doctrine et de réfuter les contradicteurs » (Tite 1.9). Celui qui n'est pas capable de s'engager ainsi dans le combat spirituel n'est tout simplement pas équipé pour diriger convenablement.

De plus, on ne peut pas être un bon leader et *éviter* la guerre. La vie de Paul prouve bien que, plus quelqu'un est un bon leader, plus l'ennemi lui fait la guerre. Cela fait partie intégrante du leadership. Il est donc impossible d'être un bon dirigeant ou de se battre adéquatement, à moins de connaître l'Écriture et d'apprendre à se servir de la vérité de Dieu pour réfuter les mensonges.

Les mensonges ne cèdent qu'à la vérité. La rébellion prend fin lorsque la vérité prévaut. Si vous êtes un leader qui est également chrétien, vous ne le réalisez peut-être pas, mais vous êtes engagés dans un combat spirituel. Vous avez besoin de vous armer. Vous devez connaître la Parole de Dieu. Et vous devez apprendre à bien vous en servir contre les mensonges du malin.

Troisième partie

L'OUVRIER APPROUVÉ : UN LEADERSHIP SELON LES NORMES BIBLIQUES

Chapitre dix

COMMENT ÉVITER
D'ÊTRE DÉSAPPROUVÉ

D ans ces derniers chapitres, nous allons examiner les qualités requises pour être un bon leader. Nous commencerons, toutefois, par scruter un piège commun qui peut facilement disqualifier même un leader qui a connu un bon départ. Il s'agit d'un piège qui a certainement été la plus grande cause de chute pour un grand nombre de leaders : le manque de discipline personnelle.

Les gens qui possèdent des talents naturels ont de la difficulté à se discipliner. Le musicien qui est très doué n'a pas besoin de s'exercer beaucoup pour donner une bonne performance. L'athlète talentueux jouera bien sans nécessairement travailler aussi fort que ses coéquipiers. Un artiste qui possède un talent extraordinaire n'aura peut-être pas à travailler très fort pour exceller dans son art. C'est pour cette raison que certaines personnes les plus douées au monde sont aussi les plus indisciplinées. Nous avons souvent l'occasion de constater cette réalité choquante dans la vie des vedettes de cinéma et des héros sportifs.

Paul est un leader naturel extraordinaire. Nous pouvons déduire cela du fait qu'il n'était encore qu'un jeune homme lorsqu'on lui a confié la responsabilité de la campagne lancée par le Sanhédrin contre les chrétiens (Actes 7.58). Racontant tout ce qu'il a fait pour s'opposer à l'Évangile avant de connaître Christ, il dit : « J'ai jeté en prison plusieurs des saints, ayant reçu ce pouvoir des principaux sacrificateurs, et, quand on les mettait à mort, je joignais mon suffrage à celui des autres » (Actes 26.10). Le fait qu'il puisse joindre son suffrage à celui des autres suggère qu'il était lui-même un membre du Sanhédrin, le conseil suprême du judaïsme.

Que Paul ait atteint une telle stature dès un si jeune âge laisse croire qu'il possède une intelligence remarquable et des dons suprêmes. Et pourtant, nous avons suffisamment vu qu'il n'est pas le genre d'homme à s'appuyer sur ses capacités naturelles, ses prouesses intellectuelles et son don de leadership. « [J'ai] travaillé plus qu'eux tous, non pas moi toutefois, mais la grâce de Dieu qui est avec moi », a-t-il dit (1 Corinthiens 15.10).

Ainsi, Paul vient de souligner une qualité extrêmement indispensable et d'une importance suprême pour un leader : *un leader est discipliné.*

La maîtrise de soi est absolument essentielle si nous voulons toujours réussir ce à quoi nous nous appliquons. Nombreux sont ceux qui atteignent un certain niveau de célébrité uniquement grâce à leur talent naturel. Mais les vrais *leaders*, ceux qui ont de l'influence, sont ceux qui se sont soumis à une discipline personnelle et qui tirent le meilleur parti de leurs talents. Ceux qui n'ont aucune maîtrise de soi échouent invariablement, et cessent d'être un exemple d'intégrité, ce qui est absolument indispensable à la meilleure forme de leadership.

L'apôtre Paul, comme nous l'avons vu à plusieurs reprises, est tout à fait certain de son appel. Il défend son apostolat avec assurance chaque fois que quelqu'un s'en prend à son autorité. Il n'a aucun doute quant à son droit de diriger. Après tout, il a été appelé d'une manière extraordinaire à remplir un rôle unique. Paul a indiqué que le Christ ressuscité lui est apparu sous une forme corporelle (1 Corinthiens 15.8, voir aussi Actes 23.11). En fait, la rencontre qu'il a eue avec le Seigneur glorifié était si remarquable et unique qu'il s'est appuyé sur cet évènement pour défendre son apostolat (1 Corinthiens 9.1). De plus, Paul a reçu le même pouvoir que les Douze ont reçu de Jésus pour opérer des miracles, des signes et des prodiges (2 Corinthiens 12.12 ; voir aussi Matthieu 10.1).

Paul peut bien être certain de son appel. Dieu l'a spécifiquement et singulièrement mis à part pour un rôle missionnaire et la fonction d'apôtre. L'appel et l'approbation que Paul a reçus de Dieu sont évidents pour tous. En réalité, la mission apostolique de Paul a été plus d'une fois confirmée de manières tellement puissantes et spectaculaires que, même les plus gros efforts de plusieurs faux apôtres n'ont pas réussi à le disqualifier.

Et pourtant, Paul lui-même dit qu'il appréhende la possibilité d'être disqualifié.

Nous pourrions croire que Paul était si certain de son appel qu'il n'avait pas du tout peur d'échouer. Si quelqu'un devait être immunisé contre la crainte d'être déclaré inapte au leadership, n'est-ce pas Paul ?

> **Principe de leadership n° 23**
> **UN LEADER EST DISCIPLINÉ**

Mais il a écrit et il écrira sur ce sujet de la manière la plus honnête et explicite.

Paul a l'habitude de comparer la vie à une compétition sportive telle que la course (Actes 20.24 ; Galates 2.2 ; 5.7 ; Philippiens 2.16 ; 3.13,14 ; 2 Timothée 2.5). Il est déterminé à gagner la course. Il ne veut pas trébucher ni s'effondrer avant d'atteindre la ligne d'arrivée. Il a écrit ces mots qui nous donnent un bel aperçu du cœur d'un véritable leader :

> Ne savez-vous pas que ceux qui courent dans le stade courent tous, mais qu'un seul remporte le prix ? Courez de manière à le remporter. Tous ceux qui combattent s'imposent toute espèce d'abstinences, et ils le font pour obtenir une couronne corruptible ; mais nous, faisons-

le pour une couronne incorruptible. Moi donc, je cours, non pas comme à l'aventure ; je frappe, non pas comme battant l'air. Mais je traite durement mon corps et je le tiens assujetti, de peur d'être moi-même désapprouvé après avoir prêché aux autres (1 Corinthiens 9.24-27).

Le mot grec traduit par « désapprouvé », au verset 27, est *adokimos*. Il signifie : « rejeté, réprouvé, refusé à l'épreuve, qui n'a pas fait ses preuves ». C'est le même mot qui est traduit par « réprouvé » dans « Dieu les a livrés à leur sens réprouvé » (Romains 1.28). Paul décrit là le genre d'élimination personnelle, honteuse et scandaleuse qui a lieu quand on découvre qu'un athlète a triché ou violé d'autres règles de la course.

Une carence sur le plan moral et personnel a causé l'effondrement de nombreux leaders.

De toute évidence, Paul n'a pas peur que ses ennemis réussissent à le désapprouver avec leurs attaques sur ses qualités apostoliques. Ainsi que nous l'avons vu, il survit à de tels assauts avec une confiance et une conviction suprêmes. Mais ici, il parle d'un tout autre genre de désapprobation. Il dit qu'il ne veut pas se disqualifier *lui-même*. Il ne veut pas tomber et s'épuiser moralement et être disqualifié sur le plan spirituel.

C'est un grave danger que courent tous les leaders. Même si un leader est très sûr de son appel, il doit également avoir une sainte peur de l'échec spirituel. Tous les dirigeants sont exposés à des tentations exceptionnelles et uniques. À cause du rôle de premier plan qu'ils ont, ils font face à des attaques extraordinaires de la part de l'ennemi. Plusieurs sont tombés dans le piège de l'orgueil ; d'autres ont sombré par manque de pureté et de maîtrise de soi. Une carence sur le plan moral et personnel a causé l'effondrement de nombreux leaders. Tout découle d'un manque de discipline.

Le manque de maîtrise de soi de Samson lui a fait perdre sa force. Les désirs sexuels de Salomon ont compromis sa sagesse.

Et si David, un homme selon le cœur de Dieu, a pu succomber à la convoitise des yeux en commettant l'adultère et en tuant un homme, aucun leader ne devrait jamais se croire immunisé contre l'échec personnel. Ce n'est surtout pas le cas de Paul.

À vrai dire, Paul se soucie beaucoup de cela en tant que leader. Il ne veut pas se disqualifier de la course. Il se soumet donc à une grande discipline, il asservit ses désirs charnels et assujettit son propre corps, afin que n'arrive jamais le jour, après avoir prêché à d'autres, où il serait lui-même désapprouvé. Il garde les yeux fixés sur le prix (Philippiens 3.13,14). Il s'exerce à la piété (1 Timothée 4.7). Et il court avec persévérance (Hébreux 12.1).

CONCOURIR POUR REMPORTER LE PRIX

Pourquoi prendre la peine de courir ? Aucun vrai compétiteur ne souhaite finir en deuxième position.

De nos jours, un grand nombre de courses et de marathons attirent des milliers de coureurs amateurs dont le seul but est d'achever la course. Le prix qu'ils cherchent à remporter est la satisfaction d'avoir terminé la course (sans nécessairement se préoccuper de bien la finir). Il n'y a rien de mal à faire cela dans une course sans importance. Mais le but, dans une vraie compétition sportive, c'est de gagner. Et Paul dépeint la vie et le ministère comme une vraie compétition, et non une partie de plaisir. Il prend l'épreuve au sérieux, et il agit en conséquence.

Les Corinthiens comprennent les compétitions sportives aussi bien que n'importe quel fervent des chaînes sportives de télévision. Depuis l'époque d'Alexandre le Grand, les athlètes ont dominé la société grecque. Les deux plus importants évènements sportifs sont les Jeux Olympiques, qui ont lieu tous les quatre ans à Athènes, et les Jeux Isthmiques qui sont tenus tous les deux ans (au printemps de la deuxième et de la quatrième année des olympiades) à Corinthe. Les Jeux Isthmiques sont probablement la plus grande attraction de la ville. Tous les citoyens de Corinthe ont quelque connaissance dans le domaine athlétique.

Et une chose qu'ils savent tous, c'est que, pour remporter le prix, il faut gagner la course. Aux Jeux Isthmiques, les vainqueurs reçoivent une couronne de pin. Mais avec ce prix viennent la gloire et les grands honneurs. Les vainqueurs sont vénérés plus que n'importe qui dans la société, tout comme le sont les héros du monde sportif du XXIe siècle. Tous les jeunes hommes de Corinthe rêvent de remporter le prix.

J'étais un athlète durant mes années de secondaire et d'université. Je faisais partie des équipes de football, de basketball et d'athlétisme sur piste. Je jouais *toujours* pour gagner. C'était ma vie à l'époque. Et je réussissais quand même assez bien. Quand je pense aux sacrifices que j'étais prêt à faire dans le seul but d'avoir la possibilité de courir sur un terrain avec un ballon en cuir sous le bras, je n'en reviens tout simplement pas aujourd'hui.

Notez ce que Paul dit à propos des athlètes terrestres : « Ils le font pour obtenir une couronne corruptible » (1 Corinthiens 9.25). Une couronne de pin, qui est plutôt inconfortable à porter autour du cou. De nos jours, le prix le plus prestigieux à remporter est une médaille d'or. Il paraît qu'elle est composée d'un matériau qui vaut à peine plus de 100 $ US. Ce sont des prix corruptibles, sans grande valeur. Même les prix impalpables sont de courte durée. Et pourtant, les athlètes font de grands sacrifices pour les remporter.

À l'époque où j'étais à l'université, les athlètes qui étaient aux études ne recevaient pas de salaire ni de bourse. Par contre, il y avait un tableau d'affichage des records dans le gymnase, et chaque athlète rêvait de voir un jour son nom mentionné sur ce tableau.

J'ai fait bonne carrière au football universitaire, et j'ai réussi à établir quelques records. Je me souviens d'être allé dans le gymnase le jour où j'ai reçu mon diplôme universitaire et d'avoir regardé le tableau des records. Mon nom y apparaissait dans les différentes catégories de sports que j'avais pratiqués. Cela me semblait tellement important à ce moment-là.

Puis, un an seulement après cela, je suis retourné pour une réunion d'anciens élèves et, en regardant le tableau, j'ai vu que plusieurs de mes records avaient été battus. C'était déjà assez déchirant de voir cela, mais, lorsque j'y suis retourné quelques années plus tard, le tableau avait disparu. Peu de temps après, l'université n'existait même plus. Finalement, ma gloire a reçu son coup fatal en 1971, lorsqu'un séisme de grande magnitude a fait tomber mon trophée de football d'une tablette et qu'il s'est cassé au point de ne plus être réparable. Ma femme, Patricia, a ramassé les débris avec le balai et les a tout simplement mis aux ordures.

Les marques d'approbation terrestres sont brèves et éphémères. Et pourtant, les athlètes sont prêts à faire des sacrifices extraordinaires pendant une très longue période afin d'obtenir un prix.

Paul dit que si l'athlète est prêt à se discipliner pour remporter une couronne de pin, quel prix sommes-nous prêts à payer pour recevoir la « couronne incorruptible » (v. 25), « qui ne peut ni se corrompre, ni se souiller, ni se flétrir » (1 Pierre 1.4) ?

Paul décrira sa propre quête du prix : « *[Je]* ne pense pas l'avoir saisi ; mais je fais une chose : oubliant ce qui est en arrière et me portant vers ce qui est en avant, je cours vers le but, pour remporter le prix de la vocation céleste de Dieu en Jésus-Christ » (Philippiens 3.13,14). La course n'est pas finie. Il n'a pas encore atteint son but. Il est déterminé à ne pas abandonner avant d'avoir atteint le but. Regarder derrière ou autour de lui ne ferait que le ralentir inutilement. Il garde donc les yeux fixés sur le but et continue d'avancer pour remporter le prix. C'est ce que tout coureur doit faire.

À l'université, je participais à la course de relais. Une de nos plus importantes courses de l'année était celle que nous avons faite au tournoi d'Orange County en Californie. Au total, environ trente-cinq écoles y étaient représentées, et nous avons réussi à nous rendre en finale.

L'équipe était composée de quatre participants. Le premier homme devait être un bon coureur. Son rôle était de prendre la tête le plus tôt possible. Le deuxième homme avait le rôle le moins stratégique. S'il perdait la tête, il y avait deux autres hommes pour essayer de rattraper le retard. Les deux derniers coureurs devaient donc être rapides et endurants. J'étais essentiellement un joueur de football qu'on avait pris pour compléter l'équipe, alors, je courais le deuxième relais.

Dans cette course en particulier, le premier coureur a bien couru la première distance et m'a passé le témoin avec perfection. J'ai couru la course de ma vie et j'ai terminé mon tour de piste au premier rang à égalité avec l'adversaire. J'ai réussi une passe parfaite du témoin au troisième équipier, qui est parti avec une bonne avance. Comme notre quatrième homme était imbattable, il semblait bien que nous étions en route vers la victoire.

Mais au moment de prendre la dernière courbe, notre troisième homme a soudainement ralenti, puis il s'est arrêté, a quitté la piste et est allé s'asseoir dans la zone intérieure. La course a continué. Bien sûr, nous étions éliminés. J'étais affolé, et les autres équipiers l'étaient aussi. Nous étions certains que notre homme était victime d'un claquage au jarret ou quelque chose de semblable.

Nous avons traversé le terrain en courant jusqu'à l'endroit où il était assis, ajustant nonchalamment ses bas. « Que s'est-il passé ? Que s'est-il passé ? », avons-nous crié.

Je n'oublierai jamais sa réponse : « J'en ai eu assez de courir. »

Je dois avouer que les idées qui m'ont traversé l'esprit à ce moment-là étaient assez charnelles. Nous étions prêts à le démolir. Nous avions souhaité gagner ! Nos yeux étaient fixés sur le prix, et il était à la portée de nos mains. Comment un homme qui s'était exercé à ce point pendant si longtemps pouvait-il décider à ce moment-là qu'il n'avait tout simplement plus envie de courir, et laisser ainsi tomber son équipe et l'école entière ? Il n'était manifestement pas un leader.

J'ai remarqué, au fil des ans, que les leaders qui ont un véritable don pour diriger ont en eux un désir ardent de remporter la victoire. Ceux qui n'ont pas l'instinct de gagner ne font pas de très bons leaders.

Mais si nous voulons remporter la victoire dans *cette* course, il nous faudra en payer le prix, sans quoi nous serons désapprouvés.

SE PRÉPARER POUR L'ÉPREUVE

Le prix de la victoire, c'est la discipline, c'est-à-dire la maîtrise de soi, le sacrifice et beaucoup de travail. Les athlètes du temps de Paul s'exercent avec hardiesse dans le seul but d'avoir le privilège de faire partie de la compétition. Un athlète qui veut participer aux Jeux Isthmiques doit prouver qu'il s'est exercé à temps plein depuis dix mois. Pendant les trente jours précédant les Jeux, tous les athlètes s'entraînent ensemble quotidiennement en public. Ils doivent suivre un programme très strict d'exercices et de discipline qui élimine tous ceux qui ne sont pas suffisamment dévoués. Il faut être sérieusement engagé pour être un athlète de niveau international.

C'est précisément ainsi que Paul dépeint la discipline à laquelle il se soumet en tant que leader du peuple de Dieu. Cela n'a rien d'un simple jeu pour lui. Il est plus sérieux que n'importe quel athlète de piste. Il désire gagner une course qui est largement plus importante que tous les sports d'arène. Pour cela, il doit donc s'exercer davantage et s'astreindre à une discipline rigoureuse.

« Tous ceux qui combattent s'imposent toute espèce d'abstinences [*de retenue, de modération, de tempérance*] », dit Paul (1 Corinthiens 9.25). On ne peut mettre fin au programme d'entraînement et gagner. Cela n'est pas vrai uniquement dans le milieu sportif. C'est une réalité dans tout, et c'en est une *principalement* dans le domaine du leadership.

La vraie réussite coûte très cher. Tous les athlètes savent cela. C'est pour cette raison qu'ils calculent leurs heures de sommeil, ce qu'ils mangent et les exercices qu'ils font. Ce n'est pas une affaire occasionnelle. Pour ceux qui veulent exceller, c'est une obligation de tous les jours.

La discipline doit devenir une passion. Il ne s'agit pas seulement de faire tout ce qui est obligatoire et d'éviter tout ce qui est interdit. C'est une décision de sacrifice personnelle. Un athlète a le droit de manger un repas de huit plats juste avant d'aller courir le 30 mètres. C'est son privilège. Mais ce ne serait pas intelligent. Et s'il ne sacrifie pas ce droit, il ne remportera pas la victoire.

Paul souligne justement ce point au début de 1 Corinthiens 9. Il a tous les droits d'être soutenu par ceux à qui il prêche (v. 1-15). Il a renoncé à ce droit pour eux (v. 12,15), choisissant de subvenir à ses besoins en fabriquant des tentes pendant son séjour dans leur ville (Actes 18.3). « Quelle est donc ma récompense ? C'est d'offrir gratuitement l'Évangile que j'annonce, sans user de mon droit de prédicateur de l'Évangile » (1 Corinthiens 9.18). Il dit aussi : « Tout est permis, mais tout n'est pas utile ; tout est permis, mais tout n'édifie pas » (10.23). Il a fait le choix d'abandonner au bénéfice des Corinthiens les droits qui lui reviennent en tant qu'apôtre.

Les Corinthiens, eux, d'un autre côté, tiennent tellement à faire valoir leurs propres droits qu'ils intentent des actions en justice les uns contre les autres (6.1-7). Ils font un usage indigne du repas du Seigneur et en ont fait un concours pour savoir qui arrivera le premier et recevra la plus grosse part (11.21). Ils sont tellement occupés à faire valoir leurs droits, qu'ils sont sur le point de perdre leur récompense. Ils sont en train de détruire leur témoignage et briser la communion au sein de l'Église. En réalité, tous les problèmes qui existent dans cette Église reflètent un manque de discipline. Les Corinthiens sont incapables de se maîtriser et refusent de renoncer à leurs droits.

Ils ont désespérément besoin de suivre l'exemple de Paul et d'apprendre à se maîtriser. Après tout, si un athlète est capable de s'imposer une discipline rigide pour remporter un prix corruptible, un chrétien devrait être prêt à en faire autant « pour une couronne incorruptible » (9.25).

Pourquoi est-ce important d'être discipliné ? La discipline nous enseigne à marcher selon des principes plutôt que selon nos désirs. Dire non à nos impulsions (même celles qui ne sont pas mauvaises en soi) veut dire que nous dominons sur nos appétits au lieu du contraire. Nos envies sont alors

> **La discipline nous enseigne à marcher selon des principes plutôt que selon nos désirs.**

détrônées, permettant donc à la vérité, à la vertu et à l'intégrité de contrôler nos pensées.

Nous vivons dans une société indisciplinée. Ce monde a placé sur un trône la notion des droits personnels et fait paraître la retenue comme une chose mauvaise. Mais, même dans une telle culture, ceux qui s'élèvent au rang de leader, sont habituellement ceux qui exercent une certaine mesure de maîtrise de soi.

Comment un leader peut-il apprendre la discipline dans un monde indiscipliné ? Avec le rythme trépidant de la vie moderne et les couches de complexité qui ont été ajoutées à la vie par les soi-disant « commodités », est-ce possible d'être un chef discipliné ?

Je suis convaincu que cela est possible, et j'ai trouvé quelques suggestions pratiques qui m'ont aidé personnellement à apprendre la discipline. Quand on me demande de parler à des leaders sur le leadership et la discipline, voici la liste que j'ai l'habitude de leur donner :

ORGANISEZ-VOUS

Commencez là où vous êtes. Nettoyez la pièce. Mettez de l'ordre dans votre bureau. Remettez à leur place les objets qui sont déplacés et débarrassez-vous de ceux qui sont inutiles. Faites en sorte que tout dans votre environnement soit propre.

Dressez la liste de vos priorités et mettez-les en ordre. Puis planifiez votre temps de manière à ce que vous réussissiez à tout faire. Planifiez de réaliser les tâches les plus ardues et les moins agréables en premier, quand vous avez plus d'énergie. Divisez les tâches complexes en de plus petites tâches, et prévoyez du temps pour chacune d'elles.

Un agenda est un outil très utile. Vous avez le choix entre des logiciels de gestion de tâches sophistiqués ou encore des agendas ou des calendriers rudimentaires. Choisissez ce qui vous convient le mieux, même si vous utilisez de simples bouts de papier, mais gardez toutes vos notes dans un même endroit et suivez votre plan.

Si vous n'êtes pas maître de votre temps, vous n'aurez le contrôle d'aucun autre domaine de votre vie. Et si vous ne vous soumettez pas délibérément à l'horaire que vous avez établi, votre vie sera dirigée par les crises et les gens difficiles. Vous ne pouvez pas être un leader efficace si vous êtes continuellement à la merci des circonstances imprévisibles.

SACHEZ GÉRER SAGEMENT VOTRE TEMPS

Après avoir planifié votre temps, suivez votre plan. Ne vous laissez pas aller à la procrastination. Travaillez dur. Ne perdez pas votre temps. Restez actif. Soyez ponctuel (arriver en retard à vos rendez-vous est un manque de délicatesse qui fait perdre du temps aux *autres* et à vous-même). Ne vous laissez pas détourner de vos priorités par toutes sortes de distractions et d'interruptions inutiles.

Les gaspillages de temps sont l'essence même de la folie. Paul écrira : « Prenez donc garde afin de vous conduire avec circonspection, non comme des insensés, mais comme des sages ; rachetez le temps, car les jours sont mauvais » (Éphésiens 5.15,16). Je n'ai encore rencontré personne qui ait réussi à perdre du temps tout en étant organisé.

Bien sûr, vous devez avoir des moments de loisir. Jésus lui-même a reconnu qu'il est essentiel de se reposer (Marc 6.31). Mais soyez également organisé et discipliné dans ce domaine de votre vie.

CHERCHEZ DES MOYENS D'ÊTRE ÉDIFIÉ PLUTÔT QUE DE SIMPLES DIVERTISSEMENTS

Quand vous avez du temps pour vous détendre et relaxer, faites quelque chose qui nourrira votre esprit plutôt que vos désirs charnels. Écoutez des enregistrements de bons messages. Écoutez de la musique qui édifie et ennoblit, au lieu de vous remplir l'esprit de vanité et de sottises. Lisez un bon livre. Adoptez un passe-temps pratique. Engagez une conversation édifiante avec une personne que vous aimez.

Voici un élément clé de la piété authentique : offrez votre vie privée à Dieu. Consacrez-vous, *surtout* dans vos moments de loisir, à cultiver l'humilité, la repentance, la sainteté et la crainte de Dieu.

PRÊTEZ ATTENTION AUX PETITS DÉTAILS

Si vous voulez avoir une vie disciplinée, vous devez acquérir l'habitude de remettre les choses à leur place. Lorsque vous voyez qu'un cadre à photo est de travers, redressez-le. Si vous voyez une mauvaise herbe, arrachez-la. Quand vous voyez qu'une chose a été déplacée, aussi insignifiante soit-elle, rangez-la.

Les petites choses sont souvent importantes. Jésus a raconté une parabole dans laquelle un homme a dit à son serviteur : « Tu as été fidèle en peu de chose » (Luc 19.17). Un manque de discipline dans les petites choses donne également lieu à des échecs dans les grandes. Comme nous l'avons entendu dans la citation de Benjamin Franklin, des royaumes ont été perdus faute d'un clou de fer à cheval. De même, selon mon expérience, ceux qui sont fidèles dans les petites choses sont les mêmes qui sont aussi disciplinés dans les affaires plus importantes.

ACCEPTEZ DES RESPONSABILITÉS SUPPLÉMENTAIRES

Quand vous voyez que quelque chose a besoin d'être fait, offrez votre aide. Pourvoyez aux besoins des autres chaque fois que vous le pouvez. Montrez que vous êtes un dirigeant attentif.

Cherchez des moyens de mettre vos dons et vos ressources au service des autres. Cela vous aidera à concentrer votre énergie et à cultiver un cœur de serviteur.

Vous avez certainement entendu le vieil adage : « Si vous avez un travail à effectuer, adressez-vous à la personne la plus occupée que vous connaissiez ». La raison de cela, c'est que les gens qui travaillent fort sont ceux qui accomplissent le travail. La léthargie engendre une vie désorganisée et sans discipline, et apprendre à accepter plus de responsabilités est un bon remède contre la léthargie.

Sᵢ vous commencez quelque chose, vous devez le finir

Si vous avez l'habitude de ne pas mener à terme vos projets, c'est un signe évident que vous manquez de discipline. Cela est lié à la planification. Une bonne planification veut dire qu'on a calculé le coût. Jésus a dit qu'il est mal de commencer une chose qu'on ne pourra mener à terme (Luc 14.28-32). Pourquoi multiplier les projets si vous n'avez pas fini ce que vous avez déjà commencé ? Si vous avez cette habitude, les gens perdront vite confiance en vos capacités de leader.

Respectez vos engagements

Dans la même veine, ne dites pas que vous allez faire quelque chose que vous ne pourrez accomplir, et ne faites pas de promesses que vous n'avez pas l'intention de tenir. Jésus a dit : « que votre parole soit oui, oui, non, non » (Matthieu 5.37).

En d'autres termes, votre parole est un serment. Et les Écritures disent : « Si tu fais un vœu à l'Éternel, ton Dieu, tu ne tarderas point à l'accomplir, car l'Éternel, ton Dieu, t'en demanderait compte, et tu te chargerais d'un péché. Si tu t'abstiens de faire un vœu, tu ne commettras pas un péché. Mais tu observeras et tu accompliras ce qui sortira de tes lèvres, par conséquent les vœux que tu feras volontairement à l'Éternel, ton Dieu, et que ta bouche aura prononcés » (Deutéronome 23.21-23).

Une personne qui ne respecte pas ses propres engagements est invariablement une personne qui manque de discipline personnelle dans les autres domaines de sa vie.

RENONCEZ À CERTAINS PLAISIRS DE TEMPS À AUTRE.

Dominez vos désirs personnels en vous refusant certains plaisirs auxquels vous avez droit. Sautez le dessert. Allez marcher au lieu de faire la sieste. Faites plaisir à votre conjoint au lieu de vous gâter.

C'est précisément le genre de sacrifice personnel que Paul décrit en disant : « Je traite durement mon corps et je le tiens assujetti » (1 Corinthiens 9.27). Il utilise une expression grecque qui signifie littéralement : « frapper sous les yeux ». En termes figurés, il dit qu'il se sert de son corps comme d'un punching-ball, afin de cultiver la discipline.

Remarquez comme Paul dépeint le portrait de la discipline personnelle dans un style coloré appartenant à l'athlétisme. Il écrit : « Moi donc, je cours, non pas comme à l'aventure » (v. 26). Il sait où est le but. Il sait où sont posées les bornes du terrain. Il court donc vers le but avec une parfaite détermination. Un coureur sans but ni bornes avancera sans ambition dans un état léthargique. Le leader chrétien doit garder les yeux fixés sur le but et courir avec persévérance et de toutes ses forces.

Ceci, soit dit en passant, est un autre important principe de leadership. Il est le partenaire idéal de la discipline : *un leader est plein d'énergie.*

Je n'ai jamais connu de leaders paresseux ou inactifs. Un leader doit être actif et diligent. Ce principe s'accorde parfaitement avec tout ce que nous avons souligné

> **Principe de leadership n° 24**
> **UN LEADER EST PLEIN D'ÉNERGIE**

jusqu'ici. Il est essentiel qu'un leader possède cette caractéristique pour avoir l'initiative, l'enthousiasme, la détermination et la résistance qu'exige le leadership.

Le leader, comme tout bon athlète, ne peut pas se permettre de quitter le terrain au milieu de la course. Il court vers le but. En réalité, comme tous les athlètes le savent, nous devons souvent avancer dans la souffrance, malgré la fatigue, les blessures, l'adversité et de toutes sortes de dures épreuves. Bien que ces difficultés semblent par moments vider le réservoir humain de toute son énergie, la victoire finale remplit à nouveau l'esprit. Le leader efficace, tout comme l'athlète, doit parfois faire de très grands efforts pour trouver le moyen de persévérer au moment où la persévérance paraît tout à fait impossible.

Paul sait exactement où trouver une telle énergie : « Je puis tout par [*Christ*] qui me fortifie » (Philippiens 4.13). C'est pour cela qu'il peut dire : « Je sais vivre dans l'humiliation, et je sais vivre dans l'abondance. En tout et partout, j'ai appris à être rassasié et à avoir faim, à être dans l'abondance et à être dans la disette » (v. 12). Il s'est imposé la discipline de courir, de persévérer malgré les épreuves, de telle manière qu'il puisse remporter le prix.

Paul ajoute encore une métaphore. Non seulement il est un coureur, mais il est également un boxeur. « Moi donc, je cours, non pas comme à l'aventure ; je frappe, non pas comme battant l'air » (1 Corinthiens 9.26). Remarquez qu'il ne boxe pas dans le vide, il ne donne pas de coups pour rire. Il se bat sérieusement. *Pendant* qu'il court, il se bat aussi. Il a un adversaire qu'il doit frapper sans relâche s'il ne veut pas que ce dernier réussisse à le désorienter.

Cet adversaire, rappelons-nous, est sa propre chair, c'est-à-dire la nature pécheresse qui est si souvent associée aux désirs charnels. Maintenant, nous savons pourquoi il traite son propre corps comme un punching-ball, sans quoi, sa chair lui ferait perdre la course. Il court pour remporter la victoire, et il se bat pour rester dans la course. En termes positifs, il s'exerce à développer la force de caractère qui gardera ses yeux sur le prix et ses pieds dans la bonne direction. En termes négatifs, il cultive la discipline de la maîtrise de soi afin d'empêcher que sa propre chair lui coûte la course.

Tous les athlètes savent en quoi consiste cette lutte. Un bon athlète doit être maître de son corps. Il ne doit pas avoir un surplus de poids, et il ne peut pas être en mauvaise santé. Il nourrit son corps, fait de l'exercice pour garder la forme et s'entraîne pour développer ses muscles. Il discipline son corps.

La plupart des gens, cependant, se laissent dominer par leur corps. Leur corps dicte la conduite à leur esprit. « Donne-moi plus à manger. Ne m'épuise pas. Donne-moi du plaisir. Donne-moi du repos. » C'est pour cette raison que le principe du péché est appelé « la chair » dans les épîtres de Paul. Ce n'est pas que le corps en lui-même est méchant. Mais les mauvais désirs sont souvent associés au corps. Paul dira donc que nous devons faire « mourir les actions du corps » (Romains 8.13), et : « [*crucifier*] la chair avec ses passions » (Galates 5.24).

L'athlète a deux atouts : premièrement, il sait comment assujettir son corps ; et deuxièmement, il a la force de caractère pour avancer avec persévérance vers le but. Paul dit que le leader doit avoir la même discipline que l'athlète pour être efficace dans sa fonction.

Mais il dit aussi qu'il faut se discipliner sans cesse. Il ne faut pas se relâcher ni abandonner avant d'atteindre la ligne d'arrivée, sinon tout est perdu. C'est pour cela qu'il faut courir pour atteindre le but (Philippiens 3.13-14) et courir avec persévérance (Hébreux 12.1).

ACHEVER LA COURSE

Pour Paul, la passion de bien *terminer* la course est presque continuellement au centre de ses préoccupations. Il dira aux anciens d'Éphèse : « [*Des*] liens et des tribulations m'attendent. Mais je ne fais pour moi-même aucun cas de ma vie, comme si elle m'était précieuse, pourvu que j'accomplisse ma course avec joie » (Actes 20.23-24). En écrivant aux Églises de la Galatie, il leur a fait ce reproche : « Vous couriez bien : qui vous a arrêtés pour vous empêcher d'obéir à la vérité ? » (Galates 5.7.) Il leur a également rappelé comment il avait défendu l'Évangile avec ferveur, « afin de ne pas courir ou avoir couru en vain » (Galates 2.2). Il encouragera les Philippiens à porter la parole de vie, afin qu'il puisse « [se] glorifier, au jour de Christ, de n'avoir pas couru en vain ni travaillé en vain » (Philippiens 2.16). Il dira à Timothée que « l'athlète n'est pas couronné, s'il n'a pas combattu suivant les règles » (2 Timothée 2.5).

Et ici, Paul explique que c'est pour cette raison qu'il astreint sans cesse son corps à une discipline sévère : « de peur d'être [lui]-même désapprouvé après avoir prêché aux autres » (1 Corinthiens 9.27). Ce principe est vrai pour tous les leaders, et pas seulement pour les pasteurs. Le comble de l'ironie, c'est le leader qui se disqualifie lui-même après avoir cherché à en influencer d'autres.

Paul tire l'exemple de la disqualification directement des Jeux Isthmiques. Au commencement des Jeux, un héraut entre dans le stade en grande pompe. On sonne de la trompette pour attirer l'attention des spectateurs. Le héraut monte ensuite sur une plate-forme et annonce le concours, lit les noms des concurrents et les règlements. Évidemment, les règlements sont irréfutables et obligatoires. La moindre infraction est une cause de disqualification.

Paul dit qu'il ne veut surtout pas être celui qui proclame les règlements et qui se disqualifie *lui-même* en les violant.

Le monde ne manque pas de leaders chrétiens ayant justement fait cela. Ils semblent bien commencer, et certains montrent même des signes d'excellence pendant un temps, mais ils terminent mal. Ils cèdent à leurs propres désirs charnels, et ils sont désapprouvés, même après avoir prêché aux autres. Quelques-uns abandonnent parce qu'ils préfèrent une vie simple aux épreuves du leadership. Il y en a d'autres encore que la Providence divine a retirés du jeu. Plusieurs sont devenus une honte publique après avoir nui à la cause de Christ de manière répréhensible. Leur manque de discipline personnelle est presque toujours la cause de leur disqualification.

Et Paul achèvera *effectivement* la course. Il aura une vie victorieuse malgré ses nombreuses épreuves. Au dire de plusieurs, il mourra décapité sous l'ordre de Néron sur la route d'Ostia, non loin de Rome. Paul sait qu'il sera presque certainement livré au martyre, et à l'approche de sa mort, il écrira ce célèbre discours d'adieu à son disciple Timothée :

> Car pour moi, je sers déjà de libation, et le moment de mon départ approche. J'ai combattu le bon combat, j'ai achevé la course, j'ai gardé la foi. Désormais, la couronne de justice m'est réservée ; le Seigneur, le juste juge, me la donnera dans ce jour-là, et non seulement à moi, mais encore à tous ceux qui auront aimé son avènement. (2 Timothée 4.6-8.)

Puissions-nous laisser ce même genre d'héritage.

Training
Educating
unity,
phelowhip
Even Atrachmen
but relationshph make then stich
5
Reconsilation

Prayer line for All mans
to call and Pray
Important Prayer and faster

Unity of the body of christ

Chapitre onze

QUI EST APTE À DIRIGER ?

S i l'on veut se conformer à ce que dit le au Nouveau Testament, il faut reconnaître que le Seigneur a établi des dirigeants dans son Église, soit des pasteurs et des anciens. Ils sont des modèles de leadership spirituel pour tous, et, si ces hommes ne sont pas des leaders exemplaires, c'est qu'il y a un sérieux problème.

Les qualités qu'on exige des leaders ne s'appliquent pas *uniquement* à eux, toutefois, elles s'appliquent à eux plus particulièrement parce qu'ils doivent servir d'exemple à tous. « Il en sera du sacrificateur comme du peuple » (Osée 4.9). Les pasteurs et les anciens ont l'ordre d'être des modèles pour tous les chrétiens. Et les mêmes principes qui sont valables pour les dirigeants dans l'Église doivent aussi être mis en pratique par tous les chrétiens en situation de leadership.

Il faut donc examiner ce que Dieu requiert de ces dirigeants modèles pour connaître ce qu'il attend de tous les leaders.

Nous avons commencé le chapitre 1 en soulignant que la société moderne est en pénurie de vrais leaders. Le problème est étroitement lié au déclin du sens moral qui gruge les fondements de notre société au moins depuis les années 1960. La culture occidentale n'accorde plus d'importance au *caractère*, c'est-à-dire l'intégrité, la décence, l'honneur, la loyauté, l'honnêteté, la pureté et les autres vertus de ce genre. Un simple coup d'œil sur l'horaire des émissions diffusées à la télévision aux heures de pointe nous montre immédiatement ce que le monde pense de ce genre de qualités. Elles ont été détrônées. À leur place, la société moderne a établi de nouvelles valeurs, qui sont : l'égoïsme, la rébellion, l'impolitesse, un langage profane, l'irrévérence, la permissivité, l'intempérance et toutes les sortes possibles, ou presque, de décadence. Ce n'est pas étonnant que l'intégrité soit une vertu tellement rare de nos jours.

Malheureusement, ce n'est pas un secret que, ce qui est vrai pour le monde aujourd'hui, l'est également pour l'Église. Récemment, en feuilletant le catalogue d'un détaillant de livres chrétiens, j'ai remarqué la grande quantité de livres publiés au cours des dernières décennies qui portent sur la crise d'intégrité qui existe parmi les leaders chrétiens. La moitié de la page couverture du catalogue présentait des livres sur le sujet. Il est clair qu'en général, les chrétiens ont le sentiment que l'inconduite de certains de leurs dirigeants a atteint des proportions épidémiques.

Certains groupes de l'Église visible ont même cessé de chercher des leaders intègres. J'ai lu récemment un article dans un journal séculier qui racontait l'histoire d'un pasteur bien connu qui a été forcé de démissionner de son poste après que ses irrégularités morales et financières ont fait la manchette dans sa communauté. Quatre cents personnes ont quitté cette église pour fonder une autre congrégation afin que cet homme puisse être à nouveau leur pasteur. Elles ont dit qu'elles aimaient le fait qu'il soit aussi « humain ». Une femme a même dit qu'elle croyait que le scandale l'avait équipé pour être un meilleur pasteur.

Il ne s'agit pas là d'une situation unique. Il y a quelques années, un autre pasteur bien en vue a quitté son église après un scandale sexuel et on l'a aussitôt embauché pour enseigner dans l'une des plus grandes églises du pays. À peine deux semaines après avoir fait la manchette des bulletins de nouvelles dans tout le pays, il prêchait dans une méga-église.

Les pensées du monde s'infiltrent petit à petit dans l'Église. L'idée prédominante dans la communauté chrétienne aujourd'hui est que personne ne peut jamais vraiment être disqualifié de son rôle de leader. Au contraire, le dirigeant fautif qui veut bien faire une démonstration publique de regret *devrait* aussitôt être rétabli dans ses fonctions de leader. Cela veut dire que, dans certains groupes, l'immoralité sexuelle et l'infidélité dans le mariage ne sont plus des péchés pouvant entraîner la disqualification d'un pasteur. Je connais des hommes qui ont traîné leur Église dans les pires scandales publics sans pour autant manquer une seule semaine à la chaire. D'autres prennent un petit congé pour chercher conseil ou suivre une thérapie, et reprennent ensuite leur poste de leader. Malheureusement, ce genre de comportement est devenu pratique courante, car beaucoup de gens dans l'Église ont répondu à la crise du leadership en baissant la barre des exigences.

Nous nous sommes bien éloignés des préceptes du Nouveau Testament ! Remarquez que, dans toutes les listes de qualifications que Paul a données pour les leaders d'Églises, la première qualité indispensable est qu'ils doivent être « irréprochables » (1 Timothée 3.2,10 ; Tite 1.6,7). Le terme grec que Paul emploie signifie : « au-dessus de tout reproche, non blâmable, pur, irrépréhensible ». Littéralement, ce mot veut dire : « qui n'est sujet à aucune accusation ». Bien sûr, le terme n'indique pas qu'il faut être sans péché, sinon personne ne pourrait être un leader (1 Jean 1.8). Il ne signifie pas que les péchés qu'une personne a commis avant sa conversion la rendent inapte à diriger, autrement Paul lui-même n'aurait pu assumer un tel rôle (1 Timothée 1.12-16) Il décrit plutôt une personne dont le témoignage chrétien est exempt de scandale ; une personne qui est droite, de bon sens et sans souillure morale. En termes simples, cela signifie qu'un leader doit être reconnu comme quelqu'un qu'on ne peut accuser de manquer d'intégrité.

L'Église primitive exigeait que les dirigeants aient un sens moral élevé. Cela ne peut être plus clair que dans l'explication de Luc dans Actes 6, où il note de quelle manière les premiers diacres ont été reconnus et choisis par leurs frères croyants pour assister les apôtres dans le service.

Bien sûr, Jésus-Christ lui-même avait déjà choisi et appelé ses apôtres (Jean 15.16). N'oublions pas, cependant, qu'à la Pentecôte, 3000 personnes se sont ajoutées à l'Église en une seule journée (Actes 2.41). Un autre 5000 hommes, et, semble-t-il, plusieurs membres de leur famille, s'y sont ajoutés dans Actes 4.4. Puisque nous savons que l'Église croissait de jour en jour, il apparaît qu'en très peu de temps, l'Église de Jérusalem comptait au moins dix mille croyants, et fort probablement, deux fois ce nombre. Il va de soi qu'en peu de temps seulement, les responsabilités au niveau du leadership de l'Église ont pris une telle ampleur que les douze apôtres ne pouvaient plus s'en charger seuls.

Quelqu'un a dit que les chrétiens ne ressemblent plus à des chrétiens lorsqu'ils deviennent organisés. Parfois, cela semble bien vrai. Mais Actes 6 nous apprend comment les choses devraient se passer dans l'Église.

De toute évidence, l'Église primitive a une influence considérable sur la communauté juive à Jérusalem. Des multitudes viennent à la foi en Jésus-Christ. Les chrétiens sont animés d'un merveilleux esprit d'amour et d'harmonie. En raison du fait que plusieurs chrétiens de Jérusalem du premier siècle étaient errants et privés de leurs biens, les croyants « étaient dans le même lieu, et ils avaient tout en commun. Ils vendaient leurs propriétés et leurs biens, et ils en partageaient le produit entre tous, selon les besoins de chacun. Ils étaient chaque jour tous ensemble assidus au temple, ils rompaient le pain dans les maisons, et prenaient leur nourriture avec joie et simplicité de cœur » (Actes 2.44-46).

Puis, Luc décrit la première controverse qui a eu lieu dans l'Église : « En ce temps-là, le nombre des disciples augmentant, les Hellénistes murmurèrent contre les Hébreux, parce que leurs veuves étaient négligées dans la distribution qui se faisait chaque jour » (Actes 6.1).

L'Église du premier siècle est composée de deux groupes de personnes. Comme l'Église a été instaurée à Jérusalem, presque tous les croyants sont des Juifs. Toutefois, il y en a qui sont *Hébreux* et d'autres sont *Hellénistes*. Les Hébreux parlent l'araméen, une langue dérivée de l'hébreux. La plupart d'entre eux sont nés en Judée. Les Hellénistes sont des Juifs qui ont adopté la langue et les coutumes grecques. La plupart d'entre eux sont natifs de l'Asie Mineure, de l'Afrique du Nord et d'autres régions de l'Empire romain, mais ils sont restés attachés à la religion juive et reviennent nombreux chaque année pour célébrer la Pâque et la Pentecôte.

La plupart de ceux qui se sont convertis après avoir entendu prêcher Paul sont donc des Hellénistes. Apparemment, un bon nombre d'entre eux sont demeurés à Jérusalem pour faire partie de la communauté chrétienne. Une des raisons pour laquelle l'Église est devenue un corps si solidaire et qu'elle met tout en commun, est la nécessité de pourvoir aux besoins de cette massive communauté d'immigrants.

Il va de soi qu'avec autant de croyants provenant de deux cultures, les gens ont naturellement tendance à s'associer avec ceux qui parlent leur langue. De plus, on a enseigné aux Hébreux, dès leur enfance, à se méfier des Juifs hellénistes, car on dit qu'ils ont été souillés par une nation étrangère. L'apôtre Paul, en décrivant son état avant sa conversion, a dit qu'il y avait une chose dont il se glorifiait, et c'était le fait qu'il était « Hébreu né d'Hébreux » (Philippiens 3.5), et pas un Juif helléniste. Même s'il est né à Tarse, en Cilicie, (une nation non-juive), il a été élevé à Jérusalem, aux pieds de l'Hébreu Gamaliel, qui était un pharisien et un docteur de la loi. Les Hébreux ne considèrent pas les Hellénistes comme des Juifs authentiques, parce qu'ils ne sont pas restés fidèles au pays et aux traditions d'Israël. Il y a donc dans cette friction culturelle un réel potentiel de conflit.

« La distribution quotidienne » fait référence à la pratique des apôtres qui consiste à dispenser de la nourriture, de l'argent et d'autres biens dont les membres de la communauté ont besoin, et en particulier les veuves (Actes 4.35). Les Juifs hellénistes sont sans doute minoritaires, et Luc dit que certains d'entre eux ont l'impression que les apôtres négligent les besoins de leurs veuves.

Une telle plainte peut facilement devenir un sujet de division dans une Église. N'importe quel dirigeant d'Église peut témoigner que tous les sujets de murmures, aussi insignifiants soient-ils, peuvent facilement donner lieu à une très grande méchanceté. Dans ce cas, il est possible que les veuves grecques aient été négligées ; du moins, pas intentionnellement. Néanmoins, il faut rectifier la situation.

Les apôtres ne tardent donc pas à réagir. Luc décrit l'événement :

> Les douze convoquèrent la multitude des disciples, et dirent : Il n'est pas convenable que nous laissions la parole de Dieu pour servir aux tables. C'est pourquoi, frères, choisissez parmi vous sept hommes, de qui l'on rende un bon témoignage, qui soient pleins d'Esprit-Saint et de sagesse, et que nous chargerons de cet emploi. Et nous, nous continuerons à nous appliquer à la prière et au ministère de la parole. Cette proposition plut à toute l'assemblée. Ils élurent Étienne, homme plein de foi et d'Esprit-Saint, Philippe, Prochore, Nicanor, Timon, Parménas, et Nicolas, prosélyte d'Antioche. Ils les présentèrent aux apôtres, qui, après avoir prié, leur imposèrent les mains. La parole de Dieu se répandait de plus en plus, le nombre des disciples augmentait beaucoup à Jérusalem, et une grande foule de sacrificateurs obéissaient à la foi. (Actes 6.2-7).

L'Église est maintenant trop grande pour douze dirigeants. Une communauté aussi importante a désespérément besoin de plus de supervision et davantage d'organisation. Les apôtres proposent donc que les membres de l'Église désignent eux-mêmes des hommes de Dieu d'excellente réputation pour assister les apôtres dans le service « aux tables », c'est-à-dire qui superviseront dorénavant la distribution de nourriture et de fonds aux nécessiteux.

Sept hommes doivent être choisis pour tenir des rôles de dirigeants subordonnés. Ils sont assignés au service, ce qui normalement est réservé aux diacres, et c'est pour cette raison que certains commentateurs disent que ces hommes sont les premiers diacres. Mais remarquez que le texte ne dit pas qu'ils sont diacres. Au moins deux d'entre eux, Étienne et Philippe, sont également des prédicateurs, rôle qui est associé davantage aux anciens qu'aux diacres (1 Timothée 3.2 ; Tite 1.9). Bien entendu, on ne dit pas non plus qu'ils sont des anciens. Puisque l'Église n'en est qu'à ses débuts, ces postes n'existent pas encore. Lorsque Paul a énuméré les qualités que doivent posséder un diacre et un ancien, la seule différence entre les deux fonctions est qu'un ancien doit aussi avoir le don d'enseignement. Ces derniers ont la responsabilité d'enseigner l'Église, et les diacres servent sous leur autorité dans un rôle de soutien, de la même manière que ces sept hommes ont été choisis pour servir sous l'autorité des apôtres.

Dans beaucoup d'Églises, le diaconat est en quelque sorte un terrain de formation pour les anciens. Il n'est pas rare, dans l'église où je suis pasteur, que les diacres deviennent des anciens après avoir bien appris à enseigner et à appliquer les principes de la Parole. Ce processus a commencé ici dans Actes 6. Tandis que ces sept hommes se montrent fidèles dans leur service, certains d'entre eux, comme Philippe et Étienne, apprennent aussi à enseigner. Nul doute que quelques-uns se verront assigner plus tard des rôles de leadership plus importants pour remplacer les apôtres qui seront livrés au martyre ou qui iront porter l'Évangile dans les régions les plus reculées de la terre. Après avoir fait preuve de fidélité et assumé des rôles de leadership plus importants, de nouveaux dirigeants serviteurs seront élus pour servir à leurs côtés. Avec le temps, l'enseignement deviendra une responsabilité d'ancien, et le service sera assigné aux officiers qu'on nommera diacres.

Ce que nous voyons au chapitre 6 des Actes, ce sont donc les rudiments de l'organisation de l'Église à ses débuts. Cet évènement annonce les rôles distincts des anciens et des diacres, qui ne sont toutefois pas encore clairement définis.

De ce passage cependant, nous en apprenons beaucoup sur la façon dont l'Église doit être organisée et sur le genre de leaders qui devraient assumer le rôle de superviseurs. Il en ressort au moins trois principes qui sont toujours respectés de nos jours quand vient le temps de choisir des leaders dans l'Église. Remarquez la *pluralité* de dirigeants qui est prescrite, la *priorité* qui est reconnue comme première tâche des leaders et les normes de *pureté* exigée des hommes appelés à remplir cette tâche. Nous allons examiner chacun de ces points de près, car ce sont des principes qui s'appliquent aux leaders spirituels dans tous les domaines.

LA PLURALITÉ

Selon le Nouveau Testament, il doit y avoir au sein de la direction de l'Église une pluralité d'hommes choisis par Dieu qui dirigent conjointement les enfants de Dieu. L'Église ne doit pas être menée par un dictateur, un autocrate ou un chef individualiste. Depuis le début, les apôtres se partageaient les responsabilités de direction, et nous voyons ici que, lorsqu'ils ont décidé de nommer des assistants, ces hommes travaillaient également en équipe.

Lorsque Paul et Barnabas ont fondé des Églises en Asie Mineure, Luc dit qu'ils ont « désign[é] des anciens dans chaque Église » (Actes 14.23). De même, Paul chargera Tite d'établir « des anciens dans chaque ville » (Tite 1.5). Après son troisième voyage missionnaire, Paul enverra « chercher à Éphèse les anciens de l'Église » (Actes 20.17). À Jérusalem, Paul ira « chez Jacques, et tous les anciens s'y [réuniront] » (Actes 21.18). Presque chaque fois que l'Écriture fait mention d'anciens en rapport avec une Église, le nom est au pluriel. Cela indique clairement qu'au temps du Nouveau Testament, c'est la norme d'avoir plusieurs anciens dans chaque Église.

Tous les ministères décrits dans le Nouveau Testament sont exercés par une équipe. Jésus a choisi douze disciples. Après la trahison et le suicide de Judas, Matthias a été choisi pour le remplacer (Actes 1.16-26). Ces douze apôtres se partageaient évidemment la responsabilité de supervision de l'établissement de l'Église de Jérusalem. Quand ils sont allés annoncer l'Évangile « dans toute la Judée, dans la Samarie, et jusqu'aux extrémités de la terre » (Actes 1.8), ils sont partis en équipes (Actes 15.22-27 ; Galates 2.9).

Ensemble, Pierre et Jean dominent les douze premiers chapitres des Actes. Ensuite, au chapitre 13, l'attention est centrée sur Paul et Barnabas. Puis, dans Actes 16, Barnabas fera équipe avec Marc, et Paul partira avec Silas. Lorsque Paul retournera à Antioche, au chapitre 18, il prendra avec lui Priscille et Aquilas. Et nous avons vu déjà que Luc et Aristarque ont même fait le voyage jusqu'à Rome avec Paul, bien que ce dernier était un prisonnier du gouvernement romain à l'époque. Nous pourrions remplir une page entière, ou plus, avec la liste détaillée des amis et des compagnons d'œuvre que Paul a eus.

En d'autres mots, ce qu'on voit dans le Nouveau Testament, c'est qu'aucun ministère n'est jamais la responsabilité d'un seul homme. Cela n'empêche pas que chaque équipe ait un leader principal. Dans le cadre de la pluralité, il y aura toujours forcément des personnes qui ont plus d'influence que d'autres. La diversité des dons (1 Corinthiens 12.4) signifie que tous ont des dons différents. En conséquence, la pluralité de leaders n'exige pas une égalité absolue dans toutes les fonctions. Même au sein d'une équipe de leaders très pieux, quelques-uns seront naturellement plus influents que d'autres. Certains auront un

210 UN LEADERSHIP SELON LES NORMES BIBLIQUES

don d'enseigner qui surpasse le reste du groupe. D'autres seront plus doués comme administrateurs. Ils peuvent tous assumer des rôles différents, et il n'est pas nécessaire d'essayer d'exiger qu'il y ait égalité absolue dans les fonctions.

Par exemple, quand l'Écriture énumère les Douze, c'est toujours dans le même ordre (Matthieu 10.2-4 ; Marc 3.16-19 ; Luc 6.14-16 ; Actes 1.13). Ils semblent naturellement répartis en trois groupes. Les quatre premiers noms mentionnés sont toujours ceux de Pierre, Jacques, Jean et André. Le nom de Pierre est toujours en tête de liste, et l'ordre dans lequel les trois autres sont nommés varie. Ces quatre dominent les récits évangéliques, et trois d'entre eux sont souvent vus avec Jésus, à part des neuf autres (Matthieu 17.1 ; Marc 5.37 ; 13.3 ; 14.33).

Le deuxième groupe comprend Philippe, Barthélemy, Thomas et Matthieu. Le nom de Philippe est toujours en tête de cette liste, mais les trois autres sont mentionnés dans un ordre différent dans divers endroits. Le troisième groupe est composé de Jacques, Thaddée (également connu sous le nom de Jude, fils de Jacques), Simon et Judas Iscariot. Le nom de Jacques est toujours en tête de cette liste.

Chaque groupe semble donc avoir son chef non officiel, et Pierre est habituellement le chef et le porte-parole des Douze. Leurs responsabilités et leurs privilèges sont égaux, mais leur influence et leur importance dépendent de leurs dons et de leur personnalité.

Rien ne suggère que Pierre ait plus de responsabilités que les autres. Une chose est certaine, c'est que la Bible ne le présente jamais comme un pape. Par exemple, c'est Jacques (« le frère du Seigneur », selon Galates 1.19, non pas un des apôtres) qui transmettra la décision du Concile de Jérusalem, quoique Pierre y témoignera (Actes 15.19). Et à Antioche, Paul a résisté à Pierre « en face » pour avoir agi de façon « répréhensible » en se compromettant avec les judaïsants (Galates 2.11). Pierre n'exerce évidemment pas plus d'autorité et n'a pas de responsabilité plus importante que les autres apôtres, quoiqu'il soit manifestement le meneur du groupe. Ainsi que nous l'avons mentionné, Pierre et Jean dominent tous deux les premiers chapitres des Actes, mais c'est Pierre qui a toujours prêché et pris la parole pour eux. Bien sûr, Jean a autant d'autorité et, sans doute parce qu'il vivra plus longtemps que Pierre, il écrira une plus grande partie du Nouveau Testament que son coéquipier. Il est l'auteur de l'Évangile qui porte son nom, de trois épîtres et de l'Apocalypse. Toutefois, pendant la période où Jean et Pierre forment une équipe, Pierre est toujours celui qui prend la parole. Pareillement, bien que Barnabas ait un talent remarquable pour enseigner, Paul a toujours été le membre dominant de ce duo.

Il devrait être évident, dans ce cas, que le concept biblique du leadership en équipe n'exige pas une égalité artificielle ou absolue. En d'autres mots, il n'y a aucun mal à ce qu'une église nomme un pasteur principal ou un pasteur enseignant. Ceux qui sont d'avis contraire n'ont pas bien saisi le principe biblique du leadership au pluriel.

Indéniablement, le modèle de leadership que nous présente la Bible demande qu'il y ait plusieurs anciens, une équipe de leaders, un partage de responsabilités, plutôt qu'un règne en solitaire. De plus, le fait d'avoir plus d'un dirigeant comporte de nombreux avantages. La Parole dit : « Quand la prudence fait défaut, le peuple tombe ; et le salut est dans le grand nombre des conseillers » (Proverbes 11.14). Le partage des tâches au niveau de la direction accroît également l'imputabilité et assure que les décisions qui sont prises ne sont ni personnelles ni égoïstes.

Une direction menée par un seul homme et l'autocratie sont la marque des sectes et des fausses religions. Même si cette façon de faire convenait bien à des hommes comme Diotrèphe, qui aimait à être le premier (3 Jean 9), selon la Bible, ce n'est pas le modèle qui convient dans une Église.

Il est donc juste que, lorsque les apôtres décident de nommer des dirigeants dans l'Église de Jérusalem, ils choisissent une équipe de sept hommes.

LA PRIORITÉ

Les besoins personnels dans l'Église de Jérusalem ont tellement augmenté que les Douze ont dû laisser « la Parole de Dieu » (Actes 6.2) pour servir tout le monde. Manifestement, par pure nécessité pragmatique, ils ont été forcés d'écourter le temps qu'ils mettaient à étudier et à proclamer les Écritures. Et malgré cela, leur façon de gérer le programme de distribution ne fait pas que des heureux. Ils savent qu'ils doivent déléguer ce travail à d'autres qui sauront mieux diriger et organiser l'opération. Ils ont compris une chose que tout leader efficace se doit de saisir un jour ou l'autre : on ne peut absolument pas tout accomplir par soi-même. *Un leader sait déléguer.*

Il n'est tout simplement pas sage de vouloir s'occuper de tout soi-même. Un leader qui a ce genre d'approche finit invariablement par frustrer son équipe en prenant seul toutes les décisions, et il sabote sa propre efficacité en s'enlisant dans les détails. Quelques affaires nécessitent votre attention particulière, mais, pour être un bon leader, il vous faut apprendre à déléguer. Il n'y a pas d'autre moyen de réussir à accomplir la tâche et de rester concentré sur les priorités.

Moïse a appris l'art de déléguer de son beau-père. « Le beau-père de Moïse vit tout ce qu'il faisait pour le peuple, et il dit : Que fais-tu là avec ce peuple ? Pourquoi sièges-tu seul, et tout le peuple se tient-il devant toi, depuis le matin jusqu'au soir ? » (Exode 18.14.)

Moïse a expliqué au père de sa femme que le peuple venait le voir pour régler leurs disputes. « C'est que le peuple vient à moi pour consulter Dieu. Quand ils ont quelque affaire, ils viennent à moi ; je prononce entre eux, et je fais connaître les ordonnances de Dieu et ses lois » (v. 16). Et son beau-père lui a dit : « Ce que tu fais n'est pas bien. Tu t'épuiseras toi-même, et tu épuiseras ce peuple qui est avec toi ; car la chose est au-dessus de tes forces, tu ne pourras pas y suffire seul. Maintenant, écoute ma voix ; je vais te donner un conseil, et que Dieu soit avec toi ! Sois l'interprète du peuple auprès de Dieu, et porte les affaires devant Dieu. Enseigne-leur les ordonnances et les lois ; et fais-leur connaître le chemin qu'ils doivent suivre, et ce qu'ils doivent faire. Choisis parmi tout le peuple des hommes capables, craignant Dieu, des hommes intègres, ennemis de la cupidité ; établis-les sur eux comme chefs de mille, chefs de cent, chefs de cinquante et chefs de dix. Qu'ils jugent le peuple en tout temps ; qu'ils portent devant toi toutes les affaires importantes, et qu'ils prononcent eux-mêmes sur les petites causes. Allège ta charge, et qu'ils la portent avec toi. Si tu fais cela, et que Dieu te donne des ordres, tu pourras y suffire, et tout ce peuple parviendra heureusement à sa destination. Moïse écouta la voix de son beau-père, et fit tout ce qu'il avait dit. Moïse choisit des hommes capables parmi tout Israël, et il les établit chefs du peuple, chefs de mille, chefs de cent, chefs de cinquante et chefs de dix. Ils jugeaient le peuple en tout temps ; ils portaient devant Moïse les affaires difficiles, et ils prononçaient eux-mêmes sur toutes les petites causes » (v. 17-26).

C'était un conseil sage et Dieu l'a béni.

À mon arrivée à l'église Grace Community, avec un groupe d'hommes, nous avons commencé à nous réunir tous les samedis matins.   Ensemble, nous avons étudié les principes de leadership, et j'ai commencé à leur déléguer des tâches.

> **Principe de leadership n° 25**
> **UN LEADER SAIT DÉLÉGUER**

Plusieurs, après s'être montrés fidèles et aptes, sont devenus des anciens dans notre Église. D'autres ont vu leur ministère se développer à tel point que nous leur avons offert un travail à temps complet. C'est ainsi que, pendant les dix premières années de mon ministère ici, nous avons formé une équipe de leaders et d'employés avec des membres de notre Église. Voici de quelle manière le ministère doit fonctionner : les pasteurs se chargent du « perfectionnement des saints en vue de l'œuvre du ministère » (Éphésiens 4.12). Paul encouragera Timothée à former des dirigeants de cette façon : « [Ce] que tu as entendu de moi en présence de beaucoup de témoins, confie-le à des hommes fidèles, qui soient capables de l'enseigner aussi à d'autres » (2 Timothée 2.2). Un des plus grands avantages de la délégation, c'est qu'elle permet de former d'autres leaders. Le dirigeant qui suit ce modèle produira d'autres dirigeants.

Lorsque vous déléguez des responsabilités à quelqu'un, il ne faut pas oublier de lui confier seulement les responsabilités que vous êtes prêt à céder. Ensuite, il faut accorder à cette personne le droit de faire des erreurs. Ne reprenez pas les tâches que vous lui avez déléguées. Enseignez-lui plutôt que, lorsqu'elle fait une erreur, elle doit vite apprendre à faire un meilleur choix la prochaine fois. Dès qu'elle aura appris à travailler avec excellence, vous pourrez lui faire confiance pour d'autres responsabilités.

Comment décider des tâches que vous pouvez déléguer ? Il vous faut bien connaître vos priorités. Vos propres priorités, et non les urgences d'une autre personne, devraient déterminer ce que vous ferez vous-même et ce que vous déléguerez aux autres. C'est ce qui s'est produit dans l'Église de Jérusalem.

Luc nous donne un excellent aperçu de la hiérarchie des priorités établie par les dirigeants de l'Église du premier siècle. Les Douze disent à la multitude de disciples : « Il n'est pas convenable que nous laissions la parole de Dieu pour servir aux tables [...] Et nous, nous continuerons à nous appliquer à la prière et au ministère de la parole » (Actes 6.2-4). Remarquez les trois activités auxquelles ils accordaient le plus d'importance : la prière, le ministère de la Parole de Dieu et le service (dans cet ordre).

Ces trois tâches occupent tout le temps et les efforts des apôtres, et il doit en être ainsi pour nos dirigeants dans l'Église aujourd'hui. Ces activités désignent parfaitement bien les responsabilités de l'Église, et déterminent donc les priorités auxquelles doivent s'attacher nos leaders. Le commandement est clair : le service, quoiqu'essentiel, ne doit pas prendre la place de la prière et du ministère de la Parole.

Il semble bien qu'on ait omis cette simple réalité de nos jours. Demandez à n'importe quel comité de sélection de prédicateur ce qu'il recherche chez un pasteur, et il est presque certain que la prière n'est pas en tête de liste. Même le don de prêcher n'est pas nécessairement une grande priorité. Soumettez une liste de candidats à une congrégation moyenne et il est très probable qu'elle arrête son choix sur un homme affable, grégaire et sociable, prêt à effectuer beaucoup de visites et à organiser des activités sociales en église, plutôt qu'un homme consacré à la prière et aux études. D'autres rechercheront un homme qui a des connaissances en gestion ou un esprit d'entrepreneur, parce qu'ils s'imaginent que l'Église est une entreprise séculière. Les priorités apostoliques ont donc été remplacées par d'autres affaires dans beaucoup trop d'Églises.

Étudiez ces priorités une à une :

LA PRIÈRE

On n'a pas l'habitude de considérer la prière comme du travail. On a plutôt tendance à la voir comme de l'inactivité. Mais il n'en est rien. Bien prier exige beaucoup d'effort, et la prière est la tâche la plus importante d'un ministère. Toutes les autres activités du ministère sont futiles si elles ne baignent pas dans la prière.

Après tout, la prière est une reconnaissance implicite de la souveraineté de Dieu. Nous savons que nous ne pouvons pas changer le cœur des autres, alors, nous demandons à Dieu de le faire. Nous savons que c'est le Seigneur qui ajoute à son Église, alors nous prions le Maître de la moisson. Nous savons que « si l'Éternel ne bâtit la maison, ceux qui la bâtissent travaillent en vain ; si l'Éternel ne garde la ville, celui qui la garde veille en vain » (Psaume 127.1).

Nous pouvons planter, et nous pouvons arroser, mais aucun aspect du ministère ne peut produire de fruits si Dieu lui-même ne fait sa part pour y ajouter (voir 1 Corinthiens 3.6,7). Nos efforts ne pourront produire de fruits à moins que Dieu ne les bénisse. Jésus a dit : « Sans moi vous ne pouvez rien faire » (Jean 15.5).

Puisque cette déclaration est vraie, n'est-il pas évident que tout ce que nous faisons devrait être baigné dans la prière ?

Voilà pourquoi nous devrions donner la priorité absolue à la prière. Paul écrira : « J'exhorte donc, *avant toutes choses*, à faire des prières, des supplications, des requêtes, des actions de grâces » (1 Timothée 2.1, italiques pour souligner). Nous devons prier « sans cesse » (1 Thessaloniciens 5.17). L'Écriture nous enseigne à prier continuellement et souvent, avec instance et sagesse. Pierre dira : « La fin de toutes choses est proche. Soyez donc sages et sobres, pour vaquer à la prière » (1 Pierre 4.7). C'est la priorité absolue dans toutes nos œuvres.

Ne vous y trompez pas, la prière *est* une chose qui exige beaucoup d'effort pour être menée à bien. Ce n'est pas facile de rester concentré ni d'intercéder pour les autres, mais un leader sage ne néglige pas ce qui est essentiel. Quoi qu'on puisse en penser, rien n'est plus urgent que la prière. Notre horaire bien chargé ne doit donc pas nous empêcher de prier.

Quoi qu'on puisse en penser, rien n'est plus urgent que la prière.

Je suggère de commencer chaque journée par un temps de prière. Ne permettez à aucun rendez-vous ou interruption de vous distraire de votre ordre de priorités. Allez devant le Seigneur lorsque votre esprit est frais et dispos. La prière est déjà une tâche assez ardue, ne compliquez pas la chose en attendant d'être fatigué. Ne gaspillez pas vos meilleures heures en accomplissant d'autres activités de moindre importance.

Mais ne vous limitez pas à prier seulement le matin. « Faites en tout temps par l'Esprit toutes sortes de prières et de supplications. Veillez à cela avec une entière persévérance, et priez pour tous les saints » (Éphésiens 6.18).

LE MINISTÈRE DE LA PAROLE

Paul dira à Timothée : « [Prêche] la parole, insiste en toute occasion, favorable ou non, reprends, censure, exhorte, avec toute douceur et en instruisant » (2 Timothée 4.2). Ce devoir, comme la prière, est une tâche ardue. Se consacrer au ministère de la Parole veut dire qu'il faut consacrer du temps à l'étude. C'est un engagement sérieux. « [Nous] continuerons à nous appliquer à la prière et au ministère de la parole » (Actes 6.4, italiques pour souligner).

Pour ce faire, un pasteur sera sans doute obligé de négliger ce qui semble urgent pour s'occuper de ce qui est vraiment essentiel. Cela peut s'avérer difficile, car le ministère et le leadership comportent de lourdes responsabilités. Mais nous *devons* garder nos priorités en perspective.

C'est précisément pour cette raison que les apôtres ont reconnu la nécessité de choisir des responsables pour un rôle de soutien. Avec tous les besoins pressants de l'Église, les apôtres ont vraiment beaucoup à faire. Le service aux tables prend tellement de leur temps qu'ils ne peuvent plus se consacrer aux tâches essentielles de la prière et du ministère de la Parole. Quelque chose doit changer.

LE SERVICE

Remarquez que les apôtres ne considèrent pas le service aux tables comme une tâche dont on peut se passer. Ils n'ont pas l'intention de négliger les œuvres de charité, et ils ne suggèrent pas qu'ils sont trop importants pour accomplir ce genre de travail depuis qu'ils sont devenus des apôtres. Mais il leur est impossible de se charger seuls de cette tâche sans négliger leurs responsabilités plus importantes. Ils décident donc d'affecter des hommes à un rôle de soutien, afin de pouvoir mieux répondre à tous les besoins.

C'est là le but d'un leadership de service. Nous sommes des serviteurs qui dirigeons et formons d'autres serviteurs, et ainsi le ministère devient une perpétuelle école pour serviteurs. Jésus a vécu de cette façon pendant qu'il était sur la terre, et il a toujours gardé un équilibre parfait. Il n'a jamais manqué à la prière ou au ministère de la Parole pour répondre à d'autres besoins plus terre-à-terre, mais il n'a jamais négligé les besoins des gens.

Suivant donc l'exemple de leur Seigneur, les apôtres délèguent la responsabilité du ministère de service à « sept hommes, de qui l'on [rend] un bon témoignage, qui [sont] pleins d'Esprit-Saint et de sagesse » (Actes 6.3).

LA PURETÉ

Remarquez que les hommes qui devront se charger de la troisième priorité du ministère ont été choisis pour leur caractère et leur réputation, non en raison de leur statut social, de leur expérience dans le monde des affaires, de leurs talents naturels ni aucun autre critère sur lesquels les Églises de notre époque ont souvent tendance à s'appuyer pour choisir leurs leaders. Un simple esclave de bonne réputation ferait un bien meilleur leader spirituel qu'un magnat du monde des affaires dont l'intégrité laisse à désirer. Un homme est qualifié pour ce rôle à cause de ce qu'il *est*, pas simplement en considération de ce qu'il *fait*. L'importance doit toujours être accordée davantage au caractère qu'au talent. La pureté doit l'emporter sur la personnalité.

Pourquoi la barre est-elle si haute ? Parce que les gens imitent leur dirigeant. Un leader spirituel donne l'exemple aux autres. Osée a dit : « Il en sera du sacrificateur comme du peuple » (Osée 4.9). Jésus a dit : « Tout disciple accompli sera comme son maître » (Luc 6.40). Le peuple ne dépassera pas le niveau spirituel de ceux qui le dirigent.

Les nouveaux leaders doivent donc être des hommes « de qui l'on rende un bon témoignage » (Actes 6.3). Paul dira que les hommes qui dirigent dans l'Église doivent avoir bonne réputation dans l'Église aussi bien que parmi les non-croyants (1 Timothée 3.7).

Les hommes choisis pour assister les apôtres dans la direction de l'Église doivent également être « pleins d'Esprit-Saint et de sagesse » (Actes 6.3). Cela signifie qu'ils doivent être *dominés* par l'Esprit (voir Éphésiens 5.18), des hommes justes et sobres dans leur jugement.

Les hommes que l'Église a choisis ont tous des noms grecs, ce qui laisse présumer qu'ils sont majoritairement, sinon exclusivement, membres de la communauté helléniste. Nicolas est un « prosélyte d'Antioche » (Actes 6.5), un non-Juif qui s'est converti au judaïsme avant de devenir chrétien. C'est là une manifestation de l'amour et de l'unité qui règne dans l'Église du premier siècle. Vraisemblablement, la majorité des membres de l'Église de Jérusalem sont des Hébreux, et, malgré cela, ils acceptent d'être dirigés par leurs frères hellénistes. En conséquence, une division potentielle est évitée et l'Église peut reprendre ses activités et remettre de l'ordre dans ses priorités.

Les sept hommes sont présentés aux apôtres, reçoivent l'onction formelle, et se mettent à l'œuvre (v. 6). Les apôtres peuvent à nouveau se consacrer à la prière et au ministère de la Parole. « La parole de Dieu se répandait de plus en plus, le nombre des disciples augmentait beaucoup à Jérusalem, et une grande foule de sacrificateurs obéissaient à la foi » (v. 7).

Le zèle de l'Église semble avoir repris vie et son influence s'élargit grâce à l'efficacité de la nouvelle direction. Les apôtres ont enfin plus de liberté pour accomplir ce qu'ils ont été appelés à faire, et la Parole de Dieu est livrée. Il n'est donc pas étonnant que le nombre de croyants augmente de plus en plus. Et l'impact du ministère d'évangélisation a fait son chemin jusqu'au temple. C'est le réveil parmi les sacrificateurs. Résultat : beaucoup de ceux qui étaient des adversaires acharnés de Christ durant son ministère terrestre se convertissent à la foi chrétienne.

En cela, nous voyons l'importance d'avoir le bon type de leaders. Le talent seul ne réussirait jamais à produire ce genre d'influence. Le style, la stratégie et les organigrammes n'ont rien à voir dans ce qui se passe ici. Ce qui compte, c'est de choisir des hommes de caractère pour diriger le peuple de Dieu, afin que l'œuvre du ministère puisse s'accomplir convenablement, par les personnes appropriées, qui sont dévouées aux bonnes priorités.

Nous voilà revenus au point de départ. Le leadership concerne le *caractère*, c'est-à-dire l'honneur, la décence, l'intégrité, la fidélité, la sainteté, la pureté morale, et ainsi de suite.

Toutes ces vertus peuvent se combiner et se résumer en une phrase finale, qui englobe et résume parfaitement les exigences fondamentales d'un vrai dirigeant : *Un leader ressemble à Christ.*

> ### *Principe de leadership n° 26*
> ## UN LEADER RESSEMBLE À CHRIST

Le modèle de leadership par excellence est, bien sûr, le Grand Berger, Christ lui-même. Si cela ne vous donne pas le sentiment d'être indigne, vous êtes passé à côté du message. Avec Paul, nous devrions dire : « Qui est suffisant pour ces choses ? » (2 Corinthiens 2.16.)

Nous connaissons déjà la réponse : « Notre capacité [...] vient de Dieu » (2 Corinthiens 3.5).

Quatrième partie

ÉPILOGUE

Chapitre douze

L'ÉVALUATION DU SUCCÈS D'UN LEADER

S i nous devions évaluer ce qu'est le succès d'après les normes du monde, certains seraient peut-être enclins à juger que le leadership de Paul était un échec lamentable et une déception amère. Dans les derniers jours de sa vie, quand il écrit 2 Timothée, Luc est pratiquement le seul contact que Paul a avec le monde extérieur (4.11). Enfermé dans un donjon romain, il redoute le froid glacial de l'hiver qui approche (v. 13,21), et n'a aucun espoir d'être libéré de la sentence de mort qui lui a été imposée. Le mépris sadique dont il est victime de la part de ses ennemis le fait souffrir. Il a même été abandonné et désapprouvé par quelques-uns de ses meilleurs amis. Il écrit : « Tu sais que tous ceux qui sont en Asie m'ont abandonné » (2 Timothée 1.15).

« Asie » fait référence à l'Asie Mineure, où Paul a concentré son œuvre missionnaire. Éphèse, où Timothée est pasteur, est la capitale de cette région. Paul ne dit donc rien à Timothée que ce dernier ne sache déjà. En ce temps de persécution, il est devenu tellement coûteux d'entretenir une relation avec Paul que, tous, sauf quelques enfants spirituels de l'apôtre, l'ont en effet renié ou laissé tomber.

C'est pourquoi ceux qui considèrent les choses d'un point de vue superficiel peuvent penser que Paul a vécu une fin tragique. À première vue, on pourrait croire que son ennemi l'a enfin vaincu.

Un échec ? À vrai dire, l'apôtre Paul était bien loin d'être un leader médiocre. Encore aujourd'hui, son influence s'exerce dans le monde entier. Par contre, Néron, l'empereur romain, puissant et corrompu, qui a ordonné la mort de Paul, est l'un des personnages les plus détestés de l'histoire. C'est une autre preuve que l'*influence* est ce qui détermine vraiment qu'une personne est un leader, et non le pouvoir et la fonction en soi. En fait, une étude approfondie de la fin de la vie et du ministère de Paul nous apprendrait beaucoup de choses sur la façon d'évaluer la réussite ou l'insuccès d'un leader.

La première incarcération de Paul et son procès devant Néron semblent avoir pris fin avec la libération de l'apôtre en l'an 64, car il était un homme libre lorsqu'il a écrit les épîtres de 1 Timothée et Tite (1 Timothée 3.14-15 ; 4.13 ; Tite 3.12). Mais cette période de liberté a été de courte durée. En juillet de l'an 64, sept des quatorze districts de Rome ont été incendiés. Au moment où le feu était presque complètement maîtrisé, un second incendie, soufflé par de forts vents, s'est déclaré dans un autre district. La rumeur circulait que Néron lui-même avait donné l'ordre de mettre le feu à la ville afin de faire de la place pour ses projets de construction ambitieux, qui comprenaient un palais en or pour lui-même.

Tentant désespérément de détourner les soupçons qui pesaient sur lui, Néron a accusé les chrétiens d'avoir provoqué l'incendie. C'était le début de plusieurs campagnes agressives menées par le gouvernement romain pour détruire l'Église. Les chrétiens de Rome étaient rassemblés et exécutés de manières indescriptibles. Certains étaient cousus dans des peaux de bêtes, pour périr dévorés par les chiens. D'autres étaient empalés sur des poteaux, recouverts de goudron, et brûlés afin de servir de torches humaines pour illuminer les jardins de Néron. Beaucoup ont été décapités, jetés dans la fosse aux lions, ou exécutés de bien d'autres manières tout aussi cruelles sous l'ordre de Néron.

Durant cette période de persécution, les autorités romaines ont capturé Paul une deuxième fois, et l'ont amené à Rome, où ils l'ont torturé et tourmenté (2 Timothée 4.17), et finalement exécuté pour cause de trahison en raison de son incessant dévouement à l'autorité suprême de Christ.

Au cours de son premier emprisonnement à Rome, Paul avait été assigné à domicile (Actes 28.16,30). Il était libre de prêcher et d'enseigner ceux qui venaient lui rendre visite (v. 23). Il était sous la surveillance constante d'un soldat romain, mais traité avec respect. Par conséquent, son influence s'est exercée jusque dans la maison de César (Philippiens 4.22).

Le deuxième emprisonnement de Paul, par contre, ne ressemble en rien au précédent. Il n'a absolument aucun contact avec le monde extérieur et il est enchaîné dans un donjon (2 Timothée 1.16). Il est fort probablement gardé dans la prison souterraine de Mamertine, adjacente au Forum de Rome, dans un petit donjon sombre en pierre, dont la seule ouverture consiste en un trou au plafond à peine assez grand pour laisser passer un être humain. Le donjon en lui-même est plutôt petit ; ses dimensions sont d'environ la moitié de celles d'un garage simple. Malgré cela, on y garde parfois jusqu'à quarante prisonniers à la fois. L'absence de confort, l'obscurité, l'odeur infecte et la misère sont pratiquement insupportables.

Le donjon existe encore aujourd'hui, et j'y suis allé. L'espace restreint, oppressant et étouffant de ce trou noir, en fait un endroit déprimant. C'est dans ce lieu (ou dans un donjon comparable) que Paul passera les derniers jours de sa vie.

Il n'existe pas de rapport fiable sur l'exécution de Paul, mais il n'y a aucun doute qu'il sait que sa mort est proche en écrivant sa deuxième épître à Timothée. De toute évidence, il a déjà été accusé, jugé et condamné pour avoir prêché Christ, et la date de son exécution est probablement déjà connue. Il écrit à Timothée :

« Car pour moi, je sers déjà de libation, et le moment de mon départ approche » (2 Timothée 4.6).

Bien entendu, la dernière épître de Paul est empreinte d'une profonde tristesse. Mais le thème dominant de sa lettre est la victoire, et non la défaite. Paul écrit cette dernière lettre à Timothée pour encourager le jeune pasteur à être ferme et courageux, et à continuer de suivre l'exemple de son mentor apostolique. Loin de reconnaître qu'il a échoué, Paul sonne le clairon de la victoire : « J'ai combattu le bon combat, j'ai achevé la course, j'ai gardé la foi. Désormais, la couronne de justice m'est réservée ; le Seigneur, le juste juge, me la donnera dans ce jour-là, et non seulement à moi, mais encore à tous ceux qui auront aimé son avènement » (2 Timothée 4.7,8).

Pour ce qui est de son martyre imminent, Paul n'a pas peur, n'est pas découragé et ne souhaite pas rester dans ce monde. Il est impatient de se retrouver avec Christ et anticipe avec beaucoup d'enthousiasme la récompense qui l'attend dans l'autre monde. C'est pour cela qu'en faisant le bilan de sa vie, il n'exprime aucun regret, aucun sentiment d'insatisfaction ou d'inachèvement. Il ne laisse aucune tâche incomplète. Il a réalisé l'œuvre que le Seigneur lui a donnée de faire, comme il l'espérait : « pourvu que j'accomplisse ma course avec joie » (Actes 20.24).

Le seul critère auquel Paul se réfère pour évaluer sa réussite en tant que leader, apôtre et chrétien est : il a « gardé la foi ». Ce qui veut dire qu'il est demeuré fidèle à Christ et a gardé le message de son Évangile intact, de la même manière qu'il l'a lui-même reçu. Il a proclamé la Parole de Dieu avec fidélité et assurance. Et maintenant, il passe le flambeau à Timothée et à d'autres hommes qui pourront « l'enseigner aussi à d'autres » (2 Timothée 2.2).

Paul attend donc sa mort avec un esprit triomphant et un profond sentiment de joie. Il a vu la grâce divine accomplir tout ce pour quoi Dieu l'avait créé, et maintenant il est prêt à rencontrer Christ face à face.

À la fin de 2 Timothée, en écrivant le dernier chapitre de sa dernière épître, qui sera également le paragraphe final de sa vie, ce qui tient à cœur de ce grand leader ce sont les gens à qui il a enseigné et avec lesquels il a travaillé. Il nomme plusieurs personnes qui ont fait partie de sa vie, qui sont l'héritage visible et direct de son leadership. Quoiqu'il n'ait eu virtuellement aucun ami en prison, quoiqu'il ait été laissé à lui-même pour défendre sa cause devant le tribunal romain, il n'est *pas* du tout seul dans la vie.

En réalité, le vrai caractère du leadership de Paul est visible dans la courte liste de gens en qui il s'est investi. Ces personnes représentent l'équipe qu'il a formée, la trahison qu'il a subie, les épreuves qu'il a vécues, la victoire qu'il a finalement remportée. Cette liste est donc utile pour déterminer que le leadership de Paul n'a pas été un échec. C'est ce qui fait qu'aujourd'hui encore son influence est un exemple pour des millions de chrétiens.

L'ÉQUIPE QU'IL A FORMÉE

Ce que nous avons à la fin de 2 Timothée est un bref échantillon du réseau de gens qui ont assisté Paul dans son ministère. On nous rappelle ici qu'aucun d'entre nous n'est appelé à servir Christ en solitaire. Nous ne sommes pas des îles. Quoiqu'un rôle de leadership puisse parfois être un appel à la solitude, le vrai leader ne doit jamais s'isoler des autres. De la même manière que les gens ont besoin de leaders, les leaders ont besoin des gens. Le leadership est, par définition, un processus de formation d'équipe. Moïse a eu besoin d'Aaron et d'Hur pour soutenir ses bras (Exode 17.12). Lorsque David était pourchassé, il s'est entouré de personnes affligées, endettées et mécontents pour se former une armée (1 Samuel 22.2). Même le début du ministère de Jésus a été consacré à la formation de quelques hommes, et, à l'heure où il a commencé à éprouver une profonde angoisse dans son âme, il a demandé à trois hommes de veiller et prier avec lui (Matthieu 26.37-41).

Plus nous nous entourons de gens sur qui nous pouvons compter, et plus nous apprenons à déléguer, plus nous devenons de bons dirigeants. Plus un leader s'investit dans la vie des gens, plus il sera efficace au service du Seigneur.

Le monde des affaires actuel démontre bien l'importance d'un réseau dans la réussite d'un dirigeant. Le commerce dépend d'un réseau élaboré de fournisseurs, de clients, d'agences gouvernementales, d'actionnaires, d'employés et de cadres. L'Écriture compare l'Église à un corps justement dans le but de souligner ce point (1 Corinthiens 12.14-27). Le corps humain est sans doute l'exemple par excellence d'un réseau qui vit et bouge dans un entrecroisement incroyable d'organes, de muscles, de tissus, de sang et d'os qui fonctionnent en parfaite harmonie.

Paul s'est bâti un réseau d'amis. Il est entouré d'une grande équipe de personnes efficaces, de gens sur qui il compte, à qui il a délégué des responsabilités, et en qui il a confiance. Parmi eux, il y en a qui lui ont toujours été fidèles et d'autres qui se sont montrés infidèles. Quelques-uns sont demeurés ses amis en toutes circonstances, certains ont tourné le dos à Paul lorsqu'il était dans l'épreuve ; quelques-uns sont devenus des partenaires à vie, d'autres des assistants à court terme ; quelques-uns sont conséquents, d'autres ne le sont pas ; quelques-uns se sont toujours portés volontaires pour servir, et d'autres jamais. Ils ont tous fait partie de sa vie, et tous ont été influencés d'une manière ou d'une autre par son leadership.

Tandis que Paul attend de passer sous la hache qui le décapitera et mettra fin à sa vie, il pense à ces personnes. N'oublions pas qu'il a écrit ses deux épîtres à Timothée dans le but de passer la responsabilité de la direction de l'Église à son jeune protégé. Et l'une des étapes essentielles de ce processus consiste à renseigner Timothée sur le compte de chaque membre de l'équipe. Dans ce paragraphe d'adieu, il a des airs de vieil entraîneur sportif qui est sur le point de remettre l'équipe aux soins d'un jeune entraîneur. Le jeune entraîneur a besoin de connaître quel est le rôle de chaque équipier afin de pouvoir prendre la relève en tant que nouveau chef avec un minimum de bouleversement et de difficultés. Paul écrit :

> Viens au plus tôt vers moi ; car Démas m'a abandonné, par amour pour le siècle présent, et il est parti pour Thessalonique ; Crescens est allé en Galatie, Tite en Dalmatie. Luc seul est avec moi. Prends Marc, et amène-le avec toi, car il m'est utile pour le ministère. J'ai envoyé Tychique à Éphèse. Quand tu viendras, apporte le manteau que j'ai laissé à Troas chez Carpus, et les livres, surtout les parchemins. Alexandre, le forgeron, m'a fait beaucoup de mal. Le Seigneur lui rendra selon ses œuvres. Garde-toi aussi de lui, car il s'est fortement opposé à nos paroles. Dans ma première défense, personne ne m'a assisté, mais tous m'ont abandonné. Que cela ne leur soit point imputé !
>
> C'est le Seigneur qui m'a assisté et qui m'a fortifié, afin que la prédication soit accomplie par moi et que tous les païens l'entendent. Et j'ai été délivré de la gueule du lion. Le Seigneur me délivrera de toute œuvre mauvaise, et il me sauvera pour me faire entrer dans son royaume céleste. À lui soit la gloire aux siècles des siècles ! Amen ! Salue Prisca et Aquilas, et la famille d'Onésiphore. Éraste est resté à Corinthe, et j'ai laissé Trophime malade à Milet. Tâche de venir avant l'hiver. Eubulus, Pudens, Linus, Claudia, et tous les frères te saluent. Que le Seigneur soit avec ton esprit ! Que la grâce soit avec vous ! (2 Timothée 4.9-22.)

Quelques-unes des personnes que Paul mentionne dans ce passage sont des amis proches qu'il veut avoir à ses côtés dans ses derniers jours, autant pour le soutien moral mutuel que pour l'assister dans le ministère qui se poursuivra après sa mort. Ceux-ci sont Timothée, Marc et Luc. Certains sont des partenaires dans le ministère qu'il nomme simplement dans le but de les saluer et de leur faire part de l'amour et du souci qu'il éprouve à leur égard, car ils sont, eux aussi, des amis de longue date. Ceux-là incluent Prisca, Aquilas, et la famille d'Onésiphore. De ceux qu'il mentionne, il y a Crescens, Tite, Tichique et Éraste, auxquels il a déjà fait ses adieux avant de les envoyer servir dans des lieux stratégiques afin de maintenir l'œuvre en état de force. Il en nomme d'autres qui envoient leurs salutations à Timothée. Ce sont Eubulus, Pudens, Linus, Claudia et d'autres croyants fidèles qui vivent à Rome. Il en mentionne également quelques-uns qui lui ont fait beaucoup de peine. Il s'agit de Démas, Alexandre et de nombreux autres déserteurs anonymes.

Ce sont des personnes, et non des programmes, qui occupent les pensées de Paul dans les derniers jours de sa vie. L'être humain est la ressource la plus importante et la plus précieuse à laquelle un leader puisse consacrer son attention. Paul, de la même manière que Saül, a eu le merveilleux privilège d'être « accompagné par les honnêtes gens dont Dieu avait touché le cœur » (1 Samuel 10.26).

Paul a été entouré d'un groupe d'hommes et de femmes dont Dieu a touché le cœur également. Il veut que Timothée prenne les rênes du leadership en sachant qui ils sont, où ils sont et ce qu'ils font. Remarquez ceux qu'il nomme, en commençant par Timothée lui-même.

Timothée

Paul a un ardent désir de revoir Timothée une dernière fois. Il écrit : « Viens au plus tôt vers moi » (2 Timothée 4.9.) Paul considère Timothée comme son « enfant légitime en la foi » et son « enfant bien-aimé » (1 Timothée 1.2 ; 2 Timothée 1.2.) Timothée, dans un sens, est une reproduction de l'apôtre, et c'est pour cela qu'il héritera du rôle de leadership de Paul.

En écrivant aux Corinthiens concernant le souci qu'il se faisait à leur sujet, Paul a dit : « Pour cela je vous ai envoyé Timothée, qui est mon enfant bien-aimé et fidèle dans le Seigneur ; il vous rappellera quelles sont mes voies en Christ, quelle est la manière dont

j'enseigne partout dans toutes les Églises » (1 Corinthiens 4.17.)
Il considère Timothée comme son clone, une copie conforme de
son leadership. Il a confiance dans l'enseignement de Timothée,
et il sait que le jeune pasteur enseignera aux gens ce qu'il a lui-
même appris de Paul.

Timothée est unique à cet égard. Paul a également écrit aux
Philippiens : « J'espère dans le Seigneur Jésus vous envoyer
bientôt Timothée, afin d'être encouragé moi-même en apprenant
ce qui vous concerne. Car je n'ai personne ici qui partage mes
sentiments, pour prendre sincèrement à cœur votre situation »
(Philippiens 2.19,20.) Timothée a, plus que quiconque, le cœur de
Paul. Il a les habitudes et la théologie de Paul. Il est la reproduction
de Paul, son fils fidèle.

Assis dans la nuit et le froid de ce donjon, Paul désire donc
voir ce cher ami et bien-aimé fils dans la foi. Il commence cette
épître en écrivant : « *Je me souviens continuellement de toi dans
mes prières, me rappelant tes larmes, et désirant te voir afin d'être
rempli de joie* » (2 Timothée 1.3,4.) Bien que le travail de Paul
soit terminé, il y a encore beaucoup à faire dans les Églises. Avant
que Timothée assume le rôle de leader, Paul a sans aucun doute
encore bien des choses à lui dire ; des choses qu'une brève épître
ne peut contenir. Il insiste donc vivement pour que son fils vienne
le voir.

Il dit : « *Hâte-toi* de venir… *au plus vite* ». Il y a un sentiment
d'urgence dans sa requête. Il n'y a pas de temps à perdre. Paul
sera bientôt exécuté. L'hiver approche (2 Timothée 4.21), et il
doit faire le voyage avant l'hiver, après quoi la mer serait trop
houleuse pour s'y aventurer. Paul a encore beaucoup à dire à
Timothée, aussi, il veut le voir le plus tôt possible.

La plupart des grands hommes doivent leur talent de
leadership à l'influence d'un mentor. Ils apprennent de celui
dont ils cherchent à imiter le cœur. Dans le cas de Timothée, cet
homme est Paul. Et pour Paul, Timothée est le premier de ses fils
dans la foi. Leurs vies sont mutuellement liées par la merveilleuse
grâce de Dieu, et ils se sont toujours fortifiés l'un l'autre.

Une des plus grandes joies que Dieu puisse accorder à un leader chrétien est de lui donner le privilège d'élever des Timothée ; des personnes qui, non seulement désirent l'entendre, mais veulent également prendre exemple sur lui. Lorsqu'il était un jeune homme, Timothée luttait avec la peur et la timidité, mais il est devenu un fils fidèle dans tous les sens. Tout comme Paul, il sera emprisonné pour son dévouement (Hébreux 13.23). Il deviendra tout ce que Paul a souhaité.

Un vrai leader peut remercier Dieu lorsque, dans sa grâce, il lui donne des enfants spirituels qui, à l'exemple de Timothée, sont des reproductions de lui-même. Dans les meilleurs cas, ils deviennent encore meilleurs, plus dévoués, plus pieux que leur leader. Cependant, ils saisissent la vision de son cœur et s'engagent à vivre pour la gloire de Dieu et à poursuivre l'œuvre à laquelle il a consacré sa vie.

Timothée est très différent de Démas, de qui nous parlerons sous peu. Ainsi que nous le verrons, Démas s'est avéré aussi infidèle que Timothée a pu se montrer fidèle. En fait, tous ceux qui tiennent un rôle de leadership pendant quelque temps finissent tôt ou tard par tomber sur un Démas. Par contre, des âmes fidèles comme Timothée forment la véritable ossature de l'équipe.

Oublions Démas quelques instants et examinons les deux noms que Paul mentionne ensuite : « Crescens est allé en Galatie, Tite en Dalmatie » (2 Timothée 4.10).

CRESCENS

On ne sait rien au sujet de Crescens, à l'exception que son nom est mentionné ici. Ne présumez pas que Crescens tombe dans la même catégorie d'infidèles parce que Paul le cite dans le même verset que Démas. Si c'était le cas, Tite ne serait pas non plus mentionné dans ce même groupe. Nous savons que, comme il l'a fait pour Timothée, Paul s'adresse à Tite en ces mots : « Mon enfant légitime en notre commune foi » (Tite 1.4). Nous savons donc que, dans ce contexte, Paul ne fait que rapporter de quelle manière ses amis ont été dispersés dans diverses régions d'Asie

Mineure. Il fait expressément mention du fait que Démas l'a abandonné. Il ne dit rien de tel à propos de Crescens et de Tite.

Crescens est allé en Galatie, probablement sur l'ordre de Paul lui-même, dans le but de relever l'Église en difficulté qui se trouve là. Selon toute évidence, Crescens est un homme capable et digne de confiance, sans quoi Paul ne l'aurait jamais envoyé dans cette région. Paul a beaucoup œuvré en Galatie. Il y est allé au cours de chacun de ses trois voyages missionnaires. Chaque fois, il a fait de l'évangélisation, fondé des Églises et commencé à former des dirigeants pour ces Églises.

L'épître de Paul aux Galates révèle que les Églises dans cette région ont par la suite été ravagées par de faux docteurs légalistes, connus sous le nom de judaïsants, qui ont corrompu l'Évangile en enseignant que la circoncision et d'autres pratiques tirées de la loi de l'Ancien Testament étaient essentielles au salut. Dans son épître aux Galates, Paul réagit à ces erreurs et souligne à la fois que ces faux enseignements sont profondément enracinés dans les Églises de la Galatie.

Le fait que Crescens ait été envoyé dans un champ de mission aussi stratégique et difficile, indique qu'il est probablement un homme d'expérience et d'une grande force spirituelle. Lui faisant confiance, Paul le charge du leadership et de l'enseignement, ainsi que de le représenter dans cette région où de faux docteurs ont déjà tellement miné l'influence de Paul.

Malgré cela, Crescens est pratiquement inconnu. Sans doute y en a-t-il plusieurs qui, comme lui, sont des amis de confiance ayant travaillé dans l'ombre avec Paul, qui ne sont pas explicitement mentionnés dans la Bible, mais « dont les noms sont dans le livre de vie » (Philippiens 4.3). Personne

Dieu les connaît, et ils seront très bien récompensés pour leur travail.

aujourd'hui ne se souvient de leur nom, mais Dieu les connaît, et ils seront très bien récompensés pour leur travail. Or, Crescens représente le héros inconnu et silencieux qui se tient, avec maturité et force spirituelle, derrière un homme comme Paul et accomplit fidèlement son devoir sans recevoir de gratifications humaines. Je remercie le Seigneur pour les multitudes qui sont ainsi douées, appelées par Dieu, et qui se contentent de faire leur travail sans chercher à se faire connaître.

TITE

Tite, par contre, est bien connu. Son nom est mentionné treize fois dans le Nouveau Testament. Une des épîtres pastorales de Paul a été écrite pour lui et porte son nom. Souvenez-vous (ainsi que nous l'avons vu dans un chapitre précédent) que c'est Tite qui a représenté Paul à Corinthe lorsque ce dernier n'a pas pu y aller. Paul a écrit à son sujet : « Pour ce qui est de Tite, il est notre associé et notre compagnon d'œuvre auprès de vous » (2 Corinthiens 8.23).

Le défi d'occasions nouvelles semble beaucoup plaire à Tite. Paul a implanté de nombreuses Églises dans toute la région méditerranéenne, et, quand il partait d'un endroit pour se rendre ailleurs, il passait la responsabilité du leadership de l'Église à quelqu'un comme Tite. Tite est un homme qui équipe, qui bâtit et qui est capable de former d'autres leaders. En réalité, quand Paul a écrit l'épître de Tite, Tite était sur l'île de Crète, où Paul a implanté une Église et l'a laissée entre les bonnes mains de Tite. Paul lui a écrit : « Je t'ai laissé en Crète, afin que tu mettes en ordre ce qui reste à régler, et que, selon mes instructions, tu établisses des anciens dans chaque ville » (Tite 1.5).

Tite travaille avec Paul depuis de nombreuses années. Il est un ami proche de l'apôtre. Tite 3.12 indique que Tite a quitté l'île de Crète pour rejoindre Paul à Nicopolis (probablement dans le nord-ouest de la Grèce). Apparemment, il est parti de cet endroit pour aller en Dalmatie à peu près au même moment que l'on conduisait Paul à Rome lors de son premier emprisonnement. La Dalmatie fait partie de l'Illyrie, un lieu sur la côte est de la mer Adriatique, au nord de la Macédoine (la Dalmatie fait partie de la Croatie et de l'Albanie modernes). Selon Romains 15.19,

Paul a prêché en Illyrie. C'est exactement le genre d'endroit où Tite pouvait aller continuer l'œuvre missionnaire de Paul, fortifier l'Église et former des leaders.

Toute personne qui exerce un ministère spirituel a besoin d'assistants discrets pour travailler dans les coulisses comme Crescens, mais il a aussi besoin de ceux qui, comme Tite, sont capables d'accepter un poste d'importance. Les gens comme Tite sont de bons formateurs de leaders, capables d'en équiper d'autres et de se reproduire.

Luc

Le prochain nom sur la liste de Paul est celui de son perpétuel et fidèle compagnon, Luc. Paul écrit : « Luc seul est avec moi » (2 Timothée 4.11). N'allez surtout pas croire que Paul dénigre le caractère ou l'importance de Luc. C'est tout le contraire. Luc est un des compagnons d'œuvre les plus aimés de Paul. Paul a déjà fait référence à lui en ces mots : « Luc, le médecin bien-aimé » (Colossiens 4.14).

Quoique son nom ne soit mentionné que trois fois dans le Nouveau Testament, il est un personnage dominant de l'Église primitive, et plus encore, dans le ministère de Paul. Il a écrit l'évangile qui porte son nom, qui est le plus long des quatre évangiles. (L'Évangile selon Luc contient vingt-quatre chapitres et celui de Matthieu en contient vingt-huit, mais ce dernier compte moins de versets et de mots que celui de Luc.) De plus, Luc a écrit le livre des Actes en entier. C'est donc dire que cinquante-deux chapitres du Nouveau Testament ont été écrits par le fidèle médecin, qui est également un grand connaisseur en histoire. En plus d'avoir tracé la chronologie de la vie de Christ, il a établi celle de l'Église du premier siècle, et tout cela, sous l'inspiration de l'Esprit Saint.

Mais il n'y a aucun doute que Luc est un homme humble, ce qui fait qu'il s'est contenté de travailler dans l'ombre du grand apôtre. Il était un fidèle compagnon de Paul, œuvrant constamment auprès de lui. Il a accompagné Paul lors de son deuxième voyage missionnaire à Troas et Philippes. Il a rejoint Paul à la fin de son troisième voyage missionnaire et est allé avec lui à Jérusalem. Comme nous l'avons vu dans la première partie de notre étude, Luc était avec Paul pendant le naufrage dont il a fait le récit au chapitre 27 des Actes. Il est resté avec Paul pendant ses deux emprisonnements. Sa présence est mentionnée à partir d'Actes 16.10 par le pronom *nous*, indiquant ainsi qu'il a voyagé avec Paul à compter de ce moment.

Bien que Luc soit un homme pieux, instruit, doué, sachant s'exprimer, il s'est fait le serviteur de Paul. Son principal ministère a été de seconder Paul et de répondre à ses besoins personnels. Et si jamais quelqu'un a eu besoin d'un médecin, c'est bien Paul. Il a été battu, emprisonné, a fait naufrage et a tellement souffert qu'il a eu besoin d'un médecin de premier ordre, en plus d'un ami intime. Et Luc a accepté ce rôle avec plaisir.

Luc n'est apparemment pas un prédicateur. Rien n'indique qu'il ait déjà enseigné, sauf par ses écrits. Il ne semble pas être un théologien. Il est un ami de Paul et lui a servi d'assistant et de secrétaire, en plus d'être un historien inspiré du Saint-Esprit. Donc, l'expression « Luc seul » n'amoindrit aucunement sa valeur, mais signifie simplement que Paul se retrouve maintenant avec personne d'autre que son assistant personnel. Pour le travail qu'il lui reste à faire, il a aussi besoin de Timothée.

Le leadership et l'œuvre du ministère bénéficient grandement d'un confident. Il n'y a probablement rien dans la vie de Paul que Luc ne sache pas. Luc a pris soin de l'apôtre quand il était malade. Il est resté auprès de lui dans tout ce qu'il a vécu. Il a vu de quelle manière l'apôtre réagissait dans toutes sortes de situations. Ils sont plus que des collègues de bureau. Ils ont voyagé ensemble et travaillent ensemble depuis de longues années. Luc est le compagnon d'œuvre de Paul, et il est son meilleur ami.

Ces hommes sont tous des membres importants de l'équipe que Paul a formée. Avec d'autres, ils représentent le cœur même du réseau de gens bien-aimés de Paul.

LES ÉPREUVES QU'IL A ENDURÉES

Dans sa liste de personnes qui ont joué un rôle important dans sa vie et son ministère, il en nomme quelques-unes qui, d'une manière ou d'une autre, lui rappellent des épreuves qu'il a vécues.

MARC

Le premier de ceux-là, Marc, à une certaine époque, a été pour Paul une grande source de déception et de tristesse, mais il a depuis renoué avec l'apôtre et est maintenant un compagnon d'œuvre important et fort utile. Paul dit à Timothée : « Prends Marc, et amène-le avec toi, car il m'est utile pour le ministère » (2 Timothée 4.11).

Le nom de Marc apparaît pour la première fois dans Actes 12.12, où il est écrit : « Jean, surnommé Marc ». Luc écrit que plusieurs croyants se sont assemblés dans la maison de sa mère afin de prier pour Pierre, qu'Hérode a jeté en prison. Il est bien possible que l'Église se réunissait régulièrement chez la mère de Marc.

Marc était lui-même un jeune homme rayonnant qui avait devant lui un avenir prometteur dans l'Église de Jérusalem. Paul et Barnabas l'avaient choisi pour les accompagner dans leur premier voyage missionnaire. Par contre, selon Actes 13.13, il a abandonné l'équipe peu après leur départ. Apparemment, les conditions lui étaient trop pénibles à supporter. Il était encore immature et n'avait ni le courage ni le caractère pour endurer les rigueurs de la vie de missionnaire, si bien qu'il a fait demi-tour.

Paul n'était pas très tolérant à l'égard des hommes faibles, lâches ou non-engagés. C'est pourquoi, quelques années plus tard, lorsque Barnabas et Paul se préparaient pour leur deuxième voyage missionnaire, Paul n'était pas du tout intéressé à reprendre Marc. Il ne voulait pas d'un homme qui n'était pas capable de faire sa part, qu'il leur faudrait pousser ou porter, ou qui risquait de les ralentir. Il en a résulté une vive dispute entre Paul et Barnabas.

(Selon Colossiens 4.10, Jean-Marc était un proche parent de Barnabas.) Luc a noté l'évènement :

> Barnabas voulait emmener aussi Jean, surnommé Marc ; mais Paul jugea plus convenable de ne pas prendre avec eux celui qui les avait quittés depuis la Pamphylie, et qui ne les avait point accompagnés dans leur œuvre. Ce dissentiment fut assez vif pour qu'ils se séparent l'un de l'autre. Et Barnabas, prenant Marc avec lui, s'embarqua pour l'île de Chypre. Paul choisit Silas et partit, recommandé par les frères à la grâce du Seigneur. (Actes 15.37-40.)

En d'autres mots, Paul et Barnabas se sont séparés à cause de Marc. Barnabas est parti avec Marc, et Paul avec Silas. Providentiellement, cela s'est avéré une bénédiction, parce qu'il en a découlé deux équipes missionnaires fructueuses au lieu d'une seule. Mais au moment où est survenu le désaccord avec Barnabas, Paul ne pouvait pas prévoir que Marc puisse un jour se montrer utile.

Environ douze ans plus tard, lorsque Paul était assigné à domicile à Rome, il a écrit à l'Église de Colosses. Dans cette épître, Paul envoie cette salutation : « Aristarque, mon compagnon de captivité, vous salue, ainsi que Marc, le cousin de Barnabas » (Colossiens 4.10). Il a également ajouté : « Ils sont du nombre des circoncis, et les seuls qui travaillent avec moi pour le royaume de Dieu, et qui ont été pour moi une consolation » (v. 11). Apparemment, Marc a fait ses preuves et a regagné la faveur de Paul ; il est un compagnon réhabilité.

Après cela, selon 1 Pierre 5.13, Marc passera également du temps avec Pierre. C'est probablement durant ce temps, à la demande de l'Église de Rome, qu'il écrira son évangile, qui reflète grandement la perspective de Pierre.

Il est probable qu'après le martyre de Pierre, Marc est retourné travailler auprès de Paul. Il l'a de toute évidence bien servi, et Timothée semble l'avoir bien connu. En conclusion, une vingtaine d'années après son échec initial, Marc est toujours fidèle. Paul dit donc à Timothée : « Amène-le avec toi, car il m'est utile pour le ministère » (2 Timothée 4.11).

Utile, parce que, même s'il a déjà été une source de déception et de conflit pour l'apôtre Paul, il s'est montré digne de confiance plus d'une fois depuis. Maintenant, il est un souvenir vivant de la victoire que l'on peut remporter même dans les épreuves. De plus, Marc est natif de Rome. Il connaît l'Église romaine et faisait partie de ce troupeau depuis le commencement. Il pourrait être très utile pour Paul dans les derniers jours de sa vie.

En effet, une des grandes joies que peut expérimenter un leader spirituel dans son ministère, c'est de voir une personne être réhabilitée et rendue de nouveau utile après avoir essuyé un échec.

TYCHIQUE

Le nom suivant sur la liste de Paul est Tychique. « J'ai envoyé Tychique à Éphèse » (2 Timothée 4.12). Tychique est mentionné quatre fois encore dans l'Écriture. Nous apprenons dans Actes 20.4 qu'il vient d'Asie Mineure et qu'il est allé avec Paul porter l'offrande aux saints de l'Église de Jérusalem. Son nom est mentionné également dans Éphésiens 6.21, Colossiens 4.7 et Tite 3.12. Dans chacun des cas, son travail consistait à livrer les épîtres de Paul. Il a porté le manuscrit de l'épître aux Éphésiens à Éphèse, l'épître aux Colossiens à Colosses, et celle de Tite en Crète. Dans ce cas-ci, il semble bien qu'il portera également la deuxième épître à Timothée à l'Église d'Éphèse.

Trois de ces quatre épîtres ont été écrites en prison. Alors Tychique, tout comme Luc, est apparemment un de ceux qui remplissent un rôle rendu nécessaire par les épreuves de Paul. Comme les pieds de celui-ci étaient enchaînés, Tychique est devenu les pieds de l'apôtre, et a livré d'importants messages personnels aux Églises que Paul ne pouvait pas visiter lui-même. Mais ces messages étaient plus que personnels ; ils étaient les autographes de quelques-uns des livres les plus importants du canon du Nouveau Testament.

Tychique s'est fait confier la grande responsabilité de livrer la Parole de Dieu aux Églises ; ce qui signifie qu'il doit être un homme fidèle et digne de confiance. Il n'est pas lui-même un prédicateur, mais il est néanmoins un important messager de la vérité.

Mon propre réseau dans le ministère, compte plusieurs personnes comme Tychique. Je remercie Dieu pour les personnes de mon entourage qui travaillent à répandre la prédication de la Parole de Dieu. La plupart d'entre eux ne font pas ce que je fais, mais ils font en sorte que le message puisse atteindre les régions les plus éloignées de la terre, par le procédé d'impression sur papier, les enregistrements et la radio. Tous les leaders ont besoin de personnes comme Tychique. De telles personnes sont de merveilleux soutiens dans l'épreuve.

CARPUS

Le suivant sur la liste de Paul est Carpus. Paul dit à Timothée : « Quand tu viendras, apporte le manteau que j'ai laissé à Troas chez Carpus, et les livres, surtout les parchemins » (2 Timothée 4.13). Tandis que Tychique est le fidèle messager de Paul, Carpus est celui qui demeure fidèlement à la maison et reçoit l'apôtre.

Il semble que Carpus habite à Troas et accueille Paul chez lui lors de ses voyages. Paul veut que Timothée aille chercher Marc, qu'il s'arrête ensuite à Troas en route vers Rome, pour aller prendre les effets personnels qu'il a laissés chez Carpus.

Troas est au nord-ouest d'Éphèse en Asie Mineure. De toute évidence, Paul veut que Timothée traverse la Grèce et prenne ensuite un navire pour traverser l'Adriatique jusqu'en Italie.

Pourquoi l'Écriture prend-elle la peine de mentionner que Paul veut avoir son manteau ? Remarquez que le verset 21 dit que ce sera bientôt l'hiver. Le manteau est un vêtement de lainage de forme carrée, qui a un trou ou une fente au milieu pour passer la tête. Il peut servir de poncho ou de couverture. Paul a besoin de ce manteau pour le tenir au chaud dans le donjon.

Cette phrase nous aide à comprendre la condition des finances personnelles de Paul et la pauvreté de l'Église à l'époque. Vous pensez peut-être que c'est insensé de traverser l'Europe avec un manteau pour Paul, mais c'est évidemment plus facile de faire cela que d'acheter un manteau neuf. De toute manière, Paul veut avoir les livres.

Pourquoi Paul a-t-il laissé son manteau chez Carpus ? Sans doute parce qu'il ne voulait pas le transporter durant l'été. Ou peut-être qu'il a été arrêté subitement et qu'il n'a pas eu le temps d'aller chercher ses effets personnels. D'une manière ou d'une autre, Carpus devient un autre souvenir vivant des épreuves que Paul a subies, parce que c'est lui qui gardait les plus précieux biens terrestres de Paul pendant qu'il était en prison.

Quels sont les livres et les parchemins dont Paul parle ? Les « parchemins » sont sans doute des textes importants préservés sur des rouleaux en peaux de bêtes de grande valeur. Les « livres » sont probablement des rouleaux de papyrus. Certainement que quelques-uns sont des copies très recherchées de livres de l'Ancien Testament. Il y a probablement des copies des lettres que Paul a écrites. D'autres ne contiennent peut-être que des pages vierges sur lesquelles Paul aimerait écrire autre chose. Il est clair que Paul n'a pas fini de lire, d'écrire, d'étudier, et il veut avoir ses livres et ses parchemins pour racheter le temps pendant ses derniers jours sur la terre.

Le réseau de Paul ne se compose pas uniquement de personnes qui forment le cœur de son équipe, mais également des gens qui l'ont aidé et encouragé au milieu de ses épreuves. Tristement, il y a eu quelques personnes en qui il s'est investi qui se sont montrées infidèles au Seigneur et à Paul personnellement. Il fait mention de ces personnes également.

LA TRAHISON DONT IL A ÉTÉ VICTIME

Rares sont les dirigeants qui n'expérimentent jamais l'infidélité et l'abandon. Même Jésus a été trahi par Judas. En général, la personne qui nous trahit est quelqu'un en qui nous avions entièrement confiance. L'expérience de Paul ne fait pas exception à la règle.

DÉMAS

Nous revenons maintenant à Démas : « Car Démas m'a abandonné, par amour pour le siècle présent, et il est parti pour Thessalonique » (2 Timothée 4.10).

En réalité, Paul fait mention de Démas comme étant l'une des raisons pour lesquelles il veut que Timothée arrive au plus tôt : « Viens au plus tôt vers moi ; car Démas m'a abandonné. » Pourquoi l'abandon de Démas est-il une raison de demander à Timothée de faire vite ? Serait-ce que Démas occupait un rôle de première importance et qu'il n'y a personne d'autre que Timothée pour le remplacer ? Nous pouvons en déduire que Timothée ne doit pas venir dans le seul but d'encourager Paul, mais également pour se charger de la responsabilité qui, jusque-là, incombait à Démas.

Nous ne savons pas grand-chose au sujet de Démas, si ce n'est qu'il a travaillé avec Paul pendant quelque temps. Dans Colossiens 4.14, Paul a écrit que Luc et Démas étaient des compagnons bien-aimés. Lorsque Paul a écrit à l'Église de Colosses, durant son premier emprisonnement à Rome, Démas était là. Il est très probable que Paul ait écrit l'épître à Philémon durant cette même période, et il nomme Démas au verset 24 de cette courte épître. Avec Marc, Luc et Aristarque, Paul dit que les quatre hommes sont ses compagnons d'œuvre.

Donc, Démas était un collaborateur de Paul, au moins depuis ce premier emprisonnement à Rome. Il devait avoir la responsabilité d'un ministère de première importance. Paul s'était sans aucun doute, investi énormément dans cet homme. Démas connaissait certainement beaucoup de vérité. Et puis, il a déserté Paul, laissant un vide que Timothée doit remplir.

Le verbe « abandonner » est traduit du mot grec *egkataleipo*. C'est un mot puissant qui parle de désertion. Sa racine, *leipo*, veut dire : « quitter ». Il est composé de deux prépositions (*eg* et *kata*, qui veulent dire « laisser » et « loin de »), qui le rendent doublement intense. Dans le contexte, il communique l'idée de : « laisser en plan ». En effet, non seulement Démas a abandonné Paul, mais il l'a également laissé dans une situation désastreuse, au mauvais moment.

Peut-être que Démas ne pouvait plus supporter les privations. Se pourrait-il qu'au milieu de l'épreuve la plus difficile que Paul ait connue, il se voyait devant une situation insoutenable ? Paul est sur le point de mourir et, apparemment, Démas n'est pas prêt à donner sa vie pour Christ. Il n'est pas suffisamment engagé pour cela.

Peut-être que Démas a accepté de faire équipe avec Paul au début parce que la cause était noble. Mais il n'avait jamais vraiment calculé le coût. Il était probablement comme le sol pierreux, qui reçoit une semence, qui n'a cependant pas de racines en elle-même, et se fane donc dès que survient une tribulation (Marc 4.16,17). Ou, il est plus probable que Démas était un exemple classique d'un sol parsemé d'épines et de ronces où « les soucis du siècle, la séduction des richesses et l'invasion des autres convoitises, étouffent la parole, et la rendent infructueuse » (v. 19). Il n'a vraisemblablement jamais été un chrétien puisque Paul dit qu'il aime « le siècle présent ». Or, « l'amour du monde est inimitié contre Dieu » (Jacques 4.4). L'apôtre Jean a bien écrit : « Si quelqu'un aime le monde, l'amour du Père n'est point en lui » (1 Jean 2.15).

Démas a beaucoup en commun avec Judas. Il est tombé amoureux du monde parce qu'il semble n'avoir jamais vraiment aimé Christ. Comme Judas, il donnait l'impression de suivre pendant quelque temps, mais son cœur était toujours dans le monde.

Pourquoi Démas est-il allé à Thessalonique ? Sans doute que c'est sa ville. Paul l'a associé à Aristarque dans Philémon, et, selon Actes 20.4, Aristarque est un Thessalonicien. Quelle que soit la raison de son choix, il est clair que Démas a abandonné Paul parce qu'il aime ce monde plus que Christ.

Tous les leaders, ou presque, doivent un jour ou l'autre composer avec un Démas ; une personne en qui ils se sont investis, qu'ils considèrent un coéquipier, qui suit Christ en apparence, mais est une source de grande souffrance et de trahison lorsqu'il devient finalement évident qu'il aime le siècle présent. Cela ne reflète en rien le leadership de Paul, pas plus que Judas n'a eu une influence négative sur le leadership de Jésus.

ALEXANDRE LE FORGERON

À propos d'Alexandre, Paul dit : « Alexandre, le forgeron, m'a fait beaucoup de mal. Le Seigneur lui rendra selon ses œuvres. Garde-toi aussi de lui, car il s'est fortement opposé à nos paroles » (2 Timothée 4.14,15).

Comme Alexandre était un nom commun dans l'antiquité, il ne faut pas présumer que celui-ci est le faux docteur que Paul mentionne avec Hyménée dans 1 Timothée 1.20. Il ne s'agit pas non plus de l'Alexandre dans Actes 19.33, dont le témoignage a soulevé une émeute. En réalité, en le décrivant comme « Alexandre le forgeron », Paul semble le distinguer des autres Alexandre. Cet homme est un artisan qui travaille le métal. Il est vraisemblablement un fabricant d'idoles. Souvenez-vous de l'orfèvre Démétrius, qui autrefois, avait provoqué une émeute à Éphèse parce que le message de Paul nuisait à son commerce de fabrication d'idoles (Actes 19.24-26).

Quoi qu'Alexandre ait fait, il a occasionné beaucoup de souffrance à Paul, et c'est pour cela que ce dernier doit mettre Timothée en garde contre lui. Ce qu'il a fait à Paul est également clair : il a résisté à l'enseignement de Paul (2 Timothée 4.15). Cela veut dire qu'il s'est opposé à la vérité de l'Évangile.

Remarquez ce que Paul dit à ce sujet : « Le Seigneur lui rendra selon ses œuvres » (v. 14). Paul ne demande pas à Timothée de prendre des mesures disciplinaires contre Alexandre, mais bien de se méfier de lui. Il ne désire pas se venger personnellement. Il ne lance pas de menace et ne profère aucune injure contre Alexandre. Suivant l'exemple de Christ, il « s'en [remet] à celui qui juge justement » (1 Pierre 2.23).

Les leaders, et ceux qui œuvrent dans le ministère, rencontrent tous des personnes qui se dressent contre la vérité de Dieu et tentent de leur faire du tort. Elles veulent jeter le discrédit contre ceux qui enseignent fidèlement la vérité et les faire paraître comme des idiots, des menteurs, des charlatans, et j'en passe.

Alexandre, tout comme Démas, est un exemple vivant de la trahison que Paul a endurée.

LES CROYANTS FAIBLES DE ROME

Ils sont nombreux à avoir agi comme Alexandre et Démas. Paul décrit de quelle manière *tous* l'ont abandonné quand il a été arrêté : « Dans ma première défense, personne ne m'a assisté, mais tous m'ont abandonné. Que cela ne leur soit point imputé ! » (v. 16.)

Avec les détails que Paul nous fournit, il est possible de reconstituer les événements. Il est probable qu'il ait été pourchassé et capturé alors qu'il se trouvait sur le territoire de l'Empire romain, sans doute loin de Rome. Peut-être que Néron l'a choisi personnellement parce qu'il a déjà comparu devant l'empereur et qu'il est un leader bien connu de l'Église. Alors, quand Néron a commencé à persécuter les chrétiens, il a sûrement ciblé Paul en particulier.

Aussitôt après son arrestation, Paul a probablement été conduit à Rome pour y subir un procès. Cette fois, on n'a manifestement pas permis à Luc de l'accompagner ; le médecin a dû organiser lui-même son voyage, et arriver plus tard.

Paul a probablement été traduit en justice dès son arrivée à Rome. Selon le système judiciaire romain, on devait accorder à

Paul, l'occasion de se défendre lors de cette première audience. C'est ce à quoi il semble faire référence quand il écrit : « Dans ma première défense ». Cette audience a probablement été tenue avant même que Luc et Onésiphore (2 Timothée 4.16), ou d'autres amis de Paul aient eu le temps d'arriver à Rome.

Mais il y a dans l'Église de Rome beaucoup de croyants qui connaissent bien Paul, et il s'attendait certainement à ce que quelques-uns viennent témoigner en sa faveur, ou se présentent au moins en cour pour lui offrir un soutien moral. Mais personne n'est venu.

« Tous m'ont abandonné. » Il reprend le mot qu'il a utilisé pour décrire la défection de Démas : *egkataleipo*. Ces croyants l'ont laissé en plan. Ils étaient sans doute embarrassés ou avaient peur d'être identifiés à Paul et d'être à leur tour victimes de persécution. C'est incroyable qu'ils aient pu laisser tomber ainsi ce grand apôtre qui leur avait tant donné.

Remarquez la prière de Paul en leur faveur : « Que cela ne leur soit point imputé ! » (v. 16.) C'est tout un contraste avec ce qu'il a dit au sujet d'Alexandre. La raison en est que les motifs d'Alexandre étaient mauvais. Ceux qui ont préféré ne pas se montrer au procès de Paul étaient très certainement motivés par la peur et un manque de courage, et non pas parce qu'ils n'avaient pas de cœur. Le souhait de Paul rappelle celui d'Étienne, qui a dit de ceux qui le lapidaient à mort : « Seigneur, ne leur impute pas ce péché ! » (Actes 7.60.) Et cela reflète l'esprit de Christ, qui, lorsqu'il était sur la croix, a prié : « Père, pardonne-leur, car ils ne savent ce qu'ils font » (Luc 23.34).

LA VICTOIRE QU'IL A REMPORTÉE

Abandonné par ses amis, haï de ses ennemis, Paul aurait pu être tenté de se laisser aller au désespoir. Mais au lieu de cela, il écrit :

C'est le Seigneur qui m'a assisté et qui m'a fortifié, afin que la prédication soit accomplie par moi et que tous les païens l'entendent. Et j'ai été délivré de la gueule du lion. Le Seigneur me délivrera de toute œuvre mauvaise, et il me sauvera pour me faire entrer dans son royaume céleste. À lui soit la gloire aux siècles des siècles ! Amen ! (2 Timothée 4.17,18.)

Voici la promesse que Christ a faite : « Je ne te délaisserai point, et je ne t'abandonnerai point » (Hébreux 13.5). En effet, quand les autres ont laissé tomber Paul, Christ l'a soutenu.

Paul a probablement été jugé dans une grande basilique grouillant de gens hostiles. Il est possible que Néron lui-même ait assuré la direction des procédures, compte tenu de l'importance du prisonnier. Paul était donc seul ; il n'avait ni avocat, ni témoin, ni personne pour plaider sa cause. Il était parfaitement seul et sans défense devant la cour impériale qui, d'un point de vue humain, pouvait décider de son sort.

Mais le Seigneur était avec lui et le fortifiait. Le verbe grec pour « fortifier » veut dire « recevoir la force ». Paul a commencé à ressentir la force de Christ dans son esprit, qui lui a permis de servir d'instrument humain par lequel l'Évangile a été prêché intégralement, de manière à ce que tous les non-Juifs aient l'occasion de l'entendre.

Ce moment s'est avéré le point culminant du ministère de Paul et l'accomplissement de son désir le plus cher. Il avait été appelé pour être l'apôtre des non-Juifs. Rome est le centre cosmopolite du monde païen. Depuis longtemps, Paul souhaitait avoir l'occasion de prêcher l'Évangile dans un tel contexte, devant les plus grands chefs politiques de ce monde et ceux qui introduisent de nouvelles philosophies. L'occasion s'est enfin présentée. Pendant son procès, l'Esprit de Christ lui a donné la force de parler avec courage et fermeté.

« J'ai été délivré de la gueule du lion », écrit Paul (v. 17). Il s'exprime au sens figuré ici (voir Psaume 22.21 ; 35.17), qui signifie qu'il a été épargné d'une exécution immédiate. Dieu l'a délivré de ce tribunal périlleux et lui a procuré une occasion d'annoncer l'Évangile en prêchant un message bien spécifique.

Mais Paul est toujours prisonnier et sa vie n'en est pas moins en danger. Il *sera* bel et bien exécuté un jour. Et il le sait. Veuillez noter, cependant, que, bien qu'il reconnaisse le fait que sa mort est proche, l'apôtre a quand même la force d'écrire : « Le Seigneur me délivrera de toute œuvre mauvaise, et il me sauvera pour me faire entrer dans son royaume céleste » (v. 18). La délivrance qu'il attend est une réalité éternelle, et non pas une libération des tribulations temporelles ou terrestres.

Réalisant que cette délivrance est certaine, Paul ne peut s'empêcher d'exprimer sa joie par ces paroles d'adoration : « À lui soit la gloire aux siècles des siècles ! Amen ! » (v. 18.) C'est un véritable triomphe pour Paul, et il peut s'en réjouir parfaitement malgré les difficultés qu'il vit.

Enfin, Paul termine le dernier chapitre de son épître et de sa vie par diverses salutations à de vieux amis, des nouvelles concernant les partenaires de première importance du ministère, et des salutations de la part de certains membres choisis de l'Église de Rome :

> Salue Prisca et Aquilas, et la famille d'Onésiphore. Éraste est resté à Corinthe, et j'ai laissé Trophime malade à Milet. Tâche de venir avant l'hiver. Eubulus, Pudens, Linus, Claudia, et tous les frères te saluent. Que le Seigneur soit avec ton esprit ! Que la grâce soit avec vous ! (2 Timothée 4.19-22.)

Remarquez les derniers noms ; ce sont des personnes qui font également partie du réseau étendu de Paul :

PRISCILLE (OU PRISCA) ET AQUILAS

Nous connaissons bien Priscille et Aquilas. C'est ce couple qui fabriquait des tentes avec Paul durant son premier séjour à

Corinthe (Actes 18.2,3). Quand Paul a quitté Corinthe, Priscille et Aquilas l'ont accompagné jusqu'à Éphèse (v. 18,19). Ayant appris une foule de choses de Paul, ils ont enseigné Apollos avec une grande patience (v. 26). Ainsi, l'influence de Paul s'est étendue jusqu'à Apollos par l'entremise de cet homme et de sa femme. Dieu s'est servi de ce couple pour amener Apollos à maturité, afin qu'il devienne ensuite une puissante extension du ministère de leadership de Paul.

Quand Paul a écrit l'épître aux Romains, environ six ans plus tard, Aquilas et Priscille vivaient à Rome (Romains 16.3). Ils ont vraisemblablement quitté Rome durant la violente persécution menée par l'empereur Claudius contre les Juifs. De là, ils seraient allés à Éphèse où ils auraient accueilli l'Église dans leur maison. C'est ce que nous pouvons comprendre en lisant la première épître aux Corinthiens, que Paul a écrite alors qu'il était à Éphèse, dans laquelle il a salué de vieux amis à Corinthe de la part de « Aquilas et Priscille, avec l'Église qui est dans leur maison » (1 Corinthiens 16.19).

Nous avons donc, ici, un couple qui a voyagé un peu partout avec Paul pendant de nombreuses années. Tous deux sont de vieux amis et des compagnons d'œuvre de longue date. Paul leur envoie ses salutations.

LA FAMILLE D'ONÉSIPHORE

Onésiphore était peut-être à Rome quand Paul a envoyé des salutations à sa famille à Éphèse. Dans 2 Timothée 1.16,17, Paul mentionne qu'Onésiphore l'a souvent consolé et n'a pas eu honte du fait qu'il était en prison. De plus, quand Onésiphore est arrivé à Rome pour la première fois, il s'est mis activement à la recherche de Paul. Il apparaît qu'il soit arrivé tout juste après la mauvaise expérience que Paul venait de vivre à son procès, alors qu'aucune de ses connaissances n'est venue le défendre ou l'encourager. Paul est donc très reconnaissant envers Onésiphore pour la gentillesse dont il a fait preuve à son égard.

ÉRASTE

Paul dit ensuite : « Éraste est resté à Corinthe » (2 Timothée 4.20). Il s'agit assurément du même Éraste qui a fait équipe avec Timothée en Macédoine (Actes 19.22). Il est un autre vieil ami, un compagnon d'œuvre de longue date, avec qui Paul a encore une bonne relation. Éraste semble maintenant faire partie de l'équipe de direction de l'Église de Corinthe, et Paul veut que Timothée demeure en contact avec lui.

TROPHIME

Le suivant sur la liste de Paul est un autre ami bien-aimé, Trophime. Selon Actes 20.4, il serait natif de l'Asie Mineure. Il a lui aussi quitté sa ville pour voyager et travailler avec Paul. Il a assisté Paul lorsque ce dernier est allé porter l'offrande des non-Juifs aux chrétiens pauvres de l'Église de Jérusalem. En chemin, il a traversé Troas avec Paul et il était là quand l'apôtre a ressuscité Eutychus qui est mort après être tombé d'une fenêtre. À Jérusalem, les Juifs ont remarqué Trophime parce qu'il n'était pas Juif. En voyant Paul dans le temple, ils en ont injustement conclu qu'il était en compagnie de Trophime et c'est ce qui a mené à sa première arrestation (Actes 21.29).

Maintenant, Trophime est malade et Paul l'a laissé à Milet. Il doit être sérieusement malade, car Milet n'est qu'à 68 kilomètres de sa maison à Éphèse. Nous pouvons croire, sans l'ombre d'un doute, que Paul l'aurait guéri si cela avait été possible. Nous voyons donc ici une preuve assez extraordinaire du fait que même avant la mort de Paul, ses dons apostoliques de guérison et de miracles (« les preuves de mon apostolat » [2 Corinthiens 12.12]), ont commencé à s'affaiblir, ou ont déjà complètement disparu. Visiblement, ce n'était pas la volonté de Dieu de guérir Trophime, mais Paul n'a pas oublié son cher ami.

DE NOUVEAUX AMIS FIDÈLES

En terminant, Paul envoie des salutations de la part de quelques nouveaux amis romains qui n'ont pas été dispersés pendant la persécution : « Eubulus, Pudens, Linus, Claudia, et tous les frères te saluent. » On ne sait rien de ces personnes, mais elles sont la preuve que, même dans ces conditions extrêmes, l'influence de l'apôtre Paul est toujours aussi forte et active. Même au milieu de la plus atroce des persécutions, les gens viennent encore à Christ, et Paul les enseigne toujours.

Pour terminer, la situation de Paul se résume donc ainsi : il est tenu prisonnier dans un trou infect ; Démas est parti ; Crescens est parti travailler ailleurs ; Tite est en Dalmatie ; Tychique a été envoyé à Éphèse ; Priscille, Aquilas, Onésiphore et sa famille, Éraste et Trophime sont tous éparpillés afin de poursuivre l'œuvre que Paul a commencée. Il n'y a plus que Luc avec l'apôtre. Quelques croyants de l'Église de Rome sont aussi devenus ses amis dernièrement, mais il désire ardemment revoir son fils dans la foi une dernière fois, afin d'achever de lui remettre le flambeau du leadership.

Il dit donc : « Tâche de venir avant l'hiver » (v. 21). La requête renferme beaucoup d'émotion et de mélancolie, même si Paul est lui-même triomphant. Il sait que le jour de son départ est proche. Néanmoins, il sait que si Timothée ne se hâte pas, les deux hommes risquent de ne jamais se revoir sur la terre, et il a dans le cœur encore tellement de choses à dire à son fils dans la foi. C'est ce qui explique cette tendre demande qui résume et termine cette épître.

Paul a-t-il été un leader inefficace ? Absolument pas. L'influence qu'il exerce encore dans la vie de tellement de gens est une preuve plus que suffisante qu'il a été un leader efficace jusqu'à la toute fin. Il a gardé la foi. Il a combattu le bon combat. Il a achevé la course avec joie. C'est *cela* l'héritage de sa vie ici-bas, et pour l'éternité.

Les vingt-six caractéristiques du vrai leader

1. Un leader est digne de confiance
2. Un leader prend l'initiative
3. Un leader a du jugement
4. Un leader parle avec autorité
5. Un leader fortifie les autres
6. Un leader est optimiste et enthousiaste
7. Un leader ne fait jamais de compromis avec l'absolu
8. Un leader met l'accent sur les objectifs plutôt que sur les obstacles
9. Un leader enseigne par l'exemple
10. Un leader cultive la fidélité
11. Un leader éprouve de l'empathie pour les autres
12. Un leader a toujours bonne conscience
13. Un leader est catégorique et décidé
14. Un leader sait quand il faut changer d'avis
15. Un leader n'abuse pas de son autorité
16. Un leader ne renonce pas à son rôle devant l'opposition
17. Un leader est sûr de son appel
18. Un leader connaît ses limites
19. Un leader est solide
20. Un leader est passionné
21. Un leader est courageux
22. Un leader a du discernement
23. Un leader est discipliné
24. Un leader est plein d'énergie
25. Un leader sait déléguer
26. Un leader ressemble à Christ

NOTES

Introduction
1. Rich KARLGAARD. « Purpose Driven », *Forbes*, février 2004, p. 39.
2. *Ibid.*

Chapitre 3 : Prendre courage
1. Charles SPURGEON. « The Church the World's Hope », *The Metropolitain Tabernacle Pulpit 51*, Londres, Passmore & Allabaster, 1905.

Chapitre 4 : Prendre le commandement
1. Pour un récit passionnant sur la recherche de cet endroit sur l'île de Malte, et la découverte de quatre ancres, voir : Robert CORNUKE. *The Lost Shipwreck of Paul*, Bend, Ore : Global, 2003.

Chapitre 5 : Un leader dévoué envers les siens
1. Comme j'ai déjà rédigé un commentaire sur 2 Corinthiens, il est inutile de répéter l'exercice ici. Par contre, pour ceux qui voudraient en savoir plus sur le sujet de l'approche de Paul sur le leadership, voir : John MACARTHUR. *2 Corinthiens : les commentaires bibliques*, Québec, Éditions Impact, 2005.

Chapitre 6 : Paul défend sa sincérité
1. Philip SCHAFF. *The Confessions and Letters of St. Augustine, with a Sketch of his Life and Work*.

Chapitre 9 : Le combat du leader
1. J. Oswald SANDERS. *Le Leader spirituel*, France, Éditions Farel, 1994, p. 75.

Au sujet de l'auteur

John MacArthur est pasteur-enseignant de la Grace Community Church à Sun Valley, en Californie, président de The Master's College and Seminary, ainsi qu'enseignant principal du ministère médiatique de Grace to You. Auteur de nombreux best-sellers, le pasteur MacArthur fait bénéficier chaque jour de son style d'enseignement par exposition très recherché sur les ondes de l'émission de radio *Grace to You*, distribuée sous licence sur la scène internationale. Il est également l'auteur et l'éditeur général de la *Bible d'étude MacArthur*, dont la version originale lui a valu d'obtenir la Gold Medallion Award et s'est vendue en plus de 500 000 exemplaires. John et son épouse, Patricia, ont quatre enfants adultes et douze petits-enfants.

Pour en savoir davantage

Grace to You est le ministère radiophonique d'enseignement biblique de John MacArthur. En plus de produire les émissions radiophoniques diffusées dans le monde entier *Grace to You* et *Grace to You Weekend*, ce ministère distribue des livres de John MacArthur et a produit plus de treize millions de leçons sur cassettes audio depuis 1969. Pour en savoir davantage sur John MacArthur et toutes ses ressources d'enseignement biblique, veuillez communiquer avec Grace to You en composant le 800-55-GRACE ou en visitant le site Web www.gty.org.

DU MÊME AUTEUR

Voici deux versions condensées des commentaires de MacArthur. Une bonne idée cadeau pour les étudiants de la Bible !

Les Épîtres de Paul

Publiés à l'origine en douze volumes.

ISBN 978-2-89082-092-0
2008 • 2150 p.

Les Épîtres générales et l'Apocalypse

Publiés à l'origine en sept volumes.

ISBN 978-2-89082-125-5
2010 • 1375 p.

Douze femmes extraordinaires
*- Comment Dieu a formé des femmes de la Bible
et ce qu'il veut faire de vous.*

John MacArthur

Vous serez mis au défi et motivé par ce regard poignant et personnel dans la vie de douze des plus fidèles femmes de la Bible.

ISBN 978-2-89082-130-9 • 2010 • 239 p. • EBOOK

Esclave

John MacArthur

Dans ce livre, John MacArthur dévoile clairement le noeud qui vous empêche peut-être d'entretenir une relation épanouissante et juste avec Dieu. « Nous avons été rachetés à un grand prix. Nous appartenons à Christ. Nous sommes sa possession. »

ISBN 978-2-89082-139-2 • 2011 • 226 p. • EBOOK

DU MÊME AUTEUR

Le leadership - *Les caractéristiques du leader spirituel*

John MacArthur

S'appuyant sur les écrits d'un des plus grands leaders spirituels de tous les temps, c'est-à-dire l'apôtre Paul, l'auteur présente les « 26 caractéristiques du vrai leader ». Que vous soyez dans le monde des affaires, un notable, un responsable d'Église, un parent, un enseignant ou un étudiant, la vie de Paul vous aidera à reconnaître vos propres talents de leader.

ISBN 978-2-89082-113-2 • 2008 • 260 p. • EBOOK

Sauvé sans aucun doute !

John MacArthur

Ce volume se veut un outil fort utile pour tous ceux et celles qui connaissent des luttes face à l'assurance de leur salut. L'auteur, par des enseignements bibliques expliqués avec clarté, souhaite vous aider à harmoniser émotions et foi et à savourer la réalité de votre salut.

ISBN 978-2-89082-067-8 • 2003 • 210 p.

L'Évangile selon Jésus - *Qu'est-ce que la foi authentique ?*

John MacArthur

L'édition que voici ajoute un chapitre nouveau et saisissant au texte exhaustif du classique original ; un chapitre qui vient renforcer le message atemporel du livre – selon lequel Jésus exige d'être tant le Seigneur que le Sauveur de tous ceux qui croient en lui.

ISBN 978-2-89082-128-6 • 2010 • 376 p.

La guerre pour la vérité
- *Le combat pour la certitude dans un siècle de tromperie*

John MacArthur

L'époque postmoderne est une époque sans vérité, une époque qui a atteint un point de lassitude extrême lorsqu'il s'agit de faire face à la vérité. L'Église évangélique a désespérément besoin de ce livre qui arrive juste au bon moment.

ISBN 978-2-89082-126-2 • 2010 • 237 p. • EBOOK

Le meurtre de Jésus

John MacArthur

En reconstituant le récit selon la perspective des participants, MacArthur invite le lecteur à revivre l'injustice la plus incroyable de l'histoire de l'humanité et le triomphe inégalé de la souveraineté de Dieu.

ISBN 978-2-89082-038-8 • 2001 • 268 p.

Le pardon
- La liberté et la puissance que procure le pardon

John MacArthur

C'est important pour vous et les autres, mais surtout pour Dieu. Il ne faut pas prendre la question du pardon à la légère. Dieu la prend très au sérieux… tellement, qu'il ne nous a pas laissé de choix en la matière.

ISBN 978-2-89082-029-6 • 1999 • 273 p.

Comment affronter l'ennemi

John MacArthur

Bien des chrétiens croient que nous devrions faire comme si Satan et son armée de démons n'existaient pas. D'autres disent que nous devrions apprendre à lutter contre eux et chercher à engager le combat. Mais que dit la Bible en ce qui a trait au combat spirituel ?

ISBN 978-2-89082-001-2 • 1998 • 234 p.

Parents chrétiens... que faire ?

John MacArthur

L'éducation des enfants n'est pas une sinécure, surtout dans un monde où la famille est de plus en plus attaquée. En citant abondamment les Écritures, l'auteur repose les fondements d'une famille chrétienne : obéissance des enfants, rôle des parents, fonctionnement du couple, instruction et correction donnée aux enfants… Le langage est direct ; le ton ferme, sans équivoque.

ISBN 978-2-89082-216-0 • 2007/2013 • 245 p.

« **Publications Chrétiennes inc.** » est une maison d'édition québécoise fondée en 1958. Sa mission est d'éditer ou de diffuser la Bible ainsi que des livres et brochures qui en exposent l'enseignement, qui en démontrent l'actualité et la pertinence et qui encouragent la croissance spirituelle en Jésus-Christ.

Pour notre catalogue complet :
www.publicationschretiennes.com

Publications Chrétiennes inc.

230, rue Lupien, Trois-Rivières (Québec) G8T 6W4
Tél. (sans frais) : 1 866 378-4023, Téléc. : 819 378-4061
commandes@pubchret.org